知財検定

知的財産管理技能検定®

CBT模擬試験付き

テキスト&過去問題集

2024~2025年版

2級

過去問最新4回分
収録
(学科試験2回　実技試験2回)

宇田川 貴央 著

秀和システム

●注意

(1) 本書は編著者が独自に調査した結果を出版したものです。

(2) 本書は内容について万全を期して作成いたしましたが、万一、ご不審な点や誤り、記載漏れなどお気付きの点がありましたら、出版元まで書面にてご連絡ください。

(3) 本書の内容に関して運用した結果の影響については、上記(2)項にかかわらず責任を負いかねます。あらかじめご了承ください。

(4) 本書の全部または一部について、出版元から文書による承諾を得ずに複製することは禁じられています。

(5) 商標

本書に記載されている会社名、商品名などは一般に各社の商標または登録商標です。

※「知的財産管理技能検定®」は知的財産教育協会の登録商標です。

※テキスト編、過去問編、CBT模擬試験の過去問の掲載につきましては、知的財産教育協会の承諾を得ております。

※本書は2024年5月1日現在施行されている法令や公開情報に基づいたものとなっています。受検に際しては、最新情報についても適宜ご参照いただくことをおすすめいたします。

はじめに

本書は、「知的財産管理技能検定®」２級を受検される方のためのテキスト＆過去問題集です。

近年、人々のライフスタイルの変化に伴い、「所有」から「共有（シェア）」の時代へと移りつつあり、実際にシェアリングサービス等も普及してきています。また、人工知能やビッグデータの活用等に関する技術革新は目覚ましいものがあります。このような新たなサービスや技術、つまり「知的財産」を適切に管理・保護することが、ビジネスにおいて重要となっています。

知的財産管理技能検定®（知財検定）は、このような知的財産のマネジメントスキルを評価する国家試験です。知的財産については、それを保護するための権利が、各種の法律によって定められています。したがって、より具体的には、この検定は、ビジネス等における知的財産に関する事案に対して、知的財産に関する法律知識を活用して、適切に対応するためのスキルを評価する試験といえます。

知財検定２級の試験は、出題範囲が非常に広いため、自身で関連する法律の条文、資料等を探しながら勉強することは効率が悪いと言わざるを得ません。そこで、効率的に学習することができ、最短で知財検定２級に合格できるように、出題されるポイントをわかりやすく記載したテキスト、及び学科試験・実技試験の過去問の問題・解説を１冊にまとめました。

この試験では、知的財産に関する基本的な法令の理解、及びそれをもとに実務において知的財産を管理するための基礎的な知識を幅広く問われます。本書のテキスト編の説明に目を通して知的財産についての概要がつかめたら、過去問編で実際にどのような問題が出題されているのかを把握することが合格への近道となるでしょう。

本書の活用により、知財検定に合格され、もって日常の業務により一層邁進されることを祈念してやみません。

2024年6月

宇田川貴央

CONTENTS

第4章　知的財産に関する条約

第5章　著作権法

CONTENTS

第6章　その他知的財産に関する法律

第7章　知的財産に関する調査・戦略

<過去問編>

知財検定とは

知的財産管理技能検定®（知財検定）とは、特許、著作物等の知的財産を管理するスキルを評価する国家試験です。

この試験では、企業等において、知的財産の創造、保護、管理等に関する業務に従事する方にとって必要な知識、技能が問われます。

この試験は、学科試験と実技試験とがあり、難易度に応じて３級、２級、１級に区分されています。３級、２級については管理業務のみですが、１級については３つの業務（特許専門業務、コンテンツ専門業務、ブランド専門業務）に分かれています。

学科試験と実技試験の両方に合格すると、知的財産管理技能士となれます。

各試験の対象者像は以下のとおりです。

３級　管理業務

知的財産分野について、初歩的なマネジメント能力がある。

２級　管理業務

知的財産分野全般について、基本的なマネジメント能力がある。

１級

知的財産分野のうち、以下の能力がある。

特許専門業務：特に特許に関する専門的な能力

コンテンツ専門業務：特にコンテンツに関する専門的な能力

ブランド専門業務：特にブランドに関する専門的な能力

資格を取得するメリット

習得したスキルを活かして活躍できる

以下、特許を例にとり、活かせるスキルについて記載します。

- 特許権のライセンス契約の場面における法律上の問題の有無について、簡易的な判断ができるようになる（特に企業の知財部、法務部の方に有用）
- 弁理士等の社外の知的財産の専門家と円滑にコミュニケーションがとれるようになる（特に企業の知財部の方に有用）
- 特許権取得を念頭に置いた研究開発活動ができるようになる（特に企業の研究

開発部門の方に有用)

・特許出願から権利化までの過程で適切な手続をとることができるようになる(特に特許事務所の事務担当の方に有用)

就職、昇進等において有利に働く

・就職活動、転職活動の際に知的財産に関する関心、知識をアピールすることができる

技能士資格を昇進、人事考課の要件としている主な企業について、以下の知的財産教育協会「知的財産管理技能検定®」ウェブサイトに掲載されています。

HP：https://www.kentei-info-ip-edu.org/exam_kekka_dantai.html#kigyou_02

2級試験の概要

試験実施月	原則として、毎年3月、7月、11月
実施地区	全国の主要都市
試験の方法	学科試験：筆記試験(マークシート方式4肢択一式＜一部3肢択一＞) CBT試験(4肢択一式)※第48回検定から 実技試験：筆記試験(記述方式・マークシート方式併用) CBT試験(解答入力方式・択一方式併用)※第48回検定から ※いずれの試験も問題数は40問、試験時間は60分
合格基準	学科試験、実技試験ともに満点の80%以上
受検資格	以下の者等： 知的財産に関する業務について2年以上の実務経験を有する者 3級技能検定の合格者(合格年から3年間に限り有効)
受検手数料	学科試験、実技試験ともに8,200円
申込方法	個人申込、団体申込(いずれもWeb又は郵送で申込) ※一部の受検資格においては、Web申込不可 国家試験知的財産管理技能検定®受検申込手続➡ ※学科試験と実技試験を併願することができます。
申込受付期間	試験実施日の約20週前～約5週前
法令基準日	原則として、試験日の6カ月前の月の1日現在で施行されている法令等に基づく

詳細は、以下の知的財産教育協会「知的財産管理技能検定®」ウェブサイトをご確認ください。

HP：https://www.kentei-info-ip-edu.org/

2級試験の範囲

試験科目及びその範囲	試験科目及びその範囲の細目
学科試験	
1 戦略	知的財産戦略に関し、次に掲げる事項について基本的な知識を有すること。 (1)知的財産戦略(特許ポートフォリオ戦略、ブランド戦略、コンテンツ戦略) (2)IPランドスケープ (3)オープン&クローズ戦略 (4)コーポレートガバナンス・コード
2 管理	
2－1 法務	法務に関し、次に掲げる事項について基本的な知識を有すること。 (1)営業秘密管理 (2)知的財産関連社内規定(営業秘密管理に関するものを除く)
2－2 リスクマネジメント	リスクマネジメントに関し、次に掲げる事項について基本的な知識を有すること。 (1)係争対応 (2)他社権利監視 (3)他社権利排除 イ 情報提供 ロ 無効審判手続
3 創造(調達)	
3－1 調査	調査に関し、次に掲げる事項について基本的な知識を有すること。 (1)先行資料調査 (2)他社権利調査
4 保護(競争力のデザイン)	
4－1 ブランド保護	ブランド保護に関し、次に掲げる事項について基本的な知識を有すること。 (1)商標権利化(意見書、補正書、不服審判を含む) (2)商標事務(出願事務、期限管理、年金管理を含む)
4－2 技術保護	Ⅰ 国内特許権利化に関し、次に掲げる事項について基本的な知識を有すること。 (1)明細書 (2)意見書提出手続 (3)補正手続 (4)拒絶査定不服審判手続 (5)査定系審決取消訴訟手続 Ⅱ 外国特許権利化に関し、次に掲げる事項について基本的な知識を有すること。 (1)パリ条約を利用した外国出願手続 (2)国際出願手続 Ⅲ 国内特許事務に関し、次に掲げる事項について基本的な知識を有すること。

	（1）出願事務 （2）期限管理 （3）年金管理 Ⅳ 品種登録申請に関して基本的な知識を有すること。
4－3 コンテンツ保護	コンテンツ保護に関して基本的な知識を有すること。
4－4 デザイン保護	デザイン保護に関し、次に掲げる事項について基本的な知識を有すること。 （1）意匠権利化（意見書、補正書、不服審判を含む） （2）意匠事務（出願事務、期限管理、年金管理を含む）
5 活用	
5－1 契約	契約に関し、次に掲げる事項について基本的な知識を有すること。 （1）知的財産関連契約 （2）著作権の権利処理
5－2 エンフォースメント	エンフォースメントに関し、次に掲げる事項について基本的な知識を有すること。 （1）知的財産権侵害の判定 （2）知的財産権侵害警告 （3）国内知的財産関連訴訟（当事者系審決等取消訴訟を含む） （4）模倣品排除
6 関係法規	次に掲げる関係法規に関し、知的財産に関連する事項について基本的な知識を有すること。 （1）民法（特に契約関係法規） （2）特許法 （3）実用新案法 （4）意匠法 （5）商標法 （6）不正競争防止法 （7）独占禁止法 （8）関税法 （9）外国為替及び外国貿易法 （10）経済安全保障推進法（第5章 特許出願の非公開） ※第49回試験から （11）著作権法 （12）種苗法 （13）特定農林水産物等の名称の保護に関する法律 （14）パリ条約 （15）特許協力条約 （16）ＴＲＩＰＳ協定 （17）マドリッド協定議定書 （18）ハーグ協定 （19）ベルヌ条約 （20）商標法に関するシンガポール条約 （21）特許法条約 （22）弁理士法

実技試験	
管理業務	
1 戦略	知的財産戦略に関し、次に掲げる事項について業務上の課題を発見し、上司の指導の下で又は外部専門家等と連携して、その課題を解決でき、一部は自律的に解決できること。 (1)知的財産戦略(特許ポートフォリオ戦略、ブランド戦略、コンテンツ戦略) (2)IPランドスケープ (3)オープン&クローズ戦略 (4)コーポレートガバナンス・コード
2 管理	
2－1 法務	法務に関し、次に掲げる事項について業務上の課題を発見し、上司の指導の下で又は外部専門家等と連携して、その課題を解決でき、一部は自律的に解決できること。 (1)営業秘密管理 (2)知的財産関連社内規定(営業秘密管理に関するものを除く)
2－2 リスクマネジメント	リスクマネジメントに関し、次に掲げる事項について業務上の課題を発見し、上司の指導の下で又は外部専門家等と連携して、その課題を解決でき、一部は自律的に解決できること。 (1)係争対応 (2)他社権利監視 (3)他社権利排除 イ 情報提供 ロ 無効審判手続
3 創造(調達)	
3－1 調査	調査に関し、次に掲げる事項について業務上の課題を発見し、上司の指導の下で又は外部専門家等と連携して、その課題を解決でき、一部は自律的に解決できること。 (1)先行資料調査 (2)他社権利調査
4 保護(競争力のデザイン)	
4－1 ブランド保護	ブランド保護に関し、次に掲げる事項について業務上の課題を発見し、上司の指導の下で又は外部専門家等と連携して、その課題を解決でき、一部は自律的に解決できること。 (1)商標権利化(意見書、補正書、不服審判を含む) (2)商標事務(出願事務、期限管理、年金管理を含む) (3)地理的表示の保護
4－2 技術保護	Ⅰ 国内特許権利化に関し、次に掲げる事項について業務上の課題を発見し、上司の指導の下で又は外部専門家等と連携して、その課題を解決でき、一部は自律的に解決できること。 (1)明細書 (2)意見書提出手続 (3)補正手続 (4)拒絶査定不服審判手続 (5)査定系審決取消訴訟手続

	Ⅱ 外国特許権利化に関し、次に掲げる事項について業務上の課題を発見し、上司の指導の下で又は外部専門家等と連携して、その課題を解決でき、一部は自律的に解決できること。 （1）パリ条約を利用した外国出願手続 （2）国際出願手続 Ⅲ 国内特許事務に関し、次に掲げる事項について業務上の課題を発見し、上司の指導の下で又は外部専門家等と連携して、その課題を解決でき、一部は自律的に解決できること。 （1）出願事務 （2）期限管理 （3）年金管理 Ⅳ 品種登録申請に関して業務上の課題を発見し、上司の指導の下で又は外部専門家等と連携して、その課題を解決でき、一部は自律的に解決できること。
4－3 コンテンツ保護	コンテンツ保護に関して業務上の課題を発見し、上司の指導の下で又は外部専門家等と連携して、その課題を解決でき、一部は自律的に解決できること。
4－4 デザイン保護	デザイン保護に関し、次に掲げる事項について業務上の課題を発見し、上司の指導の下で又は外部専門家等と連携して、その課題を解決でき、一部は自律的に解決できること。 （1）意匠権利化（意見書、補正書、不服審判を含む） （2）意匠事務（出願事務、期限管理、年金管理を含む）
5 活用	
5－1 契約	契約に関し、次に掲げる事項について業務上の課題を発見し、上司の指導の下で又は外部専門家等と連携して、その課題を解決でき、一部は自律的に解決できること。 （1）知的財産関連契約 （2）著作権の権利処理
5－2 エンフォースメント	エンフォースメントに関し、次に掲げる事項について業務上の課題を発見し、上司の指導の下で又は外部専門家等と連携して、その課題を解決でき、一部は自律的に解決できること。 （1）知的財産権侵害の判定 （2）知的財産権侵害警告 （3）国内知的財産関連訴訟（当事者系審決等取消訴訟を含む） （4）模倣品排除

最新情報は「知的財産管理技能検定®」のウェブサイト（https://www.kentei-info-ip-edu.org/）で適宜ご確認ください。

合格するための勉強法

学科試験と実技試験とで問われる知識の程度に差はないといえます。両試験について並行して学習を進め、知的財産に関する知識を深めていきましょう。

合格のために必要な時間は50時間程度といわれています。1日1時間勉強すれば、2カ月弱で合格レベルに達する計算となります。

本書を使った学習プラン

業務上関わりが深いテーマについては、本書の過去問編の問題を解くことからはじめてみてください。問題を解いて知らない知識、疑問に思うことがあれば、テキスト編の該当箇所を読んで理解を深めます。

業務上関わりが浅いテーマについては、テキスト編を一通り読んでみましょう。その後、過去問を解いてみて、不安な点は再度テキスト編で確認します。このように、テキスト編と過去問編とを繰り返し学習することで、知識を定着させるとよいでしょう。

出題の傾向と対策

以下、本書に収載されている試験（第44回～第47回学科・実技）をもとに、出題の傾向、及び対策を解説します。

学科試験

学科試験は、各テーマに関して基本的な知識を習得しているかを問う4肢択一の問題と空欄補充（穴埋め）問題です。本書のテキスト編の内容を理解できていれば、合格点を獲得するのは難しくないでしょう。

過去4回分のテーマごとの出題数は以下のとおりです。

特許法・実用新案法：11～13問
意匠法：2～3問
商標法：4～5問
条　約：2～3問
著作権法：9～11問
その他関連法：5～6問
調査・戦略：2～3問

実技試験

実技試験は、事例形式となっており、知的財産業務の担当者として適切な対応をとれるかを問う問題です。したがって、関わりが浅いテーマについては、事例の設定に戸惑うことがあるかもしれませんので、過去問を通じて事例に慣れることが合格へとつながるでしょう。

実技試験は以下のように構成されています（括弧内は第47回）。

問1～6（1～4）：特許法に関する事例問題
問7～12（5～8）：商標に関する事例問題
問13～18（9～12）：著作権法に関する事例問題
問19～33（13～33）：各種事例問題
問34：計算問題等
問35～40：空欄補充問題

また、過去4回分のテーマごとの出題数は以下のとおりです。

特許法・実用新案法：11～12問
意匠法：2～3問
商標法：6～8問
条　約：3～4問
著作権法：9～10問
その他関連法：3～4問
調査・戦略：2～3問

特許法・実用新案法

特許法、実用新案法、意匠法、商標法をまとめて産業財産権法といいますが、特許法は産業財産権法の根幹ともいえる法律です。つまり、他の産業財産権法と共通する条文が多いので、特許法をしっかりと理解することで、他の法律の学習も進みやすくなります。

特許法においては、まず特許を受ける権利の帰属について理解することが重要です。特に職務発明の場合に注意しましょう。

出願段階においては、特許要件及び記載要件について理解することが重要です。特許要件としては、特に、新規性及び先願に関する問題が頻出です。それぞれの規定を丁寧に覚えるようにしましょう。さらに、審査において拒絶理由通知を受けた場合の対応を理解する必要があります。特に、補正に関する問題が頻出です。

権利化後においては、権利の侵害に関する問題が、特許法に限らず、他の産業財産権法でも頻出です。どのような行為が権利の侵害に該当するのかを理解することが重要です。実技試験の問題を解くことで、侵害の成否の判断を確実にできるようにしておきましょう。

実用新案法については、特許法と異なる規定について理解しておきましょう。

意匠法

意匠法においては、特許法・実用新案法と異なり「類似」という概念が存在します。この類似の概念は、新規性、先願等の登録要件、意匠法特有の規定である関連意匠、権利侵害に関連しており、意匠法を学習するにあたって、大変重要な事項になります。

関連意匠以外の意匠法特有の規定である部分意匠、動的意匠、組物の意匠、内装の意匠、秘密意匠も重要なので、それぞれの内容をよく理解しましょう。

商標法

商標法においては、登録要件及び不登録事由に関する問題が頻出です。

商標法に特有の規定である存続期間の更新登録の申請、不使用取消審判等についてもしっかりと学習しておくとよいでしょう。

このほか、産業財産権法については、各法律に特有の規定（特許法における出願審査請求等）、及び各法律に共通する規定（権利を発生させるための手続、実施権等）を意識して学習することが重要となります。

知的財産に関する条約

パリ条約、及び特許協力条約（PCT）に関する問題が頻出です。

パリ条約に関しては、三大原則である、内国民待遇の原則、優先権制度、特許独立の原則について理解しましょう。

PCTに関しては、国際出願、国際調査、及び国際予備審査について、規定の内容を把握することが重要です。

著作権法

まず、著作権法上の保護対象となる著作物を理解しましょう。

著作権には大きく分けて、著作者人格権、財産権としての著作権、及び著作隣接権があります。それぞれ混同しないように注意するとともに、各権利の内容（誰に帰属するか、譲渡可能か否か、存続期間等）を理解することが重要です。

また、著作権の制限について、規定の内容を理解して、どの著作権に対する例外なのかをしっかりと把握しましょう。

その他知的財産に関連する法律

不正競争防止法、種苗法、民法、独占禁止法、弁理士法等について出題されます。

不正競争防止法については、不正競争を理解するようにしましょう。

種苗法については、品種登録の要件、育成者権の存続期間が重要です。

民法については、契約の成立、債務不履行に対する対応等についてよく学習しましょう。

独占禁止法については、独占禁止法上問題となる行為、特に不公正な取引方法が重要です。

弁理士法については、弁理士の業務について把握するとよいです。

関税法については、輸出入してはならない貨物に対してとり得る措置について理解する必要があります。

調査・戦略

調査については、各種調査の概要、調査の方法等を把握する必要があります。

戦略については、IPランドスケープ、発明の保護方法(権利化、又は秘匿化)についての理解が重要となります。

過去問編における解説の根拠条文については、次のとおり表記しています：

- 特許法…「特」
- 実用新案法…「実」
- 意匠法…「意」
- 商標法…「商」
- パリ条約…「パリ」
- 特許協力条約…「PCT」
- 国際出願法…「国願法」
- マドリッド協定議定書…「マドプロ」
- 著作権法…「著」
- 不正競争防止法…「不」
- 種苗法…「種」
- 民法…「民」
- 独占禁止法…「独」
- 弁理士法…「弁」
- 関税法…「関」
- 施行規則…「施規」

<テキスト編>

第1章

特許法・実用新案法

重要度 ★★

1 特許法と発明

特許法上の発明に該当するものが、特許権によって保護される。

1 特許法の概要

特許法の目的は、「発明の保護及び利用を図ることにより、発明を奨励し、もって**産業の発達**に寄与すること」です。

新しい技術に関する発明について特許出願をし、特許権の設定の登録を受けた場合に、一定の期間、その発明を独占的に実施できる権利である特許権が与えられます。

一方で、その発明が記載された特許出願は、出願公開されます。出願公開されることによって、他者もその発明を知ることができ、その発明をさらに改良した発明が生まれ、産業の発達につながります(出願公開については第1章16参照)。

つまり、特許法は、発明を適切に保護及び利用できるようにするためのルールといえます。

2 発明

発明とは、「**自然法則**を利用した**技術的思想の創作**のうち**高度**のもの」をいいます。

①自然法則を利用したもの

「自然法則」とは、自然界において経験的に見出される科学的な法則をいいます。

自然法則自体、自然法則に反するもの、及び自然法則を利用していないものは、発明に該当しません。

自然法則自体:エネルギー保存の法則等
自然法則に反するもの:永久機関等
自然法則を利用していないもの:**コンピュータプログラム言語**等　※**プログラム**は物の発明として特許法で**保護されます**。

②技術的思想であるもの

「技術」とは、一定の目的を達成するための具体的手段をいい、技術的思想とは、技術に関する抽象的なアイデアのことをいいます。

個人の熟練によって到達し得るものであって、知識として第三者に伝達できる客観性が欠如しているもの、すなわち**技能**（**フォークボールの投球方法**等）は技術的思想に該当しません。

Point
単なる情報の提示（データベース、機器のマニュアル等）、単なる美的創造物（絵画・彫刻等）も技術的思想に該当しません。

③創作であるもの

「創作」とは、**新しいことを創り出すこと**です。

天然物や自然現象等の単なる発見は、発明に該当しません。

なお、**天然物から人為的に単離した化学物質等**は、創作されたものであり「発明」に該当します。

④高度であるもの

発明は、自然法則を利用した技術的思想の創作であって、さらに「高度」である必要があります。なお、実用新案法の保護対象である考案については、高度であることは要求されていません（実用新案法については第1章24参照）。

「**物**」と「**方法**」についての発明が、特許法で保護されます。なお、方法の発明には「単純方法の発明」と「物を生産する方法（製造方法）の発明」があります。

重要度 ★★★

2 発明者と特許を受ける権利

発明者と、特許を受ける権利を有する者との関係について理解する。

1 発明者

過去問
第44回学科問16ア,イ
第47回実技問13ア,イ
第46回実技問1,2

特許法上、発明者については明文の規定はありませんが、自然人であると解されています。したがって、**法人は発明者にはなれません。**

発明者とは、発明の創作行為に現実に加担した者だけを指すと解されており、**単なる補助者、助言者、資金の提供者、または単に命令を下した者は、発明者にはなれません。**したがって、例えば開発を委託した場合において、委託先の従業者等が発明をしたときは、委託元ではなく、**委託先**の従業者等が発明者となります。

2 特許を受ける権利

過去問
第44回学科問16エ

●補足●
「帰属」とは、権利等が特定の人等のものになることをいいます。

●補足●
特許を受ける権利を有しない者がした特許出願のことを、冒認出願といいます。

Point
特許を受ける権利が譲渡された場合等には、「発明者≠特許を受ける権利を有する者」となります。

産業上利用することができる発明をした者は、その発明について特許を受けることができます(産業上利用することができる発明については第1章4参照)。すなわち、**特許を受ける権利**は、原則として**発明者に帰属します**。ある発明について、特許を受ける権利を有する者による出願が特許査定となった場合、特許権の設定の登録を受けることによって、特許権が発生します(特許権の発生については第1章17参照)。

これに対して、ある発明について、特許を受ける権利を有しない者が出願した場合、その出願に対して拒絶理由が通知されます。すなわち、特許出願人が、出願した発明について特許を受ける権利を有していないことは、拒絶理由に該当します(拒絶理由については第1章14参照)。その後の対応によっても拒絶理由が解消されない場合には、拒絶査定となります。

特許を受ける権利は、移転(譲渡を含む)することができます。

3 職務発明の場合

発明が、職務発明である場合、発明者は、自然人としての**従業者等**であり、原則として、特許を受ける権利も**従業者等**に帰属します(職務発明については第1章3参照)。

これに対して、**職務発明に係る特許を受ける権利を、予め使用者等に帰属させることもできます**。この場合、**発明者は**従業者等**であり、特許を受ける権利を有する者は**使用者等ということになります。したがって、発明者ではあるものの、特許を受ける権利を有していない従業者等が、自身がした発明について出願をした場合、その出願は、冒認出願違反の拒絶理由を有します。

Point

発明者、使用者等以外の者に原始的に特許を受ける権利が帰属することはありません。これは、実用新案法及び意匠法においても同様です。

4 共同発明の場合

発明が、複数の発明者による共同発明である場合、特許を受ける権利は、**発明者全員に帰属します**。特許を受ける権利が共有に係るときは、各共有者は、**他の共有者と共同でなければ、特許出願をすることができません**。この場合において、例えば特許を受ける権利の共有者が、共同発明について単独で出願をした場合、その出願は、**共同出願違反**の拒絶理由を有します。

特許を受ける権利が共有に係るときは、各共有者は、**他の共有者の同意を得なければ、その持分を譲渡することができません**。

過去問

第44回学科問6ア
第44回学科問16ウ
第47回実技問13ウ，エ

Point

本節の「仮専用実施権」以外の規定に関しては、実用新案法、及び意匠法でも同様の規定があります。

5 仮専用実施権と仮通常実施権

特許を受ける権利を有する者は、その特許を受ける権利に係る発明が、将来特許を受けた場合の特許権について、仮専用実施権の設定、仮通常実施権の許諾をすることができます。すなわち、**特許権の設定の登録がされる前であっても、いわゆるライセンスをすることができます**。

●補足●

これらの仮実施権に係る特許出願について特許権の設定の登録があったときは、その特許権について専用実施権の設定、通常実施権の許諾がされたものとみなされます(実施権については第1章19参照)。

過去問でCheck

次の記述は正しいか、誤っているか？

発明者を法人とすることは認められていない。

解答・解説

正解：○（第44回学科問16ア改題）
発明者は自然人に限られます。

重要度 ★★★★★

3 職務発明

「従業者等」が「使用者等の業務範囲」で、「職務」として行った発明を職務発明という。

過去問
第45回学科問28イ

Point
職務発明の規定は、実用新案法及び意匠法において準用されています。

1 概要

発明をするにあたって、会社側が金銭面等で大きく貢献すること等を考慮して、従業者が、所属している会社における一定の要件を満たした発明、すなわち職務発明について特許を受けた場合には、会社がその発明を実施する権利を有します。

一方で、従業者の特許を受ける権利を、あらかじめ会社に取得させることを定めることができます。この定めをした場合、特許を受ける権利は、発生したときから会社に帰属します。この場合、従業者は、相当の利益を受ける権利を有します。

過去問
第47回学科問27ア，エ
第46回学科問2エ
第45回学科問28ア，ウ
第44回学科問10イ，ウ
第47回実技問28ア，ウ
第46回実技問27
第45回実技問26ア，ウ
第44回実技問29ア，イ，エ

2 職務発明の成立要件

職務発明が成立するための要件は、次の３つです。

重要

①従業者等がした発明であること

「従業者等」とは、**従業者**、**法人の役員**、**国家公務員**、**または地方公務員**をいいます。従業者には、管理職も含まれます。また、法人の役員とは、**社長**、**取締役**等です。出向先の施設及び費用を用いて研究を行っている場合には、**出向先**の従業者等として扱われます。

②その性質上、使用者等の業務範囲に属する発明であること

Point
業務範囲は、定款に記載されている業務に限られるわけではありません。

「使用者等」とは、使用者、法人、国、または地方公共団体です。「業務範囲」とは、会社が現に行っている、あるいは将来行うことが具体的に予定されている全業務のことです。したがって、例えば自動車メーカーの開発部員が開発した自動車の部品は、使用者等の業務範囲に属する発明に該当します。

重要

③その発明をするに至った行為が、その使用者等における従業者等の現在または過去の職務に属する発明であること

職務とは、従業者等が、使用者等の要求に応じて、使用者等の業務の一部の遂行を担当する責務のことです。**必ずしも発明をすることを職務とする場合に限られない**ため、例えば自動車メーカーの営業部員が開発した自動車部品についても、職務発明となり得ます。これに対して、例えば運転手が自動車の部品について発明したような場合までも職務に含まれるわけではありません。

「その使用者等における〜過去の職務に属する発明」とは、**同一企業内**における過去の職務に属する発明のことを意味しています。例えば、従業者甲が、使用者Xにおいて開発していた使用者Xの業務範囲に属する発明aを、使用者Xから使用者Yに転職した後に完成させた場合、発明aは、「その使用者等における」、すなわち、使用者Xにおける過去の職務に属する発明ではなく、したがって**使用者Xにおける職務発明には該当しません**。この場合、発明aが、使用者Yにおける業務範囲に属するものであれば、使用者Yにおける職務発明に該当します。

[退職後に発明完成]

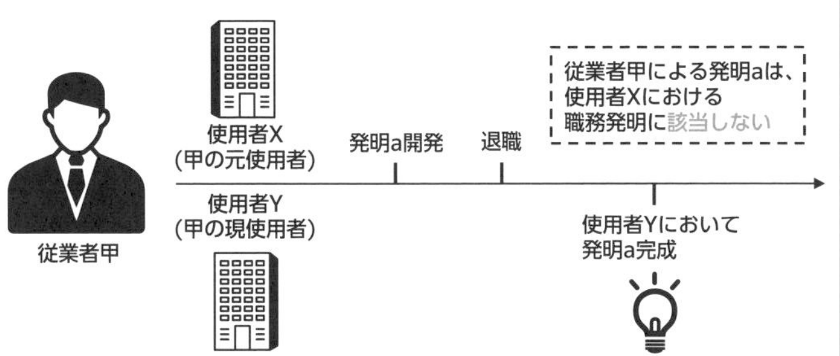

これに対して、同一企業内において職務を変わった場合、すなわち例えば従業者乙が、使用者Zにおいて、異動前の職

条文でCheck!

[特許法35条1項]

使用者、法人、国又は地方公共団体（以下「使用者等」という。）は、従業者、法人の役員、国家公務員又は地方公務員（以下「従業者等」という。）がその性質上当該使用者等の業務範囲に属し、かつ、その発明をするに至った行為がその使用者等における従業者等の現在又は過去の職務に属する発明（以下「職務発明」という。）について特許を受けたとき、又は職務発明について特許を受ける権利を承継した者がその発明について特許を受けたときは、その特許権について通常実施権を有する。

務に属する発明bを異動後に完成させた場合、従業者乙による発明bは、使用者Zにおける職務発明に該当します。

［異動後に（同一企業内で）発明完成］

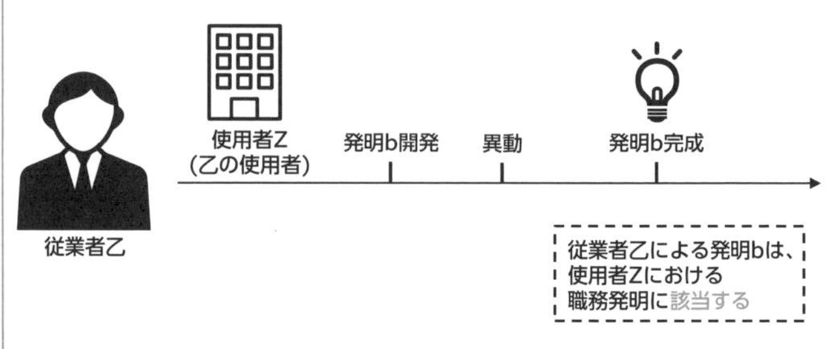

なお、職務発明に該当するか否かは使用者等ごとに判断されます。例えば、異なる2つの使用者等に属する各従業者等が共同で発明をしたときに、一方の使用者等においては職務発明に該当しても、他方の使用者等においては職務発明に該当しないことがあります。

過去問
第47回学科問27ウ
第46回学科問2ア
第47回実技問28エ
第44回実技問29ウ

Point
職務発明に係る通常実施権は、法定通常実施権です。「法定通常実施権」とは、法律の規定に基づいて発生する通常実施権です。

3 職務発明に係る通常実施権

重要

使用者等は、従業者等が職務発明について特許を受けたとき、または職務発明について特許を受ける権利を承継した者（譲渡された者）がその発明について特許を受けたときは、その特許権について**通常実施権を有します**（通常実施権については第1章19参照）。

職務発明に係る通常実施権を有する使用者等は、職務発明としての特許発明を実施するにあたって、**特許権者の許諾を得る必要はありません**。また、この使用者等は、特許発明を実施するにあたって、**特許権者に対してライセンス料等の対価を支払う必要はありません**。

[職務発明制度における権利の帰属]

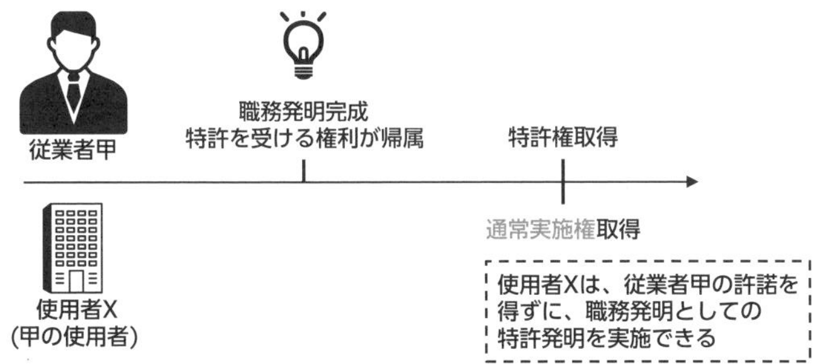

4 職務発明に係る特許を受ける権利の帰属

重要

第1章2で記載したとおり、特許を受ける権利は、原則として発明者に帰属します。これに対して、職務発明に係る特許を受ける権利については、例外的に**予め使用者等に帰属させることを、契約、就業規則等で定めることができます。**

この場合、発明者は従業者等であり、特許を受ける権利を有する者は使用者等です。

過去問

第47回学科問27イ
第44回学科問10ア,エ
第47回実技問28イ
第46回実技問3,4

●補足●

予め使用者等に特許を受ける権利を帰属させる約束を「予約承継」といい、これに基づいて、特許を受ける権利が発生したときから使用者等に帰属することを「原始使用者等帰属」といいます。

Point

原始使用者等帰属の定めがある場合、特許を受ける権利の譲渡に関する手続きは不要です。

[原始使用者等帰属の定めがある場合の権利の帰属]

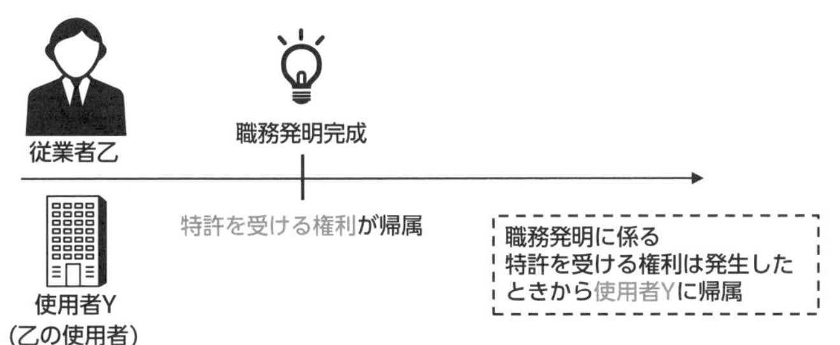

なお、原始使用者等帰属の定めがない場合であっても、発明者である従業者等は使用者等に、特許を受ける権利を譲渡することができます。

Point

従業者等は、使用者等以外に特許を受ける権利を譲渡することもできます。

過去問

第46回学科問2ウ
第45回学科問28エ
第45回実技問26エ

Point

相当の利益を受けること自体についての契約等の定めは必要ありません。

5 相当の利益を受ける権利

重要

従業者等は、契約等の定めにより職務発明について使用者等に特許を受ける権利を取得させたときは、**相当の金銭その他の経済上の利益(相当の利益)を受ける権利を有します**。すなわち、相当の利益は、**金銭の給付だけに限られません。**

金銭以外の「経済上の利益」としては、留学の機会の付与、ストックオプションの付与等が例示されます。これに対して、表彰状のような相手方の名誉を表するだけのもの等、経済的価値を有すると評価できないものは、「経済上の利益」に含まれません。

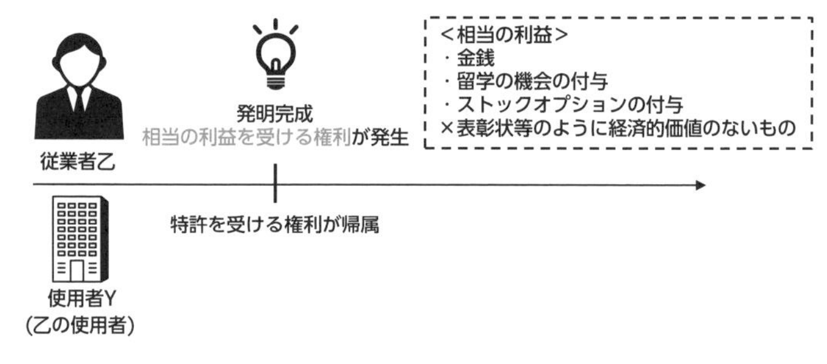

過去問でCheck

次の記述は正しいか、誤っているか？

企業在籍時の職務に属する発明を退職後に完成させた場合は、職務発明とならない。

解答・解説

正解：○ (第45回学科問28ウ改題)
このような発明は、「使用者等における従業者等の過去の職務」に属する発明に該当しません。

4 特許要件①(産業上利用することができる発明)

「発明」であっても、産業上利用することができない発明は、特許法で保護されない。

1 特許要件

特許権が与えられるための条件を、特許要件といいます。たとえ発明が完成したとしても、その発明について特許権の設定の登録がされなければ、その発明は特許法による保護を受けられません。つまり、その発明を独占して実施することができません。

2 産業上利用することができる発明

「産業の発達に寄与すること」が、特許法の目的であるため、**「産業」**上利用することができる、すなわち産業上利用可能性がある発明でなければ、保護されません。

産業とは、広く解釈され、製造業、鉱業、農業、漁業、運送業、通信業、**サービス業**等が該当します。

なお、**工業的に生産することができる必要はありません。**

特許出願に係る発明が、産業上利用することができないことは、拒絶理由、異議理由及び無効理由に該当します(拒絶理由については第1章14、異議理由及び無効理由については第1章22参照)。

過去問

第47回学科問16ア

条文でCheck!

〔特許法29条1項柱書〕

産業上利用することができる発明をした者は、次に掲げる発明を除き、その発明について特許を受けることができる。

※「次に掲げる発明」とは、新規性を有しない発明を指しています。

3 産業上利用することができない発明

産業上利用することができない発明は、次のとおりです。

①人間を手術、治療、または診断する方法

次の医療行為は、産業上利用することができない発明に該当します。

i)手術方法

人体に対して外科的処置(切開、注射等)を施す方法、人体

内で装置（カテーテル、内視鏡等）を使用する方法、美容または整形のための手術方法、手術のための予備的処置（麻酔等）方法等。

ii）治療方法

病気の軽減及び抑制のために、投薬、物理療法等の手段を施す方法、代替器官（人工臓器・義手等）の取付け方法、病気（風邪・虫歯等）の予防方法等。

iii）診断方法

医療目的で身体状態または精神状態等について判断する工程を含む方法（MRI検査で得られた画像を見て脳梗塞であると判断する方法）等。

なお、**医療機器や医薬**のような物の発明、及び**医療機器の作動方法**のような方法の発明は、「人間を手術、治療または診断する方法」に該当せず、特許を受けることができます。

●補足●

「業として」とは、「事業として」のことを意味します。

②業として利用できない発明

個人的にのみ利用される発明（喫煙方法等）や、**学術的・実験的にのみ利用される発明**は、産業上利用することができない発明に該当します。

③実際上、明らかに実施できない発明

例えば、「オゾン層の減少に伴う紫外線の増加を防ぐために、地球表面全体を紫外線吸収プラスチックフイルムで覆う方法」等、理論的にはその発明を実施することが可能であっても、その実施が実際上考えられない発明が該当します。

過去問でCheck

次の記述は正しいか、誤っているか？

□ 特許を受けようとする発明が産業上利用できるものでないことは、拒絶査定不服審判の請求の理由になり得る。

解答・解説

正解：○（第47回学科問16ア改題）

産業上利用可能性がないことは、拒絶理由、すなわち拒絶査定不服審判の請求の理由に該当します。

重要度 ★★★★★

5 特許要件②(新規性と進歩性)

新しい発明であり、当業者が容易に想到できない発明でなければ、特許法で保護されない。

1 新規性

新規性とは、特許を受けようとする発明が、これまで世の中になかった新しいものであることです。

過去問
第47回学科問1
第46回学科問4イ
第45回学科問31ウ
第47回実技問1,2
第44回実技問23ウ

重要

ある発明について特許出願をしようとする場合、**その特許出願前に、日本国内または外国において**、次の３つのいずれかに該当する発明は、**新規性がない**と判断され、特許を受けることができません。すなわち、特許出願に係る発明が新規性を有しないことは、拒絶理由に該当します(拒絶理由については第1章14参照)。

①公然知られた発明(公知発明)

不特定の者に秘密でないものとしてその内容が知られた発明は、新規性を失います。講演、説明会、テレビ放送等を介して知られた発明がこれに該当します。

Point
発明が公知等となった日と特許出願の日とが同日の場合、どちらが先であったかを判断するにあたり、時刻まで考慮されます。

②公然実施された発明(公用発明)

発明の内容が公然知られる状況、公然知られるおそれのある状況で実施をされた発明は、新規性を失います。

③刊行物等により公知になった発明(文献公知発明)

頒布された刊行物に記載された発明や電気通信回線(インターネット等)を通じて公衆に利用可能となった発明は、新規性が失われます。「頒布」とは、刊行物が、不特定多数の者が見得るような状態に置かれることをいい、**現実に誰かがその刊行物を見たという事実を必要としません**。電気通信回線を

Point
特許出願に係る発明が、頒布された刊行物に外国語で説明、記載等されていても新規性を喪失します。

通じて利用可能となった発明についても同様に、**実際に利用された事実を必要としません。**

なお、特許出願に係る発明が、新規性を有しないことは、異議理由及び無効理由でもあります(異議理由及び無効理由については第1章22参照)。

過去問
第45回学科問31ア，イ，エ

Point
新規性喪失の例外の規定の適用を受けても、新規性を喪失するに至った日に出願されたものとみなされるわけではありません。

Point
右記ii)に関して、発明等に関する公報(特許公報等)に掲載されたことにより新規性を喪失するに至った発明は、この規定の適用を受けることができません。

2 新規性喪失の例外

発明が新規性を失うことを新規性喪失といいます。新規性を喪失した発明は、特許を受けることができませんが、「1 新規性」に記載した①～③に該当する発明であっても、次の場合には例外として新規性を喪失するに至らなかったとみなされます。これを**新規性喪失の例外**といいます。

i)特許を受ける権利を有する者の**意に反して**新規性を喪失した発明
ii)特許を受ける権利を有する者の**行為に起因して**新規性を喪失した発明

新規性喪失の例外の規定の適用を受けることにより、新規性を喪失した発明についても、特許を受けることができます。ただし、この規定の適用を受けることができるのは、特許を受ける権利を有する者がした発明に限られ、**他人**の発明についてはこの規定の適用を**受けることができません。**

重要
この規定の適用を受けるためには、発明が新規性を喪失するに至った日から**1年以内**に特許出願する必要があります。

また、上記ii)の場合には、**特許出願と同時に**この規定の適用を受けたい旨を記載した書面、及びその**特許出願の日から30日以内に**この規定の適用を受けることができる発明であることを証明する書面(証明書)を特許庁長官へ提出する必要があります。

3 進歩性

進歩性とは、**その発明の属する技術の分野における通常の知識を有する者**(いわゆる**当業者**)が、その発明の**出願時点**において知られている発明、すなわち新規性のない発明に基づいて**容易に**想到する(考え出す)ことができないことです。

進歩性を有しない発明は、特許を受けることができません。すなわち、特許出願に係る発明が進歩性を有しないことは、拒絶理由に該当します。

特許出願に係る発明が、次のようなものである場合等には、進歩性が否定されます。

i)先行技術の**単なる寄せ集め**

ii)主引用発明からの**設計変更等**

より具体的には、例えば次のような場合には、特許出願に係る発明は進歩性を有しません:

特許出願に係る発明…a、及びbを備える装置

刊行物1に記載された発明…aを備える装置

刊行物2に記載された発明…bを備える装置

※刊行物1及び2は、いずれも特許出願前に公知

なお、特許出願に係る発明が、進歩性を有しないことは、異議理由及び無効理由でもあります。

過去問

第46回学科問4エ
第47回実技問3,4

●補足●

たとえ新しい技術であったとしても、当業者なら簡単に思いつくような発明は、「産業の発達に寄与する」とはいえないので、特許要件として、新規性とともに進歩性が求められます。

過去問でCheck

次の記述は正しいか、誤っているか？

特許出願後、出願公開前に日本国内において電気通信回線を通じて公衆に利用可能となった発明は、特許を受けることができる。

解答・解説

正解：○（第46回学科問4イ改題）

「特許出願前」に文献公知となっておらず、新規性を有するため、特許を受けることができます。

重要度 ★★★★

6 特許要件③(先願)

最先の特許出願人のみが、特許を受けられる。

過去問
第47回学科問19
第47回学科問37イ
第46回学科問4ア
第45回実技問5,6
第45回実技問31ウ

1 先願主義

同一の発明について複数の特許出願があった場合に、最先の特許出願人のみに特許権を与えることを先願主義といいます。これに対して、最先の発明者に特許権を与える先発明主義があります。我が国では、先願主義が採用されています。

2 特許を受けられるか否かの判断

先願主義に基づいて、特許出願に係る発明が特許を受けられるかどうかは、次のとおり判断されます。

Point
知的財産に係る出願について、出願の先後が判断されるのは、日本国内における特許出願同士、特許出願と実用新案登録出願、及び実用新案登録出願同士のみです。

重要

①異日出願の場合

同一の発明について、異なった日に複数の特許出願があった場合、**最先の特許出願人**のみが特許を受けることができます。

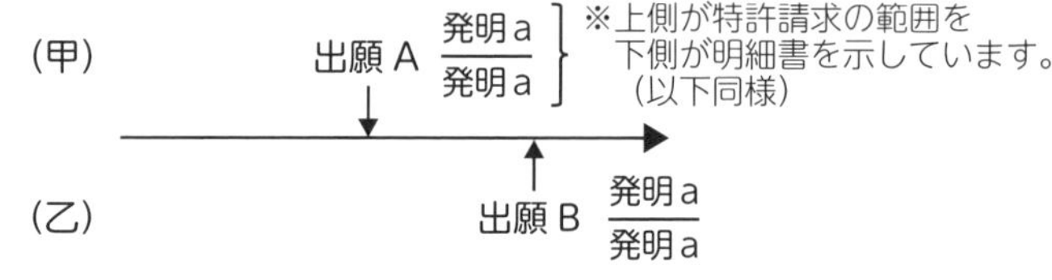

この場合、(甲)のみが特許を受けることができる。

Point
新規性の場合と異なり、出願の先後を決定するために時刻までは考慮されません。

②同日出願の場合

同一の発明について、同じ日に複数の特許出願があった場合、**協議により、特許を受けることができる特許出願人を決める**ことになります。

具体的には、**特許庁長官**より協議命令が出され、同日出願した出願人同士が協議を行い、その結果を特許庁へ届け出ます。その協議で定められた一の出願人のみが特許を受けることができます。なお、協議が成立しなかった場合や協議ができない場合は、**誰も特許を受けることができません。**

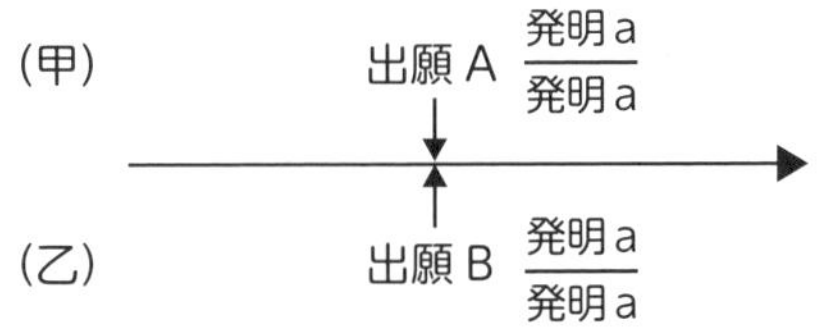

この場合、(甲)と(乙)に協議命令
→協議で定められた方のみが、特許を受けられる。

Point
出願A及びBの特許出願人が同一である場合であっても、いずれかの出願に係る発明についてしか、特許を受けることができません。

先願の規定が適用されるためには、複数の特許出願の**特許請求の範囲に記載された発明が同一**である必要があります。すなわち、例えば2 つの特許出願について、一方の出願には、特許請求の範囲に発明a が記載されており、他方の出願には、明細書にのみ発明a が記載されている場合、先願の規定は適用されません。

また、先願の規定が適用されるためには、特許出願が、放棄、取下、もしくは却下されていないこと、または特許出願について拒絶をすべき旨の査定等が確定していないこと、すなわち**特許権の設定の登録がされて、先願の地位が確定している**ことが必要です。

3 発明が同一か否かの判断

出願に係る発明(以下、「本願発明」)と、この出願よりも先にされた出願に係る発明(以下、「先願発明」)とを対比した結果、次の①または②の場合には、両者は「同一」と判断されます。

①本願発明と先願発明との間に相違点がない場合
②本願発明と先願発明との間に相違点がある場合であっても、両者が**実質同一**である場合

実質同一とは、相違点が次の i)から iii)までのいずれかに該当

する場合をいいます。

i)課題解決のための具体化手段における微差(周知技術、慣用技術の付加、削除、転換等であって、新たな効果を奏するものではないものである場合
ii)先願発明の発明特定事項を、本願発明において上位概念として表現したことによる差異である場合
iii)**単なるカテゴリー表現上の差異**(例えば、表現形式上、「物」の発明であるか、「方法」の発明であるかの差異)である場合

なお、特許出願に係る発明が、先願の規定に違反することは、拒絶理由、異議理由及び無効理由です。

過去問でCheck

次の記述は正しいか、誤っているか？

同一の発明について異なった日に2つの特許出願があったときは、同一の特許出願人の場合に限り、いずれの特許出願に係る発明についても特許を受けることができる。

解答・解説

正解：×（第46回学科問4ア改題）

同一の特許出願人による特許出願であったとしても、特許を受けられるのは、一方の特許出願に係る発明に対してのみです。

7 特許要件④(拡大先願)

当初明細書等に記載された発明によって、後願を排除できる。

1 概要

拡大先願は、先願の規定よりも、後願を排除できる範囲が拡大された規定です。より具体的には、先願の規定においては、複数の出願に係る発明が同一であるか否かの判断の対象は、特許請求の範囲に記載された発明のみなのに対して、拡大先願の規定では、特許出願(以下「本願」)の日前の他の出願の願書に最初に添付された明細書、特許請求の範囲、または図面(以下「当初明細書等」)に記載された発明も、判断の対象となります。すなわち、例えば他の出願の明細書にのみ記載された発明と、本願の特許請求の範囲に記載された発明とが同一である場合、本願は、拡大先願の規定により拒絶されます。なお、拡大先願の規定が適用されるためには、本願の後に他の出願が出願公開されていることが必要です。

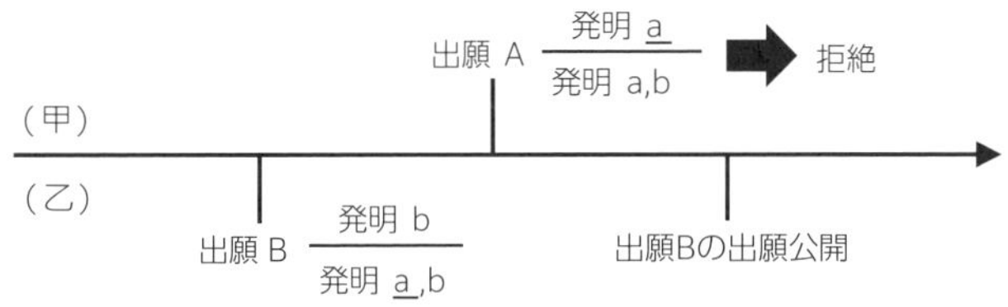

2 拡大先願の規定が適用されない場合

他の出願の発明者と本願の発明者とが同一であれば、拡大先願の規定は適用されません。また、本願の出願時に、他の出願の出願人と本願の出願の出願人とが同一であれば、拡大先願の規定は適用されません。これに対して、先願の規定は、発明者、特許出願人の異同にかかわらず、適用されます。

なお、特許出願に係る発明が、拡大先願の規定に違反することは、拒絶理由、異議理由及び無効理由です。

Point
先願の規定と同様、日本における出願と外国における出願との間では拡大先願の規定は適用されません。

新規性、進歩性、先願、及び拡大先願の各規定が適用される場合の例について、以下にまとめます。

[新規性]

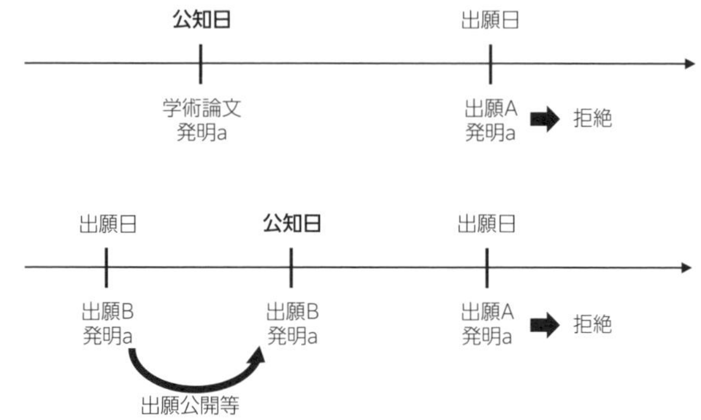

[進歩性]

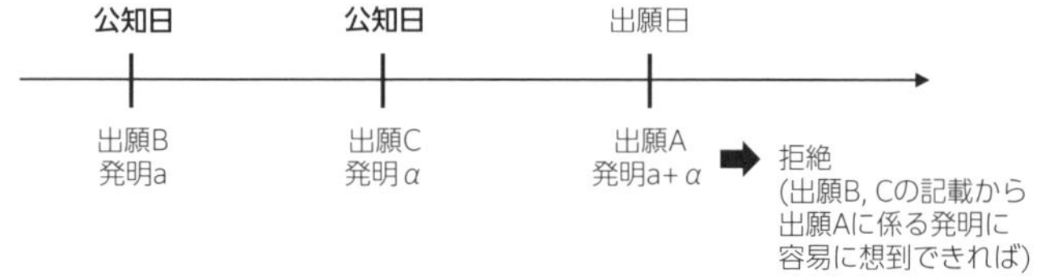

[先願]

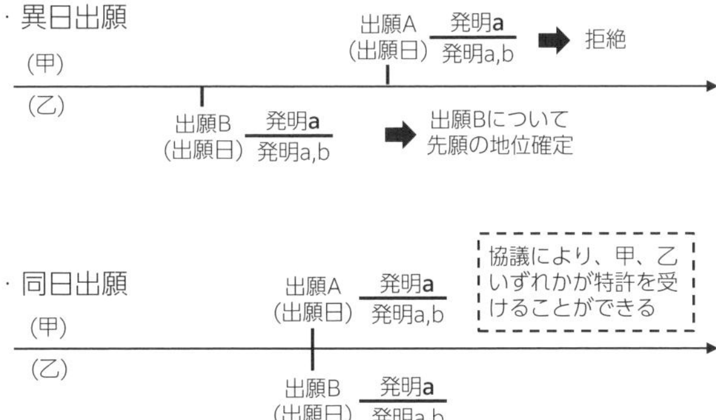

※出願人が甲同士でも適用あり

[拡大先願]

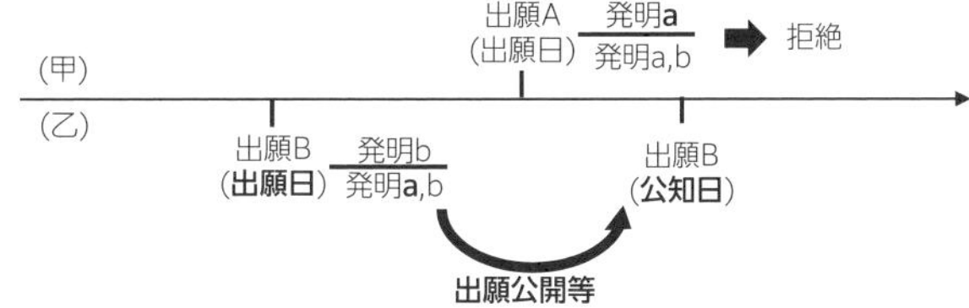

※出願人が甲同士だと適用なし(発明者が同一でも適用なし)

重要度 ★★

8 特許要件⑤(不特許事由)

公序良俗に反する発明は、特許を受けることができない。

過去問
第47回学科問16イ
第45回学科問34ウ

1 概要

公の秩序、善良の風俗または公衆の衛生、すなわちいわゆる公序良俗を害するおそれがある発明については、特許を受けることができません。

2 不特許事由に該当する発明と該当しない発明

不特許事由に該当する発明としては、以下が例示されます。

①遺伝子操作により得られたヒト自体

②専ら人を残虐に殺戮することのみに使用する方法

●補足●
紙幣にパンチ孔を設ける装置は、必ずしも犯罪に用いられるとは限らないため、不特許事由に該当しません。これに対して紙幣偽造装置のように犯罪に寄与することが明らかな発明は、不特許事由に該当します。

これに対して、不特許事由に該当しない発明としては、以下が例示されます。

①毒薬

②爆薬

③副作用のある抗がん剤

④紙幣にパンチ孔を設ける装置

なお、特許出願に係る発明が、不特許事由に該当することは、拒絶理由、異議理由及び無効理由です。

過去問でCheck

次の記述は正しいか、誤っているか？

□ 公衆の衛生を害する発明は、特許を受けることができる。

解答・解説

正解：×（第45回学科問34ウ改題）

公衆の衛生を害するおそれがある発明は、特許を受けることができません。

重要度 ★★★★

9 特許出願

特許出願に際しては、所定の書類を添付した願書を特許庁長官へ提出する。

1 出願書類

特許権を取得するためには、特許庁へ特許出願を行う必要があります。その際、**願書**を提出しなければならず、願書には、**明細書**、**特許請求の範囲**、**必要な図面**、**要約書**を添付しなければなりません。

2 各書類の概要

①願書

特許権の付与を求める意思表示のための書類です。

特許出願人の氏名または名称、発明者の氏名、及び両者の住所等を記載します。

②明細書

出願に係る技術の内容を開示する機能、及び出願日を確保する機能を有する書類です。

過去問
第44回学科問37ア

重要

発明の名称、**図面の簡単な説明**、**発明の詳細な説明**を記載します。

③特許請求の範囲

審査を経て権利範囲を確定させる機能を有する書類です。

請求項に区分して、各請求項ごとに特許出願人が特許を受けようとする発明を特定するために必要と認める事項のすべてを記載します。各請求項には同一の発明を記載しても構いません。

過去問
第46回学科問12ア，イ

④必要な図面

発明の内容を図で表した書類です。「必要な」とあるとおり、図面が必要ない場合には、添付しなくてもかまいません。

Point
願書に添付しなくてもよい場合があるのは、図面のみです。

⑤要約書

発明の概要を平易かつ簡潔、明瞭に記載する書類です。

3 記載要件

①明細書の記載

過去問
第47回学科問20ア
第46回学科問12エ
第44回学科問37エ
第47回実技問15エ

重要

i）実施可能要件

明細書の発明の詳細な説明の記載は、**その発明の属する技術の分野における通常の知識を有する者**、すなわちいわゆる**当業者**が、その実施をすることができる程度に**明確かつ十分**に記載したものであることが必要です。これを実施可能要件といいます。

過去問
第45回実技問3,4

ii）先行技術文献情報開示要件

明細書の発明の詳細な説明の記載は、その発明に関連する文献公知発明のうち、**特許を受けようとする者**が特許出願の時に知っているものがあるときは、その**文献公知発明が記載された刊行物の名称その他のその文献公知発明に関する情報の所在**を記載したものであることが必要です。これを先行技術文献情報開示要件といいます。

②特許請求の範囲の記載

過去問
第47回学科問16ウ
第45回学科問34イ
第44回学科問37イ

Point
特許請求の範囲に記載されていない発明を、明細書、図面に記載することはできます。

重要

i）サポート要件

特許請求の範囲の記載は、**特許を受けようとする発明が発明の詳細な説明に記載したものであること**が必要です。すなわち、発明の詳細な説明に記載されていない発明を特許請求の範囲に記載することはできません。これをサポート要件といいます。

過去問
第46回学科問12ウ

ii）明確性要件

特許請求の範囲は、特許を受けようとする発明が**明確であること**が必要です。これを明確性要件といいます。

iii）簡潔性要件

特許請求の範囲は、請求項ごとの記載が簡潔であることが必要です。これを簡潔性要件といいます。

なお、明細書の発明の詳細な説明の記載が、**実施可能要件**を満たさないこと、並びに特許請求の範囲の記載が、**サポート要件**、明確性要件及び簡潔性要件を満たさないことは、拒絶理由、異議理由及び無効理由です。また、明細書の発明の詳細な説明の記載が、先行技術文献情報開示要件を満たしていない場合において、所定の対応をとってもなおこの要件を満たさないことは、拒絶理由です。

4 発明の単一性

過去問
第46回学科問30
第45回実技問1,2
第44回実技問1,2

2以上の発明については、**経済産業省令で定める技術的関係**を有することにより発明の単一性の要件を満たす一群の発明に該当するときは、1つの願書で特許出願をすることができます。

重要

すなわち、特許請求の範囲には、**発明の単一性の要件を満たす2以上の発明を記載することができます**。ここで、各用語の意味は、次のとおりです。

「経済産業省令で定める技術的関係」
…**2以上の発明が同一のまたは対応する特別な技術的特徴**を有していることにより、これらの発明が**単一の一般的発明概念を形成するように連関している技術的関係**

「特別な技術的特徴」
…**発明の先行技術に対する貢献を明示する技術的特徴**
→**少なくとも先行技術に記載されていない技術的特徴**

「先行技術」
…特許法29条1項各号に該当する発明、すなわち新規性のない発明
→**本願の出願時に公開されていないものは含まれない**

以上より、下図において、次の理由から**特許出願Aに係る2つの発明は、発明の単一性の要件を満たすため**、この2つの発明を**1つの願書で特許出願をすることができます。**

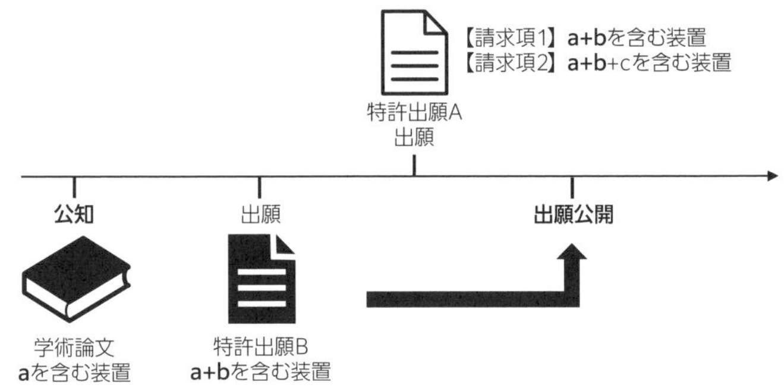

・特許出願Aの請求項1及び2に記載された2つの発明において共通している**技術的特徴a+bは、公知の学術論文に開示されていない。**

・技術的特徴a+bは、特許出願Bに記載されているが、**特許出願Bは、特許出願Aの出願時に出願公開されていないため、発明の単一性の要件における「先行技術」に該当しない。**

→特許出願Aに係る2つの発明は、**同一の「特別な技術的特徴」を有している。**

なお、**物の発明と方法の発明とでも、発明の単一性の要件を満たし得ます。**

特許請求の範囲の記載が、発明の単一性の要件を満たさないことは、**拒絶理由**ですが、異議理由及び無効理由ではありません。

5 共同出願

第1章2の4で記載したとおり、共同発明の場合等、特許を受ける権利が共有に係るときは、**各共有者は、他の共有者と共同で特許出願をする必要があります。**

共同出願違反は、拒絶理由及び無効理由ですが、異議理由ではありません。

[特許出願から権利化までの流れ]

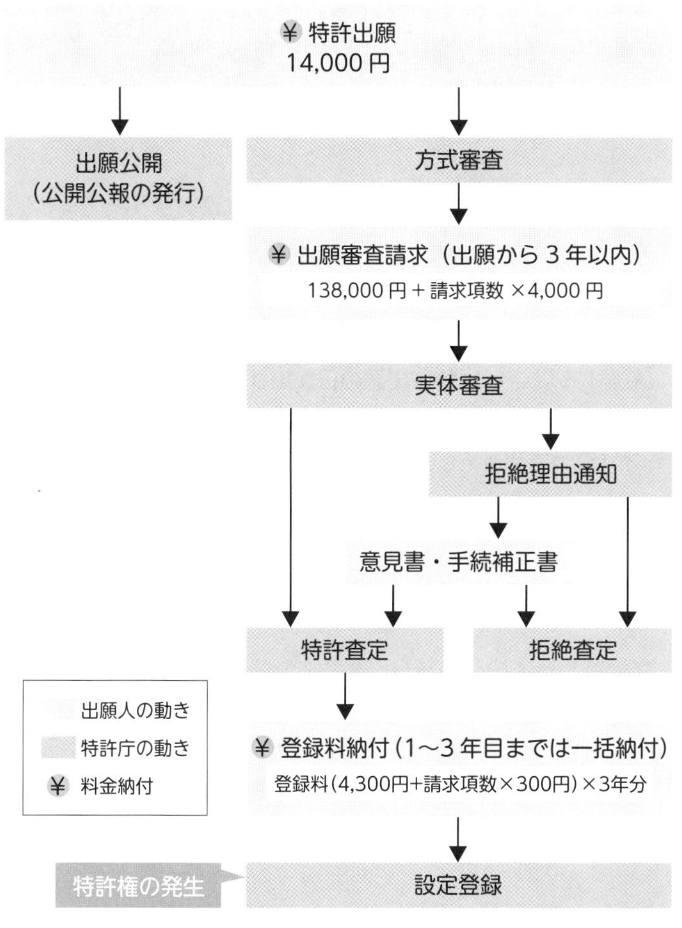

出典：特許庁ウェブサイト

過去問でCheck

次の記述は正しいか、誤っているか？

発明の単一性の経済産業省令で定める技術的関係とは、2以上の発明が同一のまたは対応する特有の構成を有していることにより、これらの発明が単一の一般的発明概念を形成するように連関している技術的関係である。

解答・解説

正解：×（第46回学科問30改題）

「特有の構成」ではなく、「特別な技術的特徴」です。

重要度 ★★

10 特許出願の日の認定等

所定の場合には、特許出願の日が繰り下がる。

過去問
第45回学科問34ア

1 特許出願の日の認定

原則として、**特許出願に係る願書を提出した日が、特許出願の日として認定されます。**

これに対して、例外的に、特許出願が次の①～③のいずれかに該当する場合には**特許出願の日が繰り下がる、**すなわち**特許出願に係る願書を提出した日よりも後になります。**この理由としては、次の3つの要件が、出願の根幹に関わる極めて重要な要件であるためです。

①特許を受けようとする旨の表示が明確でないと認められるとき
②**特許出願人の氏名もしくは名称の記載がなく**、またはその記載が特許出願人を特定できる程度に明確でないと認められるとき
③明細書が添付されていないとき(後述の「先願参照出願」の場合を除く)

特許出願が上記①～③のいずれかに該当する場合、特許出願人は、**手続補完書**により、上記①～③を満たすように**補完**をすることができます。この補完をしたときは、その特許出願は、**手続補完書を提出した時**にしたものとみなされます。この場合、**手続補完書を提出した日が、特許出願の日として認定されます**、すなわち、上述したとおり、特許出願の日が繰り下がります。

2 先願参照出願

特許出願人は、**願書に明細書及び必要な図面を添付することなく**、先の特許出願(以下「先願」)を参照すべき旨を主張する方法により、特許出願をすることができます。この出願を先願参照出願といいます。ただし、この方法により特許出願をした場合、特許出願人は、特許出願と同時に、この方法により特許出願をする旨等を記載した書面、及び特許出願の日から所定期間内に、明細書、必要な図面を特許庁長官に提出する必要があります。

先願参照出願の出願日は、先願参照出願の明細書または図面に記載した事項が、先願の明細書等に記載した事項の範囲内にある場合は、**先願参照出願の願書の提出日**になり、そうでない場合は、**明細書及び図面の提出日**になります。

3 明細書または図面の一部の欠落の補完

過去問
第45回学科問38ア
第44回学科問37ウ

特許庁長官は、特許出願の日の認定に際して、願書に添付されている**明細書または図面の一部の記載が欠けている**ことを発見したときは、その旨を特許出願人に通知します。この通知を受けた特許出願人は、経済産業省令で定める期間内に限り、**明細書等補完書によって、明細書または図面について補完をする**ことができます。この補完をしたときは、その特許出願は、**明細書等補完書を提出した時**にしたものとみなされます。

過去問でCheck

次の記述は正しいか、誤っているか？

願書に特許出願人の氏名の記載がなく、出願人が手続補完書による補完を行った場合、願書を提出した日が出願日として認定される。

解答・解説

正解：×（第45回学科問34ア改題）
手続補完書を提出した日が、出願日として認定されます。

重要度 ★★★

11 国内優先権

基本的な発明とその改良発明とをまとめた内容で出願することができる。

過去問
第44回学科問19ア
第46回実技問32ア，イ
第45回実技問30ア，ウ

Point
意匠登録出願を先の出願とすることはできません。

Point
先使用権の時期的要件についても、先の出願時で判断されます。

1 概要

重要

国内優先権制度とは、既に出願した自己の**特許出願または実用新案登録出願**（以下「先の出願」）の発明を含めて包括的な発明としてまとめた内容を、優先権を主張して特許出願（以下「後の出願」）をする場合には、その包括的な特許出願に係る発明のうち、**先の出願の出願当初の明細書、特許請求の範囲または図面（以下「当初明細書等」）に記載されている発明**について、**新規性、進歩性等の判断に関し、出願の時を先の出願の時とする**という優先的な取扱いを認める制度です。

例えば、当初明細書等に発明aが記載された先の出願を基礎として国内優先権を主張して、当初明細書等に発明a, b(bはaの改良発明)が記載された後の出願をする場合、新規性等の判断に関して、発明aについては、**先の出願の日**とされるのに対して、発明bについては、**後の出願の日**とされます。したがって、先の出願と後の出願との間に発明aが記載された刊行物、及び発明bが記載された刊行物がそれぞれ公知になっている場合、**発明aは拒絶理由を有しない**のに対して、**発明bは拒絶理由を有します**。

[国内優先権の効果]

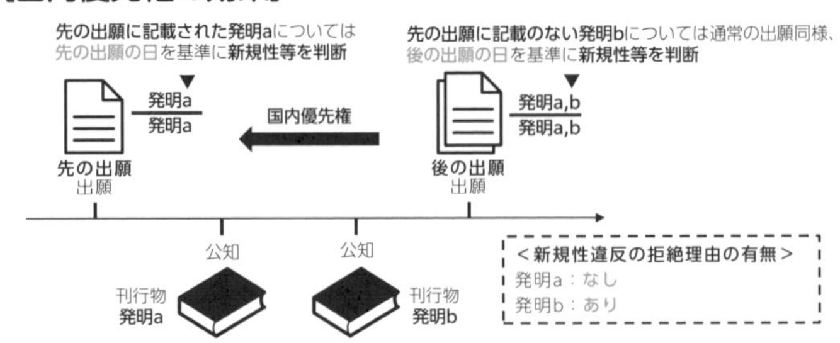

2 国内優先権の時期に関する規定

重要

国内優先権の主張を伴う特許出願は、先の出願の日から**1年**以内にすることができます。

国内優先権の主張を伴う特許出願における、各規定の起算日は次のとおりです。

i）出願審査請求：**後**の出願の日（出願審査請求については第1章14参照）

ii）出願公開：**先**の出願の日（出願公開については第1章16参照）

iii）特許権の存続期間：**後**の出願の日（特許権の存続期間については第1章17参照）

過去問

第46回学科問27
第44回学科問19イ〜エ
第45回実技問30イ
第44回実技問34

Point

i)〜iii)は、いずれも期間に関して「特許出願の日」から起算されることが定められている規定ですが、出願公開についてのみ、例外的に「特許出願の日」を「先の出願の日」とする旨の規定があります。

国内優先権の主張の基礎となる先の出願は、その出願の日から**1年4カ月**経過後に取り下げたものとみなされます。

[国内優先権の時期に関する規定の概略図]

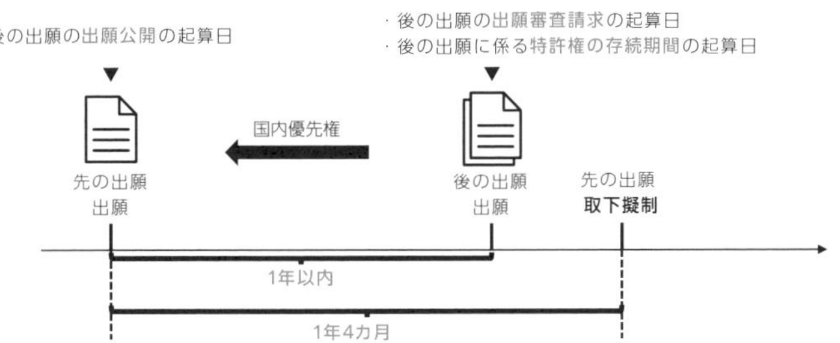

過去問でCheck

次の記述は正しいか、誤っているか？

国内優先権の主張を伴う特許出願の出願公開の起算日は、後の出願の日である。

解答・解説

正解：×（第46回学科問27ア改題）

「後の出願の日」ではなく、「先の出願の日」です。

重要度 ★★★★

12 補正

時期的要件及び客体的要件等の所定の要件を満たした補正は、遡及効を有する。

過去問
第46回学科問16ア
第45回学科問27ア

1 概要

補正とは、特許庁に対して先に行った手続の不備等を補充、訂正、削除することをいいます。特許出願人は、願書に添付した明細書、特許請求の範囲または図面（以下「明細書等」）を補正することができます。補正は、**手続補正書**を提出することによって行います。

重要

所定の要件を満たした補正は、**出願時に遡って効力を有します**。これを補正の遡及効といいます。

過去問
第45回学科問10ウ
第45回学科問20ア，ウ

2 補正の要件

重要

（1）時期的要件

①原則

特許出願人は、**特許をすべき旨の査定の謄本の送達前**においては、明細書等について補正をすることができます。

②例外

拒絶理由通知を受けた後は、次の場合に限り、補正をすることができます。

ⅰ）**最初の拒絶理由通知の指定期間内**にするとき
ⅱ）拒絶理由通知を受けた後、文献公知発明に係る情報の記載についての通知を受けた場合における指定期間内にするとき
ⅲ）**最後の拒絶理由通知の指定期間内**にするとき

Point
すなわち、特許をすべき旨の査定の謄本の送達前であっても、拒絶理由通知を受けた後は、補正をすることができない場合があります。

●補足●
最初及び最後の拒絶理由通知については第1章15参照

iv）**拒絶査定不服審判の請求**と**同時**にするとき

［時期的要件の概略図］

・原則

・例外（上記iiの場合を除いて記載）

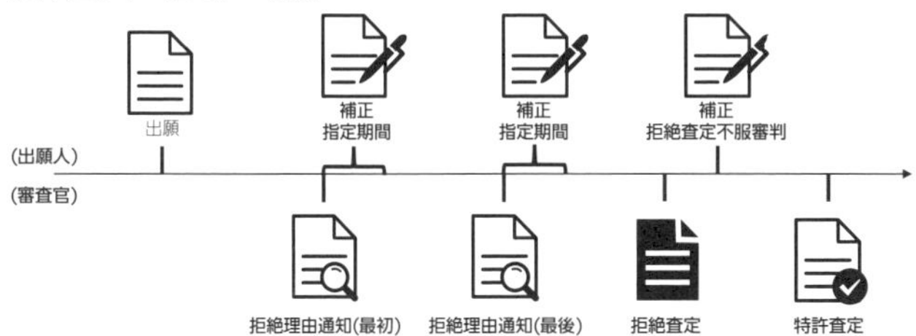

Point
補正に似た制度として、訂正審判があります。補正と異なり、訂正審判は特許権の設定登録後に請求することができます。訂正審判においては、
・特許請求の範囲の減縮、
・誤記または誤訳の訂正
等をすることができます。

（2）客体的要件

重要

①新規事項を追加する補正

明細書等について補正をするときは、**出願当初の明細書等に記載した事項の範囲内**においてする必要があります。すなわち、**当初明細書等に記載されていない事項を追加する補正をすることはできません。**

過去問
第46回学科問16イ，エ
第45回学科問20エ
第44回学科問33ア，イ

補正には遡及効があるため、出願後に自由に新規事項を追加する補正を認めることは、先願主義の趣旨に反するためです。

Point
新規事項の追加に該当しない限り、請求項の数を増やす補正は認められます。

②発明の特別な技術的特徴を変更する補正

最初の拒絶理由通知を受けた後に、特許請求の範囲について補正をするときは、補正前後の発明が、**発明の単一性**の要件を満たす一群の発明に該当するものとなるようにする必要があります。なお、最初の拒絶理由通知を受ける前においては、シフト補正は

●補足●
発明の特別な技術的特徴を変更する補正、すなわち発明の単一性の要件を満たさなくなる補正は、シフト補正といわれています。

認められています。

③目的外補正

最後の拒絶理由通知を受けた後等に、特許請求の範囲について補正をするときは、次の事項を目的とするものに限られます。

ⅰ）**請求項の削除**
ⅱ）特許請求の範囲の限定的減縮
ⅲ）**誤記の訂正**
ⅳ）**明瞭でない記載の釈明**（拒絶理由通知において指摘された事項についてのみ可能）

すなわち、最後の拒絶理由通知を受けた後は、特許請求の範囲について、**最後の拒絶理由通知を受ける前と同じ範囲で補正をすることはできません。**

補正の客体的要件をまとめると、次のとおりです。

Point
いかなる時期においてする補正についても、新規事項を追加する補正は認められません。

・拒絶理由通知を受ける前：
　× **新規事項を追加する補正**
・最初の拒絶理由通知を受けた後：
　× 新規事項を追加する補正、**シフト補正**
・最後の拒絶理由通知を受けた後：
　× 新規事項を追加する補正、シフト補正、**目的外補正**

過去問でCheck

次の記述は正しいか、誤っているか？

特許査定の謄本の送達後は、特許権の設定登録料の納付前であっても、特許請求の範囲について補正をすることはできない。

解答・解説

正解：○（第45回学科問10ウ改題）
特許査定の謄本の送達後は、特許権の設定登録料の納付前であるか否かにかかわらず、明細書等について補正をすることができません。

重要度 ★★

13 出願の分割・変更

特許出願の一部を分割して、新たな特許出願とすることができる。特許出願を実用新案登録出願、意匠登録出願に変更できる。

1 出願の分割

過去問
第45回学科問27ウ

特許出願人は、2以上の発明を包含する特許出願の一部を分割して、1または2以上の新たな特許出願とすることができます。出願の分割は、例えば、次のような場合に利用されます。

①新規性等に関する拒絶理由を解消したい場合

例えば、発明aについては拒絶理由があるが、発明bについては拒絶理由がない場合

●補足●
出願の分割のもととなる出願は親出願と呼ばれ、分割された新たな出願は子出願と呼ばれることがあります。

②発明の単一性に関する拒絶理由を解消したい場合

例えば、発明aと発明bとが、発明の単一性の要件を満たさない場合

Point
特許出願の分割をすることができるのは、発明の単一性の要件を満たしていないとした拒絶理由を受けた場合に限られるわけではありません。

出願の分割は、次の時期においてすることができます。

①願書に添付した明細書、特許請求の範囲または図面について補正**をすることができる時または期間内**

②特許査定謄本送達日から30日以内

③最初の拒絶査定謄本送達日から3カ月以内

なお、補正と同様、出願の分割にも遡及効があります。

過去問
第47回学科問33ア

Point
特許出願、実用新案登録出願、意匠登録出願の間で相互に出願の変更をすることができます。

2 出願の変更

特許出願人は、特許出願を**実用新案登録出願、意匠登録出願**に変更することができます。なお、特許出願を商標登録出願に変更することはできません。

出願の変更は、補正、出願の分割と同様に、拒絶理由通知に対応するために利用することができます。

出願の変更は、次の時期においてすることができます。

①特許出願から実用新案登録出願への変更

・最初の拒絶査定謄本送達日から3カ月以内、又は**特許出願日から9年6カ月以内(いずれかの期間経過後は不可)**

②特許出願から意匠登録出願への変更

・最初の**拒絶査定謄本送達日から3カ月以内**

なお、補正と同様、出願の変更にも遡及効があります。

過去問でCheck

次の記述は正しいか、誤っているか？

特許出願人は、最初の拒絶理由通知を受けた場合に、出願の分割をすることができる。

解答・解説

正解：○（第44回学科問33ウ改題）
最初の拒絶理由通知後の指定期間内は、補正をすることができる期間内であるため、出願の分割をすることができます。

14 審査

出願審査請求をすることによって実体審査が開始される。拒絶理由が発見されない特許出願に対しては、特許査定がされる。

1 審査の種類

審査には、大きく分けて、方式審査と実体審査の2種類があります。方式審査は、出願書類の不備の有無に関する審査です。実体審査は、特許庁の**審査官**によって行われる拒絶理由の有無に関する審査です。方式審査において出願書類に不備等が無く、実体審査において拒絶理由が発見されない場合に、特許査定がされます。

2 出願審査請求

実体審査を受けるためには、特許庁長官に**出願審査請求**をする必要があります。

何人も、出願審査請求をすることができます。すなわち、特許出願人だけでなく、特許出願人以外の者も請求することができます。また、共同出願の場合、いずれかの特許出願人が単独で請求することができます。

出願審査請求をする者は、**特許出願の日から3年以内**に請求しなければなりません。この期間内に請求がなかった場合には、特許出願は**取り下げたものとみなされます**。第1章11で記載したとおり、国内優先権の主張を伴う出願の場合には、この時期についての起算日は後の出願の出願日です。

出願審査請求料は、「138,000円＋請求項数×4,000円」です。例えば、請求項の数が10である場合、出願審査請求料は、138,000円＋10×4,000円＝178,000円です。

なお、**出願審査請求は取り下げることができません**。

過去問
第47回学科問33イ
第45回学科問34エ
第45回学科問38ウ
第47回実技問34
第46回実技問34

Point
出願審査請求制度は、特許法に特有の規定です。

●補足●
出願審査請求料を計算する問題が出題されていますが、出願審査請求料の計算式は問題に記載されているため、覚える必要はありません。

過去問
第45回学科問4エ

3 優先審査制度、早期審査制度

①優先審査制度

優先審査制度は、出願公開後に、その特許出願に係る発明が他人に実施されていて、特許庁長官が必要と認める場合に、審査官がその特許出願を他の特許出願に優先して審査する制度です。

②早期審査制度

早期審査制度は、特許出願人が**実施しているか、または2年以内に実施予定**の発明に関する出願等について利用できる制度です。早期審査制度を利用することで、通常に比べて早期に審査が行われます。

特許出願人は、優先審査制度及び早期審査制度を**無料**で利用することができます。

4 拒絶理由

拒絶理由としては、以下が例示されます。

①特許出願の明細書等についてした補正が新規事項を追加する補正、シフト補正に該当するとき

②特許出願に係る発明が、次の規定等により特許を受けることができないとき
・産業上利用可能性
・**新規性**、**進歩性**
・**先願**、拡大先願
・不特許事由
・共同出願

③特許出願が**記載要件**(**実施可能要件、サポート要件等**)、**発明の単一性の要件**を満たしていないとき

④特許出願人がその発明について特許を受ける権利を有していないとき（特許出願が冒認出願であるとき）

5 拒絶査定及び特許査定

特許出願を審査した結果、拒絶理由が通知され、拒絶理由通知に対する対応によっても拒絶理由が解消されない場合には、拒絶査定がされます（拒絶理由通知に対する対応については第1章15参照）。これに対して、拒絶理由が解消された場合、及びそもそも拒絶理由が発見されない場合には、特許査定がされます。

過去問でCheck

次の記述は正しいか、誤っているか？

□ 出願審査請求がされていなくても、実体審査が行われる場合がある。

解答・解説

正解：×（第45回学科問38ウ改題）

実体審査は、出願審査の請求があった場合に行われます。

重要度 ★★★★

15 拒絶理由通知及び拒絶査定に対する対応

拒絶理由通知に対しては、意見書、手続補正書等を提出できる。また、拒絶査定に対しては、拒絶査定不服審判の請求等ができる。

過去問
第45回学科問27イ
第44回学科問4ウ

1 拒絶理由通知

拒絶理由通知とは、特許出願が拒絶理由を有するときに、出願人に通知される審査結果の報告書です。

拒絶理由通知には、大きく分けて、「最初の拒絶理由通知」と「最後の拒絶理由通知」の2種類があります。各拒絶理由通知の意味は次のとおりです。

最初の拒絶理由通知…1回目の審査において通知すべき拒絶理由を通知する拒絶理由通知(2回目以降であっても、1回目の審査において通知すべきであった拒絶理由を含む場合は、原則として「**最初の拒絶理由通知**」)

最後の拒絶理由通知…原則として「最初の拒絶理由通知」に対する応答時の補正によって通知することが必要になった拒絶理由のみを通知する拒絶理由通知

過去問
第44回学科問4ア,イ,エ
第44回学科問33ウ,エ
第45回実技問31エ
第45回実技問34
第44回実技問3,4

2 拒絶理由通知に対する対応

拒絶理由通知に対しては、次の対応をとることができます。

重要

①意見書の提出

拒絶理由通知に記載された拒絶理由に承服できない場合、意見書を提出することができます。

意見書では、審査官の判断に対する反論、後述する補正によって拒絶理由が解消した旨の主張等をすることができます。意見書は、**いかなる拒絶理由**に対しても提出することができ、**最初及**

び最後のいずれの拒絶理由通知に対しても提出することができます。

意見書は、審査官による**指定期間内**に提出することができます。なお、指定期間の起算日は、拒絶理由が通知された日の翌日です。また、期間の末日が休日にあたるときは、その翌日が期間の末日となります。

意見書による主張を実験的に裏付ける**実験成績証明書**を提出することもできます。

重要

②手続補正書の提出

拒絶理由を解消するために、手続補正書を提出して**明細書等の内容を補正**することができます。

なお、拒絶理由通知を受けた後の補正の要件については、第1章12に記載したとおりです。

Point
意見書の提出と手続補正書の提出とは、それぞれ単独で行うことも、併せて行うこともできます。

③出願の分割

拒絶理由を解消するために補正ができる期間内に、出願の分割を行うこともできます。

Point
拒絶理由通知に対しては、拒絶査定不服審判の請求をすることはできません。

④出願の変更

拒絶理由を解消するために、特許出願を実用新案登録出願、または意匠登録出願に変更することができます。

3 拒絶査定及びこれに対する対応

過去問
第47回学科問4ア,イ,エ
第45回学科問27エ
第45回学科問38イ

拒絶理由通知を受け、何らの対応もとらなかった、又は上記の対応をしたのに拒絶理由が解消しなかった特許出願に対しては、拒絶査定がされます。拒絶査定に対しては、次のような対応をとることができます。

重要

①拒絶査定不服審判の請求

拒絶をすべき旨の査定を受けた者、すなわち**特許出願人**は、拒絶査定に不服があるときには、**拒絶査定謄本送達日から3カ月以内**に、**特許庁**に対して拒絶査定不服審判を請求することができます。

●補足●
「合議体」とは、数人の意思を総合して、意思決定を行う組織体のことを言います。

なお、原則として、審判は**3人または5人の審判官の合議体**が行います。ただし、拒絶査定不服審判の請求があった場合において、明細書等について補正があったときは、**審査官**が審査を行います。これを前置審査といいます。

Point
拒絶査定に対しては、意見書を提出することはできません。代わりに審判請求書にて意見を述べます。

②手続補正書の提出

拒絶査定不服審判の請求と**同時**に、手続補正書を提出して明細書等の補正を行うことができます。なお、拒絶査定不服審判を請求せずに、補正のみを行うことはできません。

Point
拒絶査定不服審判の請求と出願の分割、出願の変更とを同時にすることもできます。

③出願の分割、出願の変更

最初の拒絶査定謄本送達日から3カ月以内に、出願の分割、出願の変更を行うこともできます。

なお、拒絶査定に対して何らの対応もとらなかった場合には、拒絶査定が確定し、その特許出願に係る発明については特許を取得することができなくなります。

過去問でCheck

次の記述は正しいか、誤っているか？

特許出願人は、新規性または進歩性を有しないとの拒絶理由の通知に対して応答する場合にのみ、意見書を提出できる。

解答・解説

正解：×（第44回学科問4工改題）
いかなる拒絶理由に対しても、意見書を提出することができます。

16 出願公開と補償金請求権

特許出願は、出願公開される。出願公開されること等を要件として、補償金請求権が発生する。

1 出願公開

原則として、**特許出願の日**から**1年6カ月**経過後に、すべての特許出願が出願公開されます。出願に係る発明の内容が公開されることで、第三者による重複研究、重複投資、重複出願を防止することができます。

この公開時期は、特許出願人による**出願公開の請求**によって、早めることができます。これによって、後述する補償金請求権をより早く発生させることができます。なお、この請求は、**取り下げることができません**。

過去問
第47回学科問33ウ，エ

2 補償金請求権

補償金請求権とは、特許出願人が、相手方に対して、実施料相当額の補償金の支払いを請求することができる権利のことをいいます。補償金請求権が発生するための要件は、次のとおりです。

過去問
第45回学科問4ウ
第44回学科問34イ
第44回学科問39イ
第45回実技問27エ

①**出願公開**がされていること
②原則として、特許出願に係る発明の内容を記載した書面を提示して**警告**をすること

●補足●
この書面としては、例えば公開特許公報が挙げられます。

補償金請求権行使の対象となる相手は、上記警告後、特許権の設定の登録前に、業として出願に係る発明を実施した者です。

補償金請求権は、**特許権の設定の登録後**でなければ行使することができません。

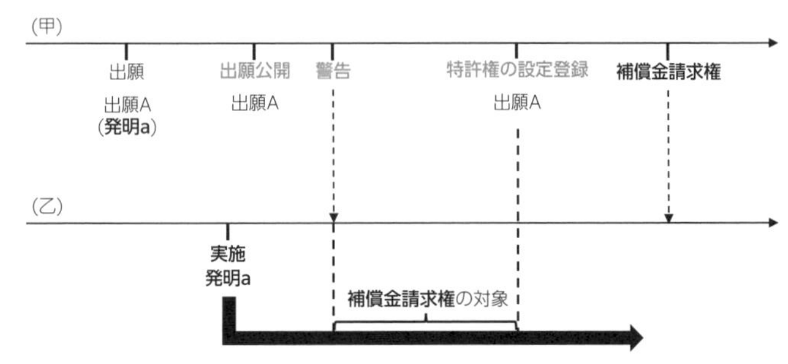

また、**仮専用実施権者・仮通常実施権者**に対しては、補償金請求権を行使することはできません。

補償金請求権が行使されることを免れるために、**情報提供制度**を利用することができます。情報提供制度とは、特許庁長官に対して刊行物提出書等の書類を提出することで、特許出願に係る発明が拒絶理由を有することを説明できる制度です。情報提供により、その出願を拒絶に導くことができることがあり、それによって補償金請求権の行使を免れることができます。情報提供は、**何人も**することができます。

なお、情報提供は、補償金請求権が行使されることを免れるためだけでなく、自社の事業の障害となる他社の特許出願を拒絶に導くための手段としても有効です。逆に、情報提供を受けた特許出願は、他社が事業化する可能性のある技術を含む重要な出願であるといえます。

過去問でCheck

次の記述は正しいか、誤っているか？

□ 特許出願人は、出願公開後にその特許出願に係る発明を実施している者に対して、所定の警告をすれば、特許権の設定登録前に補償金請求権を行使することができる。

解答・解説

正解：×（第45回学科問4ウ改題）

特許権の設定登録後でなければ、補償金請求権を行使することはできません。

重要度 ★★★

17 特許権

特許権は特許料を納付すること等により発生し、維持される。

1 特許権の発生と維持

特許査定の謄本の送達後、1〜3年分の特許料、すなわちいわゆる設定登録料を納付し、**特許権の設定登録**がされることによって、特許権が発生します。

重要

設定登録料は、**特許査定謄本送達日から30日**以内に一時に納付する必要があります。ただし、特許料を納付すべき者(特許出願人等)の請求により、**30日以内に限り**、設定登録料の納付期間を延長することができます。設定登録料が納付されない場合、出願却下処分となります。

4年目以降の各年分の特許料、すなわちいわゆる維持年金を納付することで、特許権が維持されます。維持年金は、前年**以前**に1年分を、または複数年分をまとめて納付します。維持年金は、納付期限の経過後であっても、6カ月**以内**であれば、特許料、及び特許料と同額の割増特許料を納付することにより、追納することができます。

過去問
第47回学科問25
第46回学科問18
第45回学科問10ア,イ,エ
第44回学科問25

Point
設定登録料を追納することはできません。

●補足●
特許権者がその責めに帰することができない理由により所定の期間内にその特許料を納付することができないときは、割増特許料を納付する必要はありません。

2 特許権の存続期間

特許権の存続期間は、特許出願の日**から**20年間です。特許権の存続期間が満了すると、特許権は消滅します。

ただし、次の場合には、特許権の存続期間が最長**5年**延長されます。

①期間補償のための特許権の存続期間の延長

特許権の設定登録までに**長時間を要した場合**に、特許権の存続期間が延長されることがあります。

過去問
第45回学科問38エ
第45回実技問31イ

Point
権利の存続期間の延長制度は、特許法に特有の規定です。

「長時間を要した場合」とは、具体的には、特許権の設定登録が、

・特許出願の日から5年を経過した日

・出願審査請求の日から3年を経過した日

の**いずれか遅い日よりも後に**されたときです。

②医薬品等の特許権の存続期間の延長

医薬品等に関して、安全性を確保するために必要な承認を得る必要があり、それによって特許発明を実施できない期間があったときに、特許権の存続期間が延長されることがあります。

3 特許権の放棄

特許権者は特許権を放棄することができ、特許権は放棄によっても消滅します。特許権について専用実施権を設定している場合には、専用実施権者の承諾を得なければ、特許権を放棄することはできません。なお、特許権について通常実施権が許諾されている場合には、通常実施権者の承諾を得なくても、特許権を放棄することができます(実施権については、第1章19参照)。

過去問でCheck

次の記述は正しいか、誤っているか？

□ 設定登録料は、納付期間の経過後6カ月以内であれば、追納することができる。

解答・解説

正解：×　(第46回学科問18イ改題)

設定登録料を追納することはできません。

重要度★★★★★

18 特許権の効力と侵害の成否

特許権者は、業として特許発明を独占的に実施できる。

1 特許権の効力と直接侵害

特許権者は、**業として特許発明**を**実施**する権利を専有します。これに対して、**権原のない第三者**が、**業として特許発明**を**実施**すると、特許権の侵害に該当します。

> 重要
>
> すなわち、特許権の侵害とは、①**権原なき**第三者が、②**業として**③**特許発明**を④**実施**することをいいます。このような侵害を、直接侵害といいます。

「権原」とは、ある行為を正当化する法律上の原因です。すなわち、この場合には、特許発明を業として実施できる正当な理由のことを意味します。

> 重要
>
> ここで、「業として」とは、**事業として**の意味であり、個人的、家庭的に特許発明を実施しても、**侵害には該当しません**。

特許権の効力は、「特許発明」の**技術的範囲**内に及びます。技術的範囲は、特許請求の範囲の記載に基づいて定められます。例えば、第三者の実施品が、特許発明とは構成要素の一部が異なる場合には、その実施品は特許発明の技術的範囲には属しません。特許発明の技術的範囲に属するか否かの判断において、明細書の記載及び図面も考慮されますが、明細書、図面のみに記載されている発明に基づいて、特許権を行使することはできません。

> 重要
>
> 「実施」の定義は、発明のカテゴリーによって異なり、それぞれ次のとおりです。

過去問
第46回学科問19イ
第45回学科問12イ,ウ,エ
第45回学科問22エ
第47回実技問20ア
第46回実技問32ウ
第44回実技問33ア

Point
無料で配布することも「譲渡」に含まれます。

Point
物を生産する方法の実施行為は、右記のとおり、その方法の使用に限られません。

・物の発明…その物の**生産**、使用、**譲渡**等、**輸出**もしくは輸入または**譲渡等の申出**
・方法の発明…その方法の使用
・物を生産する方法の発明…その方法の使用(**その方法での物の生産**)、その方法により生産した物の使用、譲渡等、輸出もしくは輸入または譲渡等の申出

ここで、「譲渡等」とは、譲渡及び貸渡しをいい、**その物がプログラムである場合には、電気通信回線を通じた提供**を含みます。「譲渡等の申出」とは、パンフレット及びカタログの配布等の行為をいいます。

なお、例えば複数の権原なき第三者が、特許発明を実施している場合には、それぞれの者の実施行為に対して特許権の効力が及びます。

過去問
第47回学科問12エ
第46回学科問19ウ,エ
第45回学科問22イ,ウ
第47回実技問20イ
第46回実技問29イ,エ
第45回実技問24イ
第44回実技問33イ

2 特許権の効力が及ばない範囲

特許権を有していても、次のような特許発明の実施等には、特許権の効力が及びません。すなわち、この場合、特許権者は特許権を行使することができません。また、第三者は、特許権者から許諾を得ること等なく、特許発明を実施することができます。

重要
①**試験または研究**のためにする特許発明の実施
特許権の効力は、試験または研究のためにする特許発明の実施には、及びません。

技術の累積的進歩のためには、試験、研究が必要であるためです。ここで、**後発医薬品**(ジェネリック医薬品)について、医薬品医療機器等法(旧薬事法)に規定する製造承認のために**必要な試験**を行うことは、試験または研究のためにする特許発明の実施に**該当し得ます**。

重要

これに対して、特許製品を**試験販売**する行為は、物の発明における譲渡に該当するため、試験または研究のためにする特許発明の実施には**該当しません**。

重要

②特許権が消尽している特許発明の実施

特許権者または実施権者が、日本国内において、特許製品を譲渡した場合、**特許権の効力**は、**その特許製品を実施する行為には及びません**。これを特許権の消尽といいます。

したがって、例えば特許権者から日本国内で特許製品を購入した者は、自由にその特許製品を転売等することができます。この者からさらにその特許製品を購入した者についても同様です。

特許権者は、特許製品を譲渡するにあたって、既に一度特許権に基づく利益を受けているため、その後の実施行為についてまで特許権に基づく利益を受けることになるのは妥当ではないためです。

なお、**特許権者または実施権者でない者**が、特許製品を譲渡した場合には、特許権は**消尽しません**。また、特許製品に係る**部品**、**原料**等が譲渡された場合にも、特許権は**消尽しません**。したがって、これらのような場合において、特許製品または特許製品に係る部品等を購入した者が、特許製品を転売等する行為は、特許権の侵害に該当します。

Point
①、②のほか、2以上の医薬を混合することにより製造される医薬に関する発明の特許権については、医師又は歯科医師の処方せんにより調剤する行為及び医師又は歯科医師の処方せんにより調剤する医薬にも、特許権の効力が及びません。

3 均等侵害、間接侵害

特許権の直接侵害に該当しない、すなわち権原のない第三者が業として特許発明を実施していない場合であっても、**均等侵害**、**間接侵害**が成立する場合があります。

均等侵害は、次の要件を満たす場合に成立します:

特許発明の構成中に、対象製品と相違する部分が存在する場合において、

過去問
第45回学科問12ア
第47回実技問18
第47回実技問23ア,ウ,エ
第46回実技問29ア

①その相違部分が特許発明の**本質的部分ではない**こと

②その相違部分を対象製品におけるものと**置き換え**ても、特許発明の目的を達成することができ、同一の作用効果を奏すること

③対象製品の**製造時点**において、当業者がそのような置き換えを**容易に想到**できたものであること

④対象製品が、特許発明の**特許出願時点における公知技術と同一ではなく、また当業者がその公知技術から出願時に容易に推考できたものではない**こと

⑤対象製品が発明の特許出願手続において特許請求の範囲から意識的に除外されたものに当たる等の特段の事情もないこと

間接侵害は、例えば次のような場合等に成立します:

■特許が物の発明についてされている場合において、業として次の行為をする場合

(1) その物の生産に**のみ**用いる物の生産、譲渡、輸入等をする行為

(2) ①その物の生産に用いる物(②**日本国内において広く一般に流通しているものを除く**)であって③その発明による課題の解決に不可欠なものにつき、④その発明が特許発明であることを知りながら、及び⑤その物がその発明の実施に用いられることを知りながら、生産、譲渡、輸入等をする行為

(3) その物を譲渡又は輸出のために所持する行為

特許が方法の発明についてされている場合についても、同様に規定されています。

過去問

第46回学科問19ア
第45回学科問22ア
第44回学科問27イ
第47回実技問30ア,エ
第44回実技問27イ
第44回実技問33ウ

4 他人の特許発明との関係

他人の特許発明との関係において、特許法上、「利用」及び「抵触」について規定されています。各用語の意味は次のとおりです。

・利用…自己の権利の対象を実施すると他人の権利の対象を全部実施することになるが、その逆は成立しない関係

例えば、他人の特許発明に関する改良発明について特許を受けた場合に、利用関係が成立することがあります。より具体的には、日付表示機能を備える時計について特許権が取得されている場合において、第三者によって、その時計にさらにアラーム機能が追加された時計について特許権が取得されたときに、利用関係が成立します。

・抵触…2つの権利が相互に重複しており、いずれか一方の権利の対象を実施すると他方の権利の対象を全部実施することになる関係

例えば、同一の物について、それぞれ異なる権利者が特許権及び意匠権を有している場合に、抵触関係が成立することがあります。より具体的には、タイヤのトレッドパターンについて特許権が取得されている場合において、第三者によって同じトレッドパターンについて意匠権が取得されたときに、抵触関係が成立します。

ここで、利用関係及び抵触関係が成立する場合においては、当事者はいずれも特許権等の権利を有する者です。これらの権利者は、原則として自身の特許発明等を独占的に実施することができます。

重要

しかしながら、これらの権利者のうち、後にされた出願に係る権利の権利者(以下「後願権利者」)は、先にされた出願に係る権利の権利者(以下「先願権利者」)に無断で、**自己の特許発明等を実施することができません。**

Point
利用関係及び抵触関係が成立する場合において、後願権利者は、先願権利者に対して、特許権を行使することはできます。

すなわち、以下の図で示されるように、例えば特許権者乙が、発明αについて特許権Pを有している場合において、特許権Pについて権原のない第三者甲が、特許権Pに係る特許発明αを利

用する発明a+αについて、**自身も特許権Qを有していようとも、**業として、特許発明a+αを実施すると乙の特許権**Pの侵害に該当します。**

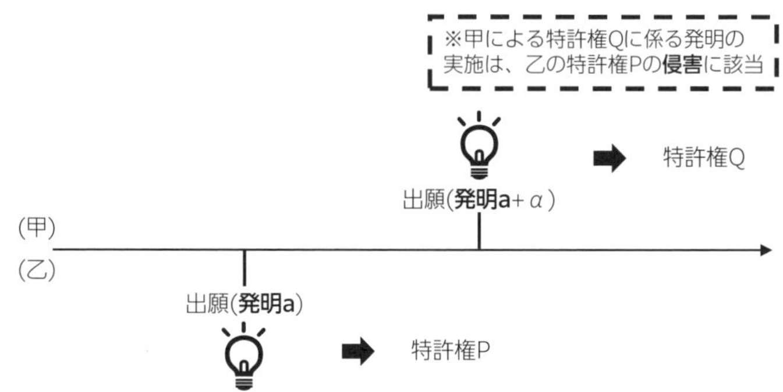

後願権利者が、自己の特許発明を実施するためには、先願権利者から、特許権を譲渡してもらうこと、**実施権を設定・許諾**してもらうこと等が必要です。なお、利用関係が成立する場合において、先願権利者と後願権利者とが相互にそれぞれの権利に基づく実施権を設定・許諾することを**クロスライセンス**といいます。

過去問でCheck

次の記述は正しいか、誤っているか？

□ 国内で特許権者から特許発明に係る製品を購入した者が、当該製品を輸出する行為は、特許権の侵害に該当しない。

解答・解説

正解：○（第45回学科問22イ改題）

特許権は消尽しているため、特許権の侵害に該当しません。

19 特許権の譲渡及び実施権

特許について、自ら実施するだけでなく、第三者の実施を認めることができる。

1 特許権の譲渡等

過去問
第46回学科問6
第44回学科問6イ

特許権者は、特許権を譲渡することができます。

重要

特許権が共有に係る場合、各共有者は、**他の共有者の同意を得なければ**、その持分を**譲渡**し、またはその持分を目的として**質権**を設定することができません。

なお、特許発明の実施については、原則として、**他の共有者の同意を得ないで**することができます。

2 実施権

過去問
第46回実技問30イ
第44回学科問6エ
第44回実技問30ウ

特許権者は、特許発明を自ら実施するだけでなく、第三者に特許発明の実施を認めることができます。このように第三者が特許発明を実施することができる権利のことを、実施権(ライセンス)といいます。特許権者は、**内容・地域・期間を限定してライセンスをすることができます。**

実施権には、大きく分けて**専用実施権**と**通常実施権**があります。

重要

特許権が共有に係るときは、特許権者は、**他の共有者**の**同意**を得なければ**専用実施権の設定、通常実施権の許諾をすることができません。**

3 専用実施権

過去問
第47回学科問22ア

特許権者は、自己の特許権について専用実施権を設定することができます。専用実施権者は、設定行為で定めた範囲内において、業としてその特許発明の実施をする権利を**専有します**。すなわち、専用実施権者は、**設定行為で定めた範囲内においては、**特許発明を独占的に実施することができるため、**たとえ特許権者であっても、**その範囲内においては、**特許発明を実施することはできません。**また、特許権者は、**複数の者に対して設定範囲が重複した複数の専用実施権を設定することはできません。**

Point
通常実施権は、登録をしなくても効力が発生します。また、特許権の放棄にあたって、通常実施権者の承諾は不要です。

専用実施権者は、**特許権者の承諾を得た場合**等には、専用実施権を**移転**(譲渡を含む)することができます。

専用実施権は、特許庁に**登録**することでその効力が発生します。

第1章17に記載のとおり、特許権者は、専用実施権を設定した後で特許権を放棄するときは、その**専用実施権者の承諾**を得る必要があります。

過去問
第47回学科問22ウ
第46回学科問2イ
第45回学科問4ア

4 通常実施権

特許権者は、自己の特許権について通常実施権を許諾することができます。通常実施権者は、業として特許発明を実施する権利を**有します**。すなわち、通常実施権は、特許権及び専用実施権と異なり独占排他的な権利ではありません。そのため特許権者は、**複数の者に対して設定範囲が重複した複数の通常実施権を許諾することができます**。また、特許権者は特許権の全範囲について通常実施権を設定した場合であっても、その設定した範囲において、特許発明を実施することができます。

通常実施権は、**その発生後にその特許権を取得した者に対しても、その効力を有します**。すなわち、ある特許権について通常実施権が許諾された後に、その特許権が譲渡された場合、通常実施権者は、特許権の譲受人に対しても、自身の通常実施権が有効であることを主張できます。

過去問
第47回学科問31
第44回学科問27ア
第44回学科問31
第47回実技問20ウ
第45回実技問24エ

5 先使用権

次の要件を満たした場合、特許権者でない第三者は、特許権について先使用による通常実施権(いわゆる**先使用権**)を有するため、先使用権の範囲内において特許権者の承諾を得ずに、**特許発明を実施することができます。**

重要

①**特許出願に係る発明の内容を知らないで**自らその発明をし、または**特許出願に係る発明の内容を知らないで**その発明をした者から知得したこと

②**特許出願の際現**に、下記④に該当すること

③**日本国内**において、下記④に該当すること

④その発明の**実施である事業**をしている、またはその**事業の準備**をしていること

上記④のとおり、特許出願の際現にその発明の実施である事業を開始していなくても、**事業の準備をしてさえいれば、先使用権が認められます。**

先使用権者が特許発明を実施するにあたり、特許権者に対する実施料等の対価の支払いは必要はありません。

Point

実施である事業(の準備)をしている者が、先使用権に係る発明について特許権を有していることは、先使用権の要件ではありません。

過去問でCheck

次の記述は正しいか、誤っているか？

先使用権は、特許出願の際現にその発明の実施である事業を開始していなければ認められない。

解答・解説

正解：×（第44回学科問31エ）

事業の準備をしていれば、先使用権が認められます。

重要度 ★★★★

20 特許権の侵害への対応（権利者の対応）

特許権が侵害された場合には、差止請求等ができる。

過去問
第46回学科問23イ
第47回実技問23イ
第45回実技問27イ，ウ

1 特許の有効性の確認

特許権が侵害された場合には、後述する**警告書の送付、権利行使等に先立って**、その特許に無効理由等の瑕疵がないかを確認します。仮に、特許に瑕疵がある場合、権利行使が制限されるか、特許無効審判等により権利が消滅して権利行使ができなくなるためです。

Point
侵害への対応は、意匠法、商標法でも基本的に同じです。

過去問
第47回学科問3
第46回学科問23ア

2 自己調査、鑑定の依頼、判定の請求

特許権の侵害が疑われる製品について、特許権者自身で調査します。

ただし、特許権の侵害に該当するか否かの判断には、高度に専門的な知識が要求されるため、社外の専門家の意見を聴くこと、特に弁理士に**鑑定**を依頼することが望ましいです。また、特許庁に対して、第三者の実施品が、特許発明の技術的範囲に属するか否かについて**判定**を求めることも有効です。

過去問
第46回学科問23ウ
第44回学科問39エ
第46回実技問32エ
第45回実技問30エ

3 警告書の送付

上記1、2の対応後、特許権者または専用実施権者（以下「特許権者等」）は、特許権または専用実施権（以下「特許権等」）を侵害している者に対して、**警告書**を送付することが一般的です。警告の結果、**侵害行為の抑制**や、**ライセンス交渉**へとつながることがあります。

警告の主体は、特許権者「または」専用実施権者であるため、特許権者、専用実施権者のいずれかが単独で警告を行うことができます。後述する権利行使においても同様です。

重要

ただし、特許権者等は権利行使をする際に、**必ず警告をしなければならないというわけではありません**。

4 民事上の請求（権利行使）

①差止請求

特許権者等は自己の特許権等を侵害する者または侵害するおそれがある者に対し、**侵害の**停止**または**予防、すなわち業としての特許発明の実施の差止を請求することができます。また、差止請求と併せて、侵害の行為を組成した物の廃棄等を請求することができます。これを附帯請求といいます。

特許権者も専用実施権者も**単独**で差止請求をすることができます。また、特許権者は、その特許権について**専用実施権を設定したときであっても、当該特許権に基づく差止請求権を行使することができます**。なお、通常実施権者は、上述した警告、及び差止請求等の民事上の請求をすることはできません。

②損害賠償請求

特許権者等は、故意または過失によって特許権等を侵害した者に対して、特許権等の侵害によって被った損害を賠償するように請求することができます。損害賠償は、**過去**の実施行為に対しても、請求することができます。ただし、この場合であっても、損害賠償の対象となるのは特許権の設定登録後の行為です。

特許権のような無形資産については、損害の額を判断することが困難であるため、特許法上、特許権者等の損害の額を、下記のとおり推定する規定があります。

i) 譲渡数量のうち実施相応数量を超えない部分×単位数量当たりの利益の額(＋実施相応数量を超える数量に応じた実施料相当額)
ii) **侵害者がその侵害の行為により受けた利益の額**
iii) 実施料相当額

過去問

第47回学科問12ア
第47回学科問22エ
第47回学科問37ア
第46回学科問23エ
第45回学科問25ウ，エ
第44回学科問39ア，ウ
第46回実技問22ウ
第44回実技問26

Point

差止請求権、損害賠償請求権の行使は、同時にすることも、別々にすることもできます。

●補足●

「譲渡数量」とは、侵害者が譲渡した物の数量のことをいい、「実施相応数量」とは、譲渡数量のうち特許権者又は専用実施権者の実施の能力に応じた数量のことをいいます。

重要

前述のとおり、損害賠償を請求するには、少なくとも過失によって特許権等が侵害されていることが必要ですが、特許法上、侵害者の侵害行為について**過失があったものと推定する**規定があります。したがって、特許権者等は侵害者の**過失を立証する必要はありません。**

③不当利得返還請求

特許権者等は、特許権等を侵害した者に対して、特許権等の侵害によって侵害者が法律上の原因なく不当に得た利益を返還するよう請求することができます。

④信用回復措置請求

特許権者等は故意または過失により特許権等を侵害したことによって、特許権者等の業務上の信用を傷つけた者に対して、謝罪広告を求める等、業務上の信用回復のために必要な措置を請求することができます。

Point

民事上の請求をした場合であっても、刑事上の請求をすることができます。

5 刑事上の請求（告訴）

故意に特許権等を侵害した者には、**懲役**もしくは以下**罰金**が科されます。場合によっては、これらが**併科**されます。

従業員が、会社の業務に関し、所定の違反行為をしたときは、**従業員だけでなく会社に対しても**罰金刑が科されます。これを両罰規定といいます。

過去問でCheck

次の記述は正しいか、誤っているか？

□ 特許権者は、警告をしなければ権利行使をすることができない。

解答・解説

答え：×（第46回学科問23ウ）

必ずしも警告をする必要はありません。

重要度 ★★★

21 特許権侵害の警告を受けた場合の対応

警告を受けた場合は、否認、無効審判、交渉等を検討する。

1 特許原簿の確認

被疑侵害者は、まず、特許庁に備えられる**特許原簿**によって、有効に**特許権が存在しているか、権利者は誰か**等を確認します。特許権が存在していなければ、特許権の侵害には該当しません。また、権利者が警告をした者でなければ、少なくとも警告をした者の特許権の侵害には該当しません。

●補足●
「被疑侵害者」とは、他人の特許権を侵害していることを疑われている者のことを意味します。

2 侵害の成否の検討

被疑侵害者は、自己の実施行為が、**侵害に該当するか**を確認します。特に、被疑侵害者は、自身が**先使用権**を有していないかどうかを検討することが有効です（先使用権については第1章19参照）。先使用権を有していれば、特許権について権原を有することとなり、特許権の侵害に該当しないためです。

また、実施品が特許発明の技術的範囲に属しているか否かについて、弁理士の鑑定、及び特許庁の判定を求めたり、包袋禁反言の法理に基づいて検討します。

被疑侵害者は、上記検討により特許権の侵害に該当しないと判断した場合には、その旨を主張、すなわち否認します。

過去問
第45回実技問24ア
第44回実技問21ア，エ

●補足●
「包袋禁反言の法理」とは、出願段階の意見書等において主張した内容と矛盾する内容の主張を侵害訴訟の場で行うことは許されないという原則のことです。

3 異議理由、無効理由の有無の確認

否認できない場合には、**特許に異議理由または無効理由がないか**を検討します。特許に異議理由または特許無効理由がある場合、特許異議の申立てまたは特許無効審判を請求することで、特許権を消滅させることができます（特許異議の申立て、特許無効審判については第1章22参照）。この場合、特許権は初めから存在しなかったものとみなされるため、特許権の侵害を回避できます。

過去問
第45回実技問24ウ

過去問

第44回実技問21ウ

Point

お互いに特許権を侵害しあっている場合には、クロスライセンスの交渉を検討します。

過去問

第44回実技問27ウ

Point

「実施の中止」、「特許製品の購入による特許権の消尽」は、特許権者との争いが発生するリスクが最も小さいといえます。

4 特許権の譲渡・ライセンス交渉

否認できない場合には、特許権者と**特許権の譲渡、実施権の設定・許諾について交渉**をすることも検討します。交渉が成立すれば、特許権について権原を有することとなり、特許権の侵害を回避することができます。

5 実施の中止、設計変更、特許製品の購入による特許権の消尽

否認できない場合には、**実施の中止、設計変更**をすることも検討します。実施を中止すれば、侵害の定義における特許発明の「実施」に該当しなくなるため、特許権の侵害を回避できます。設計変更をすれば、侵害の定義における「特許発明」に該当しなくなる可能性があり、この場合にも、特許権の侵害を回避できます。

また、特許権者等から特許製品を購入して**特許権を消尽させる**ことによっても、特許権の侵害を回避できます。

過去問でCheck

次の記述は正しいか、誤っているか？

特許権を侵害している可能性がある場合には、その特許権についてライセンスを受けられないかを交渉する。

解答・解説

答え：○ (第44回実技問21ウ改題)

ライセンス交渉が成功すれば、権原を有することができます。

重要度 ★★★★

22 特許異議の申立て及び特許無効審判

特許に異議理由、無効理由があれば、その特許権を消滅させることができる。

1 特許異議の申立て

重要

特許が異議理由を有する場合には、**何人も**、**特許掲載公報の発行の日**から**6カ月**以内に、特許異議の申立てをすることができます。

特許請求の範囲に複数の請求項が記載されている場合、特許異議の申立ては、**請求項ごと**に申立てることができます。特許を取り消すべき旨の決定(取消決定)が確定したときは、その特許権は、**初めから存在しなかったものとみなされます**。

異議理由としては、以下が例示されます。

①特許が、新規事項を追加する補正をした特許出願に対してされたこと
②特許が、次の規定等に違反してされたこと
- 産業上利用可能性
- **新規性、進歩性**
- **先願**、拡大先願
- 不特許事由

③特許が**記載要件**を満たしていない特許出願に対してされたこと

なお、拒絶理由と異なり、以下は異議理由ではありません。

- 特許がシフト補正をした特許出願に対してされたこと
- 特許が共同出願の規定に違反してされたこと
- 特許が発明の単一性の要件を満たしていない特許出願に対

過去問
第47回学科問20ウ
第46回学科問4ウ
第45回学科問13エ
第44回学科問27エ
第47回実技問30ウ

Point
何人も特許異議の申立てをすることができるため、例えば、第三者を申立人として特許異議の申立てをすることで、対象となる特許権について、自社が何らかの関係があることが露呈するのを防ぐことができます。これに対して、特許無効審判を請求できるのは利害関係人のみであるため、特許無効審判においてはこのような対応をとることはできません。

してされたこと
・特許が冒認出願に対してされたこと

過去問
第47回学科問20イ
第46回学科問3ア,ウ,エ
第45回学科問13ア,イ
第44回学科問6ウ
第44回学科問22イ,ウ,エ
第47回実技問30イ
第46回実技問5,6
第46回実技問22ア,イ

2 特許無効審判

特許が無効理由を有する場合には、特許無効審判を請求することができます。

重要

特許異議の申立てと異なり、原則として、**利害関係人**のみがこの審判を請求することができます。

利害関係人には、**特許を受ける権利を有する者、特許発明を将来実施する可能性を有する者**等が含まれます。なお、本来であれば、特許を受ける権利を有する者は特許権を有しているため、特許を受ける権利を有する者が特許無効審判を請求するのは、特許が共同出願の規定に違反してされたとき、及び冒認出願に対してされたときです。

重要

請求人が複数いるときは、その複数の者は**共同して**特許無効審判を請求することができます。

また、原則として、いつでもこの審判を請求することができます。例えば、**特許権の消滅後**であってもこの審判を請求することができます。

●補足●
損害賠償は、過去の特許権の侵害に対しても請求することができます。したがって、特許権の消滅後に無効審判を請求することは、このような損害賠償請求を回避したい場合に有効です。

一方で、特許異議の申立てと同様に、特許請求の範囲に複数の請求項が記載されている場合、**請求項ごと**に特許無効審判を請求することができます。

重要

また、特許を無効にすべき旨の審決(無効審決)が確定したときは、その特許権は、**初めから存在しなかったものとみなされます**。

異議理由として記載した前述の①～③はいずれも、無効理由でもあります。また、

・特許が**共同出願**の規定に違反してされたこと
・特許が冒認出願に対してされたこと

は、異議理由ではありませんが、無効理由です。これに対して、異議理由と同様に、

・特許がシフト補正をした特許出願に対してされたこと
・特許が発明の単一性の要件を満たしていない特許出願に対してされたこと

は、無効理由ではありません。

[拒絶理由、異議理由、無効理由まとめ]

		拒絶理由	異議理由	無効理由
補正要件	新規事項の追加	×	×	×
	シフト補正	×	-	-
特許要件	新規性・進歩性欠如	×	×	×
	先願・拡大先願違反	×	×	×
	不特許事由	×	×	×
記載要件	実施可能要件違反	×	×	×
	サポート要件違反	×	×	×
	明確性要件違反	×	×	×
	簡潔性要件違反	×	×	×
発明の単一性の要件違反		×	-	-
権利帰属	共同出願違反	×	-	×
	冒認出願	×	-	×

※「×」が各理由に該当するもの

過去問でCheck

次の記述は正しいか、誤っているか？

特許無効審判は特許権の設定登録後であればいつでも請求することができるが、特許権の消滅後は請求することができない。

解答・解説

答え：×（第46回学科問3ア改題）

特許権の消滅後であっても特許無効審判を請求することができます。

重要度 ★★

23 審決取消訴訟

決定、審決に不服があるときは、裁判所に訴えを提起することができる。

過去問
第47回学科問20エ

●補足●
例えば、特許無効審判における請求成立審決（無効審決）がされた場合において、裁判所に訴えを提起し、裁判所によって請求成立審決が取り消されると、特許庁の審判官によって、請求不成立審決（維持審決）がされることとなります。

過去問
第47回学科問4イ
第45回学科問32イ
第44回学科問28イ

●補足●
「専属管轄」とは、特定の裁判所のみが裁判権を有するという意味です。

1 概要

特許異議の申立てにおける**取消決定**、特許無効審判、拒絶査定不服審判の審決等に対して不服があるときに、**裁判所に訴え（審決取消訴訟）**を提起することができます。訴えの内容が妥当である場合、裁判所は、審決または決定を取り消します。審決または決定の取消しの判決が確定したときは、特許庁の審判官によってさらに審理が行われ、判決に従った審決または決定がされます。

2 要件

審決取消訴訟は、**東京高等裁判所**の専属管轄です。したがって、審決取消訴訟は、東京高等裁判所に提起します。

特許出願人等の当事者が審決取消訴訟を提起することができますが、**当事者以外の者がこの訴訟を提起することができる場合があります。**

この訴訟は、**審決または決定の謄本の送達があった日から30日以内**に提起することができます。

特許異議の申立て、拒絶査定不服審判に係る訴訟では、**特許庁**を被告として訴えを提起します。これに対して、特許無効審判に係る訴訟では、相手方、すなわち**審判の請求人または被請求人**を被告として、訴えを提起します。

過去問でCheck

次の記述は正しいか、誤っているか？

□ 審決取消訴訟を提起できるのは、審決において審判官が指定した期間内である。

解答・解説

正解：×（第45回学科問32ア改題）

審決取消訴訟を提起できるのは、審決の謄本の送達日から30日以内です。

重要度 ★★

24 実用新案法と特許法

実用新案法の保護対象は、「考案」であり、権利の存続期間は出願日から10年間である。

1 実用新案法

実用新案法は、発明より比較的技術水準の低い日用品等の**考案(いわゆる小発明)**を保護するための法律です。

考案とは、自然法則を利用した技術的思想の創作です。発明と異なり、**「高度」な創作でなくてかまいません。**

2 特許法と実用新案法の相違点

特許法と実用新案法は共通する点が多いですが、次のとおり、相違点があります。

過去問
第47回学科問12イ
第44回実技問5,6

①保護対象

特許法:発明(物、方法)

実用新案法:**考案(物品の形状、構造または組合せ)**

Point
実用新案法では、方法は保護対象ではありません。

②審査

特許法:方式審査と実体審査

実用新案法:方式審査のみ

実用新案法では、考案は**実体審査なし**で登録されます。したがって、実用新案登録出願をすると方式及び基礎的要件に不備がなければそのまま登録されます。

なお、実用新案登録出願では、**図面は必ず提出する必要があります。**

実用新案法では、実体審査がないため、実用新案権は、特許権と比較して、権利が不安定である、すなわち、登録実用新案が無

●補足●
「実用新案技術評価書」とは、設定登録された実用新案権の有効性についての客観的な判断材料となる書類のことをいいます。なお、このような技術評価書に関する規定があるのは、実用新案法のみです。

効理由を有している可能性が高いです。

そのため、**実用新案技術評価書**を相手方(被疑侵害者)に提示して**警告**してからでないと、実用新案権に基づく権利行使ができません。

なお、実用新案法における無効理由は、特許法と同様です。

③権利の存続期間

重要

特許法:出願から20年(延長あり)

実用新案法:**出願から10年(延長なし)**

[特許法と実用新案法の相違点]

	特許法	実用新案法
保護対象	発明	**考案**
審査	方式審査+実体審査	方式審査のみ
権利の存続期間	原則出願から20年	**出願から10年**

過去問でCheck

次の記述は正しいか、誤っているか?

□ 方法の考案は、実用新案法の保護対象ではない。

解答・解説

正解:○ (第44回実技問5,6改題)

問題文のとおりです。

<テキスト編>

第2章

意匠法

重要度 ★★

1 意匠法と意匠

意匠法上の意匠に該当するものが、意匠権によって保護される。

1 意匠法の目的

意匠法の目的は、「意匠の保護及び利用を図ることにより、意匠の創作を奨励し、もって**産業の発達**に寄与すること」です。

2 意匠

過去問
第46回実技問33ア，エ

意匠法の保護対象は、意匠です。意匠とは、物品等の美的外観をいいます。

意匠法上、**物品**の形状等、**建築物**の形状等、特定の**画像**であって、視覚を通じて美感を起こさせるものが、意匠として保護されます。「形状等」とは、形状、模様もしくは色彩またはこれらの結合のことをいいます。物品または建築物と形状とは一体不可分であるため、物品または建築物を離れた形状等のみの創作、例えば、**模様または色彩のみの創作は、物品または建築物の意匠とは認められません。**

①物品、建築物または画像

Point
デザイン自体は物品に該当しないため、意匠法の保護対象ではありません。

ⅰ）物品

「物品」とは、有体物のうち、市場で流通する動産です。動産とは、土地及びその定着物である不動産以外のものです。

無体物(電気、光、熱等)、**気体・液体等の固体以外のもの、粉状物・粒状物**は**意匠に該当しません**。例えば、小麦粉は「粉状物」に該当し、意匠法上の物品ではないので、意匠権によって保護されません。ただし、**粉状物・粒状物を固めた角砂糖のようなものであれば、意匠に該当します。**

Point
動産として取引されるもの(庭園灯等)は建築物には該当しません。

ⅱ）建築物

「建築物」とは、土地の定着物であり、かつ、人工構造物であるものをいいます。

iii）画像

画像を表示する物品や建築物を特定することなく表された画像それ自体も保護対象です。ただし、意匠法上で保護される画像は、機器の操作の用に供される画像（操作画像）、または機器がその機能を発揮した結果として表示される画像（表示画像）に限られます。

Point
映画等のコンテンツを表した画像は、保護対象となりません。

②視覚に訴える

肉眼で認識できないもの、例えば、機械の内部構造のように外から見えないもの等は意匠に該当しません。

③美感を起こさせる

何らかの美感を起こさせるものであれば足り、美術品のような**高尚な美は求められません。**

3 意匠登録を受ける権利

過去問
第47回学科問38ア
第44回実技問19

工業上利用することができる意匠の創作をした者は、その意匠について意匠登録を受けることができます（工業上利用することができる意匠については第2章2参照）。すなわち、原則として、**意匠の創作者に、意匠登録を受ける権利が帰属します。**

ただし、意匠が職務創作（職務意匠）に該当し、原始使用者等帰属の定めがある場合には、意匠の創作者である従業者等の**使用者等に意匠登録を受ける権利が帰属します。**

過去問でCheck

次の記述は正しいか、誤っているか？

デザインコンセプトは、意匠法上保護される。

解答・解説

正解：×（第46回実技問33ア改題）
デザインコンセプトは、物品の形状等に該当しないため、保護されません。

重要度 ★★★

2 意匠登録要件

公知意匠等及びこれに類似する意匠は、登録を受けられない。

過去問
第46回実技問33イ，ウ

1 工業上利用可能性

工業的に**量産**できる意匠であることが必要です。例えば、**純粋美術の分野に属する著作物**はこの要件を満たさず、意匠登録を受けることができません。

過去問
第47回学科問38イ
第45回学科問3ア，エ
第44回学科問3ア，エ
第47回実技問21イ，エ
第47回実技問32
第44回実技問25ア，イ

2 新規性

特許法と同様に、出願に係る意匠には新規性が求められます。新規性がない意匠は次の３つです。

①**意匠登録出願前**に**日本国内または外国**において、**公然知られた意匠**

②意匠登録出願前に日本国内または外国において、**頒布された刊行物に記載された意匠**、または**電気通信回線を通じて公衆に利用可能となった意匠**

重要
③上記２つの意匠に**類似**する意匠

Point
「類似」という概念は、特許法にはない概念であるため、意匠法の学習において、特に重要となります。以降の節においてもこの類似という概念に注意しましょう。

また、特許法と同様に、**意匠の新規性喪失の例外について規定されています。**

なお、従来は、意匠登録出願前に公知等となった意匠が複数あった場合には、そのすべての意匠について新規性喪失の例外の規定の適用を受けることができる意匠であることを証明する書面(証明書)を提出する必要がありました。これに対して、令和6年1月に施行された改正意匠法においては、公知等となった最先の意匠についてのみ証明書を提出すれば、この規定の適用を受けることができるようになりました。

3 創作非容易性

過去問
第44回学科問3イ,ウ

特許法における進歩性に似た規定であり、**意匠登録出願前に、公知等となった形状等または画像に基づいて、当業者が容易に創作できた意匠**は、意匠登録を受けることができません。公知意匠等の寄せ集めの意匠、配置の変更による意匠等が該当します。

4 不登録事由

過去問
第45回学科問3イ
第44回学科問9イ,ウ

次の3つの意匠は、新規性等の登録要件を満たしていても意匠登録を受けることができません。

重要

①**公の秩序または善良の風俗を害するおそれのある**意匠
②**他人の業務に係る物品**、建築物または画像と**混同を生ずるおそれがある意匠**
③**物品の機能を確保するために不可欠な形状**もしくは建築物の用途にとって不可欠な形状のみからなる意匠または**画像の用途にとって不可欠な表示**のみからなる意匠

5 先願

過去問
第45回学科問3ウ
第44回学科問9エ

特許法と同様に、意匠法にも先願の規定があります（第1章6参照）。ただし、意匠法においては、先願意匠と同一の意匠だけでなく、**類似**の意匠も意匠登録を受けることができません。

なお、この節に記載した規定は、いずれも拒絶理由、及び無効理由です。

過去問でCheck

次の記述は正しいか、誤っているか？

意匠登録出願前に外国において公然知られた他人の意匠に類似する意匠は、意匠登録を受けることができる。

解答・解説

正解：×（第45回学科問3エ改題）
意匠法においては、公知意匠等に類似する意匠についても、意匠登録を受けることができません。

重要度 ★★★★

3 意匠登録出願

意匠法に特有の規定として、部分意匠、動的意匠、組物の意匠、内装の意匠、関連意匠、秘密意匠がある。

過去問
第47回実技問21ア，ウ

1 出願書類

意匠登録出願を行う際には、**願書**に意匠を記載した**図面**を添付して特許庁長官に提出します。**図面に代えて**、**写真**、**ひな形**、**見本**を提出することもできます。

願書には、意匠登録出願人の氏名または名称、創作者の氏名、及び両者の住所等、並びに**意匠に係る物品**または意匠に係る建築物もしくは画像の用途を記載します。

過去問
第44回学科問12ア
第44回実技問25エ

条文でCheck!
[意匠法7条]
意匠登録出願は、経済産業省令で定めるところにより、意匠ごとにしなければならない。

2 一意匠一出願、複数意匠一括出願

従来は、1つの意匠について1つの願書で出願を行う必要がありました（一意匠一出願）。これに対して、令和3年に施行された改正意匠法では、**複数の意匠について1つの願書**で出願することができるようになりました（**複数意匠一括出願**）。これに伴い、従来の意匠法7条は、「経済産業省令で**定める物品の区分により**」と規定されていましたが、「経済産業省令で**定めるところにより**」との規定になりました。

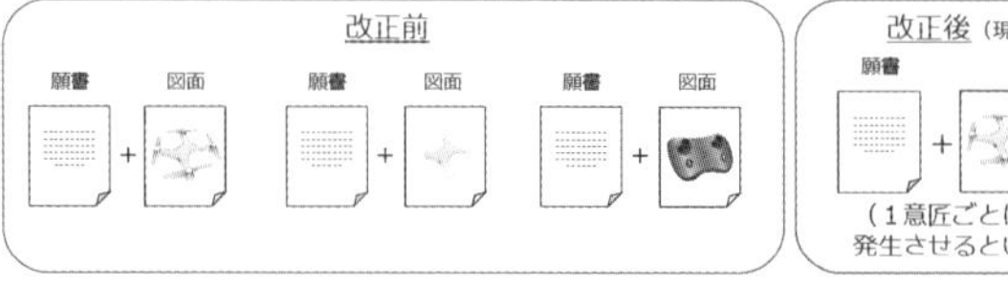

出典：特許庁「改正意匠法の令和３年４月施行について」

3 特殊な意匠登録出願

重要

①部分意匠

部分意匠制度は、独創的で特徴ある部分を取り入れつつ意匠全体として侵害を避ける巧妙な模倣を防止する制度であり、**物品の部分**について意匠登録を受けることができます。

例えば、自転車のハンドル部分に特徴があれば、この部分のみに意匠登録を受けることができます。この物品の部分は、**独立して取引の対象であることは要求されません**。

過去問
第47回実技問17ウ
第45回実技問33ウ

②動的意匠

物品の形状等が、**その物品の機能に基づいて変化する**場合において、**変化の前後にわたる物品の形状等**について1つの願書で意匠登録出願をすることができます。

例えば、自在の動きをする玩具用ロボットについて、動的意匠として出願することができます。

過去問
第47回学科問17ウ

③組物の意匠

同時に使用される2以上の物品、すなわち組物を構成する物品に係る意匠は、**組物全体として統一**があれば、複数の物品であっても1つの意匠として出願をし、意匠登録を受けることができます。組物の意匠として出願できる物品は、経済産業省令で定められています。

例えば、一組のコーヒーセットは経済産業省令で定められており、同じ模様を有している等、組物全体として統一がある場合、組物の意匠として出願をすることができます。

過去問
第44回学科問12イ
第47回実技問17エ
第45回実技問33エ

④内装の意匠

店舗、事務所その他の施設の**内部の**設備及び装飾、すなわち**内装**を構成する物品に係る意匠は、**内装全体として統一的な美感を起こさせる**ときは、1つの意匠として出願をし、意匠登録を受けることができます。

過去問
第44回学科問12ウ

●補足●
動的意匠、組物の意匠、及び内装の意匠の規定は、建築物または画像に係る意匠にも適用されます。

過去問

第47回学科問17エ
第44回学科問9ア
第44回学科問12エ
第47回実技問17ア
第45回実技問33ア
第44回実技問25ウ

⑤関連意匠

意匠登録出願人は、自己の意匠登録出願に係る意匠（本意匠）に**類似**する意匠（関連意匠）について、意匠登録を受けることができます。すなわち、本来であれば自身による公知意匠、先願意匠等に類似する意匠であっても登録を受けることができませんが、関連意匠制度を利用することにより、このような意匠についても登録を受けることができます。

さらに、**関連意匠を本意匠として、これにのみ類似する意匠**についても、意匠登録を受けることができます。すなわち、基礎となる自己の意匠登録出願に係る意匠（基礎意匠）に類似する意匠については、連鎖的に意匠登録を受けることができます。

関連意匠として意匠登録を受けるためには、最初の本意匠（基礎意匠）の出願の日以後、その**出願日**から**10年以内**に関連意匠を出願する必要があります。

本意匠の意匠権と関連意匠の意匠権とはそれぞれ独立した権利であるため、意匠権者は、**各権利に基づいて権利行使をすることができます。**

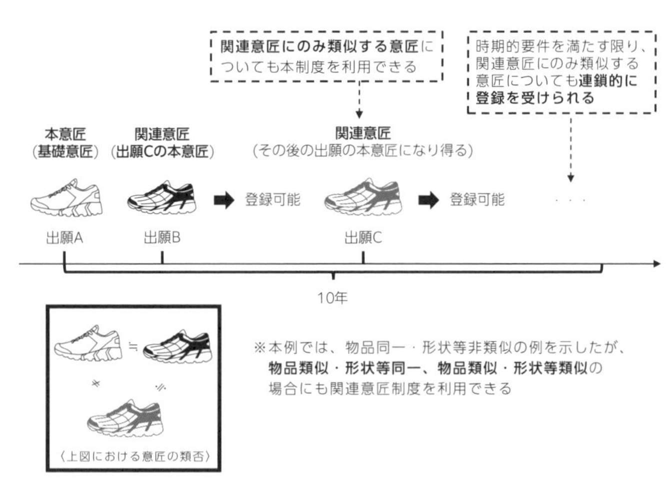

⑥秘密意匠

原則として、意匠は意匠登録を受けた後に公開されますが、例えば、新製品の発表前に意匠公報によって意匠が公になってしまうのを防ぐために、秘密意匠制度によって登録意匠の内容を秘密にしておくことができます。

重要

意匠登録出願人は、**意匠権の設定の登録の日**から**3年**以内の期間を指定して、その期間意匠を秘密にすることを請求することができます。秘密意匠の請求は、**意匠登録出願と同時**、または**第1年分の登録料の納付と同時**に行います。

なお、たとえ秘密期間中であっても、**裁判所から請求があった**場合等には、特許庁長官は、秘密意匠に係る意匠を意匠権者以外の者に示さなければなりません。

過去問
第47回学科問17ア

4 審査の流れ

意匠登録出願が行われた後、実体審査が行われます。

審査において拒絶理由があると判断された場合は、拒絶理由が通知されます。拒絶理由通知に対しては、**特許法と同様に対応**することができます(第1章15参照)。

ただし、意匠法においては、補正が意匠の**要旨を変更**するものであると認められる場合、その補正は却下されます。これに対して不服がある場合は、**補正却下決定不服審判**を請求することができます。なお、意匠権の設定の登録があった後に、補正が意匠の要旨を変更するものと認められた時は、意匠登録出願は、**手続補正書を提出した時**にしたものとみなされます。

拒絶理由が解消されない場合は、拒絶査定となります。拒絶査定に不服がある場合は、特許法と同様に拒絶査定不服審判を請求できます。

拒絶理由が発見されない、または解消された場合には、登録査定となります。

過去問
第47回学科問17イ
第47回学科問38ウ,エ
第46回学科問21イ
第46回学科問31

Point
特許法のような出願審査請求制度はありません。

Point
補正却下決定不服審判の請求は、拒絶査定不服審判の請求とともにしなければならないわけではありません。

Point

特許法のような出願公開制度はありません。したがって、意匠登録出願については、補償金請求権に関する規定もありません。

［審査の流れ］

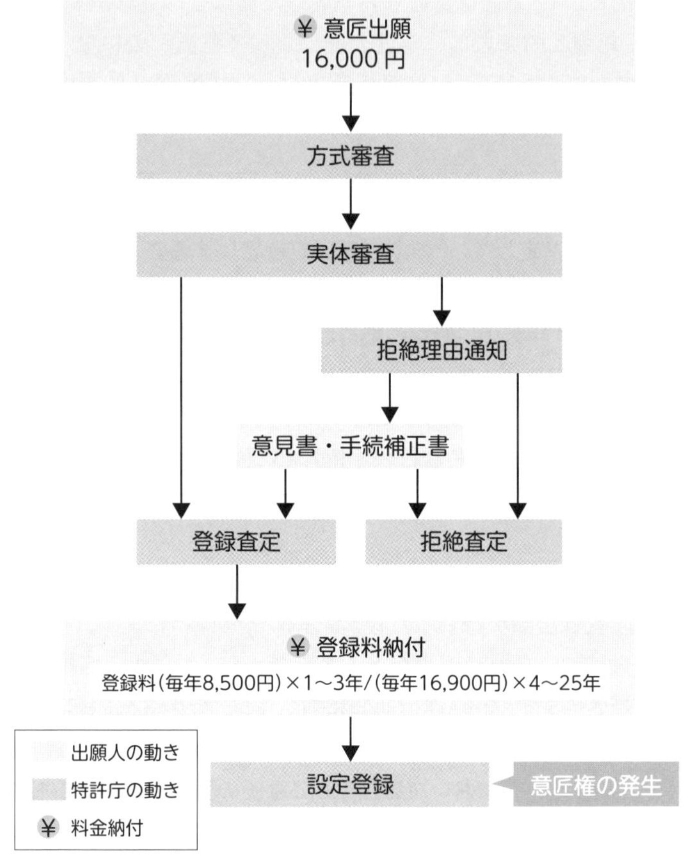

出典：特許庁ウェブサイト

過去問でCheck

次の記述は正しいか、誤っているか？

1. 意匠に係る物品が異なる2つの意匠について、一方の意匠を本意匠とし、他方の意匠を関連意匠として、意匠登録を受けることができる。
2. コップにおける特徴的な形状の取っ手について、意匠登録を受けることができる。

解答・解説

正解：1×（第45回実技問33ア改題）、2○（第45回実技問33ウ改題）

1. 関連意匠制度を利用できるのは、互いに類似する複数の意匠についてです。
2. 部分意匠として登録を受けることができます。

4 意匠権

意匠権の存続期間は、意匠登録出願の日から25年間である。

1 意匠権の発生と維持

特許権と同様、意匠権は、登録査定の謄本の送達日から**30日以内**に登録料（いわゆる設定登録料）を納付し、**設定登録**されることで発生します。一方で、特許法と異なり、このとき納付する登録料は**1年分**です。したがって、維持年金は**2**年目以降の各年分の登録料です。

また、特許法と同様に、30日以内に限り、設定登録料の納付期間を延長することができます。なお、前述のとおり、**設定登録料の納付と同時に秘密意匠の請求**をすることができます。

さらに、特許法と同様に、維持年金は**前年以前**に納付する必要があり、**6カ月**以内であれば追納できます。

過去問
第47回実技問19エ

2 意匠権の存続期間

意匠権の存続期間は、**意匠登録出願の日から25年**です。

関連意匠の存続期間は、基礎意匠の意匠登録出願の日から25年です。なお、特許権と異なり、存続期間を延長することはできません。

[権利の存続期間]

	起算日	期間	延長
特許権	出願日	20年	一定の場合可能
意匠権	出願日	25年	なし

3 意匠権の譲渡

意匠法上、意匠権の譲渡については、特許法と同様に規定されています（第1章19参照）。

過去問
第46回実技問19イ

4 実施権

意匠法上、実施権については、特許法と同様に規定されています(第1章19参照)。

ただし、後述するように意匠権の効力は登録意匠に**類似する意匠にまで及ぶ**ため、登録意匠だけでなく、これに**類似する意匠**にも専用実施権の設定、通常実施権の許諾をすることができる点が、特許法と異なります。

特許法と同様に、**先使用権**についても規定されています。

過去問でCheck

次の記述は正しいか、誤っているか？

□ 他人の意匠権に係る意匠登録出願後、意匠登録前に、その意匠権に係る意匠を独自に商品化していた場合、先使用権を有する。

解答・解説

正解：×（第46回実技問19イ）

先使用権を有するためには、「意匠登録出願前」に実施である事業等をしていることが必要です。

重要度 ★★★★

5 意匠権の効力と侵害への対応

意匠権の効力は、登録意匠と同一の意匠だけでなく、類似する意匠にも及ぶ。

1 意匠権の効力

重要

意匠権の効力は、登録意匠と同一の意匠だけでなく、**類似する意匠**にも及びます。

意匠が同一、類似または非類似かは、**意匠に係る物品**と**意匠の形状等**とに基づいて判断されます。

物品と形状等とがいずれも同一の場合は、意匠は**同一**と判断されます。物品と形状等の一方が同一で、もう一方が類似の場合、またはいずれも類似している場合には、意匠は**類似**であると判断されます。

物品と形状等のいずれか一方、またはいずれも非類似である場合には、意匠は**非類似**と判断されます。

例えば、車について意匠権を有している場合、その車と同じデザインのおもちゃの車の販売に対して、この意匠権を行使することはできません。この場合は、物品が同一ではないからです。

登録意匠の範囲は、**願書の記載及び願書に添付した図面に記載された意匠、または願書に添付した写真、ひな形もしくは見本により現わされた意匠**に基いて定められます。登録意匠とそれ以外の意匠が類似であるか否かの判断は、**需要者の視覚を通じて起こさせる美感**に基づいて行われます。

登録意匠及びこれに類似する意匠の範囲については、特許庁に対し、判定を求めることができます。

過去問

第46回学科問21ア,ウ,エ
第45回学科問9ア,イ,エ
第47回実技問17イ
第46回実技問19ウ
第45回実技問23

Point

意匠権の効力は登録意匠と非類似の意匠には及びません。

重要

［対比する意匠の類否］

		物品		
		同一	類似	非類似
形状等	同一	○	△	×
	類似	△	△	×
	非類似	×	×	×

○：意匠が**同一**　△：意匠が**類似**　×：意匠が**非類似**

意匠権の効力が及ばない範囲は、特許法と同様です（第1章18参照）。また、特許法と同様に、他人の登録意匠等との関係において、自己の登録意匠またはこれに類似する意匠を実施することができない場合があります。

過去問
第45回学科問9ウ

2 意匠権が侵害された場合に取り得る対応

権原なき第三者が、業として、**登録意匠またはこれに類似する意匠**を**実施**した場合には、意匠権の侵害となります。

意匠の実施とは、次に掲げる行為をいいます。

●補足●
「輸入」には、外国にいる者が、外国から日本国内に他人によって持ち込ませる行為が含まれます。なお、後述する商標法における輸入についても同様です。

①意匠に係る物品の**製造**、使用、譲渡、輸出、輸入等
②意匠に係る建築物の建築、使用、譲渡等
③意匠に係る画像の作成、使用等、意匠に係る画像を記録した記録媒体等の譲渡等

意匠法上、特許法と同様に、間接侵害について規定されています。したがって、権原なき第三者が登録意匠またはこれに類似する意匠を業として実施する場合以外にも、意匠権の侵害に該当する場合があります。なお、意匠法では、均等侵害はありません。

意匠権を侵害されたときの対応は、特許法における場合と同様です（第1章20参照）。

したがって、意匠権者は、被疑侵害者に対して差止請求及び損害賠償請求をすることができます。ただし、秘密意匠に係る意匠権者または専用実施権者は、所定の警告をした後でなければ、差止請求をすることができません。また、秘密意匠に係る意匠権または専用実施権の侵害については、過失は推定されません。秘密意匠、すなわち公開されていない意匠に係る意匠権に基づいて権利行使を認めること、及びその意匠権の侵害について過失があったものと推定することは、被疑侵害者にとって酷だからです。

3 警告を受けた場合の対応

過去問
第46回実技問19ア，エ

意匠権の侵害であると警告を受けた場合の対応も、特許法における場合と同様です（第1章21参照）。ただし、特許法と異なり、意匠法には**異議申立て制度はありません**。

過去問でCheck

次の記述は正しいか、誤っているか？

物品の形状に係る登録意匠の意匠権の効力は、物品が類似し、かつ形状が類似するものにまで及ぶ。

解答・解説

正解：○（第45回学科問9イ改題）

問題文のとおりです。

<テキスト編>

第3章

商標法

重要度 ★★

1 商標法と商標

商標法上の商標に該当するものが、商標権によって保護される。

1 商標法の目的

商標法の目的は「商標を保護することにより、商標の使用をする者の業務上の信用の維持を図り、もって**産業の発達に寄与し、あわせて需要者の利益を保護**すること」です。

●補足●
商標法上、「標章」とは、人の知覚によって認識することができるもののうち、文字、図形、記号、立体的形状もしくは色彩またはこれらの結合、音その他政令で定めるもの、と定義されています。

2 商標

商標法で保護されるのは、**商標**です。

商標とは、企業のロゴマーク等、自他商品・役務(サービス)を識別するために使用する**標章**をいいます。

3 商標の具体例

①文字商標

ひらがな、カタカナ、漢字、ローマ字、数字等の文字のみからなる商標です。

②図形商標

写実的なものから図案化したもの、幾何学的模様等の図形のみから構成される商標です。

③記号商標

暖簾記号、文字を図案化し組合せた記号、記号的な紋章のことです。

④立体商標

立体的形状からなる商標です。例えば、コカ・コーラのボトルの形状等がこれに該当します。

⑤色彩のみからなる商標

単色または複数の色彩の組合せのみからなる商標です。

なお、**文字、図形、記号、立体的形状、色彩を2つ以上組合せた結合商標**も保護対象となります。

⑥ホログラム商標

文字や図形等がホログラフィーその他の方法により変化する商標です。

⑦動き商標

文字や図形等が時間の経過に伴って変化する商標です。

⑧音商標

CMソング等の音楽、音声、自然音等からなる商標であり、聴覚で認識される商標です。

⑨位置商標

図形等を商品等に付す位置が特定される商標です。

上記以外の商標は、商標法上の保護対象ではありません。例えば、香りのみからなる商標、及び香りと上記①～⑤の商標との結合商標は、保護対象ではありません。

過去問でCheck

次の記述は正しいか、誤っているか？

動き商標、ホログラム商標、色彩のみからなる商標、または位置商標について商標登録を受けることができる。

解答・解説

正解：○（第44回学科問7ウ改題）

問題文のとおりです。

重要度 ★★★

2 商標登録要件

商標登録を受けるためには、「使用」することと、自他商品等識別力が必要である。

1 自己の業務に係る商品・役務に使用すること

商標登録を受けようとする商標は、「使用」されなければなりません。それ自体は単なる標章である商標に経済的価値がある理由は、商標には**業務上の信用**が化体しているからです。

業務上の信用は、商標が自己の商品、役務に**使用される**ことによって、その商標に蓄積されます。したがって、現在使用しておらず、近い将来も使用することが明らかでない、つまり**使用する意思**がない単なる標章は、商標法で保護されません。

過去問
第47回学科問24ア
第46回学科問32
第46回学科問35ウ
第44回学科問36ア,イ,ウ

2 識別力があること

商標に**自他商品役務識別力**がなければ、商標登録を受けられません。自他商品役務識別力とは、自己の商品・役務と他者の商品・役務とを区別できる機能をいいます。

次の商標は識別力がなく、商標登録を受けられません。

①商品または役務の普通名称

商品または役務の**普通名称**を普通に用いられる方法で表示する標章のみからなる商標が該当します。取引者において、その商品または役務の**一般的な名称**であると認識されるに至っている場合には、「商品または役務の普通名称」に該当します。例えば、商品「電子計算機」について、商標「コンピュータ」が一般的な名称に該当します。

また、「名称」には、略称及び俗称等が含まれます。例えば、商品「スマートフォン」について、商標「スマホ」等が、商品の普通名称の略称に該当します。また、例えば、商品「塩」について、商標「波の花」等が、商品の普通名称の俗称に該当します。

取引者において、一般的に使用する範囲にとどまらない特殊な構成で表示するもの等は「普通に用いられる方法で表示する」には該当しません(下記③、④についても同様)。

②慣用商標

商品又は役務について**慣用されている**商標が該当します。同業者間において一般的に使用されるに至った結果、自己の商品または役務と他人の商品または役務とを識別することができなくなった商標が慣用商標に該当します。

例えば、文字や図形等からなる商標については、商品「清酒」について、商標「正宗」、商品「カステラ」について、商標「オランダ船の図形」、役務「宿泊施設の提供」について、商標「観光ホテル」等が慣用商標に該当します。色彩のみからなる商標については、役務「婚礼の執行」について、商標「赤色及び白色の組合せの色彩」等が慣用商標に該当します。音商標については、商品「焼き芋」について、商標「石焼き芋の売り声」等が慣用商標に該当します。

③商品の産地、販売地域、品質その他の特徴等

商品の**産地**、販売地、**品質**、原材料、効能、用途、形状等その他の特徴等、またはその役務の提供の場所、**質**、**提供の用に供する物**、効能、用途、態様、提供の方法もしくは時期その他の特徴等を普通に用いられる方法で表示する標章のみからなる商標が該当します。

④ありふれた氏または名称

ありふれた氏または名称を普通に用いられる方法で表示する標章のみからなる商標が該当します。なお、この規定は人の名前に関しては氏、すなわち苗字にのみ適用されるため、**氏名については適用されません**。

●補足●
「ありふれた氏または名称」とは、原則として、同種の氏または名称が多数存在するものをいいます。

⑤極めて簡単で、かつ、ありふれた標章

極めて簡単で、かつ、ありふれた標章のみからなる商標が該当します。例えば、ローマ字の１字または２字からなるもの、仮名

第3章　商標法

文字１字からなるもの等が該当します。

⑥上記①〜⑤のほか、識別力のないもの

上記①〜⑤のほか、**需要者が何人かの業務に係る商品または役務であることを認識することができない**商標が該当します。例えば、商品または役務の**宣伝広告としてのみ**認識されるもの、元号等がこの商標に該当します。

ただし、上記③〜⑤に該当する商標であっても、**使用し続けることによって全国的に有名になり、識別力が発生したものは商標登録を受けることができます**。

なお、商標登録要件は、拒絶理由のほか、異議理由及び無効理由でもあります。

過去問でCheck

次の記述は正しいか、誤っているか？

□ 同業者間で慣用的に使用されている商標であっても、その業界団体の承諾を得ている場合には、商標登録を受けることができる。

解答・解説

正解：×（第44回学科問36イ改題）

承諾を得ている場合に、慣用商標について商標登録を受けられることは、商標法上、規定されていません。

3 不登録事由と先願

特に、出願商標と、「他人」の氏名等、周知商標、登録商標との関係について理解する。

1 不登録事由

識別力のある商標であっても、公益的見地や私益保護等の観点から、商標登録するのが不適切なものがあり、これらが不登録事由として規定されています。不登録事由としては、次のものが例示されます。

過去問
第47回学科問24ウ
第46回学科問35ア, イ, エ
第45回学科問30
第44回学科問36エ
第46回実技問9,10
第45回実技問21エ

①公序良俗違反

意匠法と同様、公の秩序または善良の風俗を害するおそれがある商標については、商標登録を受けることができません。

重要

②他人の氏名または名称等

以下ⅰ)、ⅱ)の商標は、商標登録を受けることができません。

ⅰ)他人の肖像、または他人の**氏名**※、名称もしくは**著名な**雅号、**芸名**、筆名、もしくはこれらの著名な略称を含む商標

※商標の使用をする商品または役務の分野において需要者の間に広く認識されている氏名に限られます。

ⅱ)他人の氏名を含む商標であって、政令で定める要件に該当しないもの

ただし、ⅰ)の商標については、**その他人の承諾**があれば、商標登録を受けることできます。

Point
令和6年4月に施行された改正商標法で、商標の使用をする商品等の分野において需要者の間に広く認識されている氏名のみが、i) の商標の対象となった一方で、ii) の商標が追加されました。

③他人の周知商標

(ⅰ)**他人**の業務に係る商品・役務を表示するものとして(ⅱ)**需要者の間に広く認識**されている商標と(ⅲ)**同一または類似の商標**で、(ⅳ)その商品・役務と**同一または類似の商品・役務**

Point
③の (ii) に関して、日本国内の需要者の間に広く認識されている（周知である）ことが必要です。日本国内の一地方で周知であれば、(ii) を満たします。

に使用される商標は、商標登録を受けることができません。

④先願に係る他人の登録商標

(i)自己の商標登録出願の日前の商標登録出願に係る(ii)**他人の登録商標**と(iii)**同一または類似の商標**で、(iv)その商標登録に係る指定商品・役務と**同一または類似の商品・役務**に使用される商標は、商標登録を受けることができません。

※令和6年4月に施行された改正商標法において、コンセント制度が導入されました。コンセント制度とは、先願に係る登録商標の商標権者の同意があれば、その登録商標と同一または類似の後願に係る商標についても登録を認める制度です。すなわち、先願に係る他人の登録商標であっても、次の要件をいずれも満たす場合には、商標登録を受けることができます:

- **他人の承諾を得ている**
- 自己の出願に係る商標の使用をする商品または役務と、他人の登録商標に係る商標権者等の業務に係る商品または役務との間で**混同を生ずるおそれがない**

●補足●
コンセント制度の導入により、不正競争防止法における、周知表示混同惹起行為、及び著名表示冒用行為について適用除外の規定が追加されました(周知表示混同惹起行為、及び著名表示冒用行為については、第6章1参照)。つまり、一方の商標権者による不正の目的でない登録商標の使用は、不正競争に該当しないことが規定されました。

なお、一方の商標権者の登録商標の使用により、他の登録商標に係る商標権者の業務上の利益が害されるおそれのあるときは、他方の商標権者は、一方の商標権者に対し、両者の業務に係る商品または役務が混同することを防ぐのに適当な表示を付すべき請求、すなわち混同防止表示請求をすることができます。

⑤商品または役務の出所の混合

他人の業務に係る商品・役務と**混同**を生ずるおそれがある商標は、商標登録を受けることができません。

Point
⑤は、自己の出願に係る商標及び、商品・役務と、他人の商標及び、商品・役務とが、それぞれ非類似であっても適用されます。

⑥商品の品質または役務の質の誤認

商品の品質または役務の質の**誤認**を生ずるおそれがある商標は、商標登録を受けることができません。

⑦商品等が当然に備える特徴

上記特徴のうち、政令で定めるもののみからなる商標、すなわち商品または商品の包装の形状で、**その機能を確保するために不可欠な立体的形状**のみからなる商標が該当します。

⑧他人の周知商標と同一または類似で不正の目的をもって使用する商標

他人の業務に係る商品･役務を表示するものとして日本国内または外国の需要者の間に広く認識されている商標と同一または類似の商標であって、不正の目的で使用される商標は、商標登録を受けることができません。

なお、不登録事由は、拒絶理由のほか、異議理由及び無効理由でもあります。

2 先願

特許法等と同様、商標法にも先願の規定があります。

異なった日に同一または類似の商品･役務について使用をする、同一または類似の商標について複数の商標登録出願があったとき、最先の商標登録出願人のみがその商標について商標登録を受けることができます。商標登録が、異日出願の先願の規定に違反してされたことは、異議理由及び無効理由です。

同日出願の場合、特許庁長官は協議命令を出します。特許法と異なり、協議が成立しなかった場合等には、特許庁長官が行う公正な方法による**くじ**で商標登録を受ける者が決定されます。

同日出願の先願の規定違反は、拒絶理由、異議理由及び無効理由です。

●補足●
商標登録出願が、異日出願の先願の規定に違反していることが拒絶理由でないのは、「1不登録事由 ④先願に係る他人の登録商標」の規定との重複適用を避けるためです。

●補足●
同日出願の場合の先願の規定に関しても、「1不登録事由 ④先願に係る他人の登録商標」と同様にコンセント制度が導入されています。

過去問でCheck

次の記述は正しいか、誤っているか？

著名な芸名については、その芸名を使用している者の承諾があっても、その者以外は、商標登録を受けることはできない。

解答・解説

正解：×　(第45回学科問30イ)

承諾があれば、商標登録を受けることができます。

重要度 ★★★

4 商標登録出願

願書における商標、商品・役務の記載、及びそれらの補正について理解する。

過去問
第45回学科問7ア
第44回学科問7

1 出願書類

商標登録を受けようとする場合、特許庁長官に願書を提出して、商標登録出願を行います。

願書の記載事項は次の３点です。

Point
商標の創作者（発案者）の氏名及び住所を記載する必要はありません。

①**商標登録出願人**の氏名または名称と住所または居所

②商標登録を受けようとする**商標**

１つの商標登録出願で、複数の商標を記載することはできません（**一商標一出願**）。

重要

③**指定商品または指定役務並びに商品及び役務の区分**

商標に使用する商品・役務を指定商品・役務として記載します。**1つの商標登録出願で、複数の商品・役務（区分）を指定することができます。**

政令で指定する区分（第１類～45類）も記載します。なお、商品・役務の区分は**商品・役務の類似の範囲を定めるものではありません。**すなわち、異なる区分の商品と役務とが類似する場合があります。

Point
「経済産業省令で定める商標」は、次の商標です。
- 動き商標
- ホログラム商標
- 立体商標
- 色彩のみからなる商標
- 音商標
- 位置商標

経済産業省令で定める商標について商標登録を受けようとするときは、**商標の詳細な説明**を願書に記載する必要があります。

過去問
第45回学科問7イ
第44回学科問11ウ

2 地域団体商標

地域ブランドの保護による地域経済の活性化等を目的として、**地域の名称**を含む所定の文字商標について、登録要件を緩和する制度です。

なお、似たような制度として、地理的表示保護制度がありますが、これは地理的表示法に基づきます(地理的表示法については第6章7参照)。

3 審査の流れ

商標登録出願が行われた後、審査官によって実体審査がされます。

出願された商標が拒絶理由を有する場合には、拒絶理由が通知されます。

また、特許法と同様に、**出願公開制度**がありますが、**商標登録出願後、準備が整い次第公開される**点が、特許法と異なります。

過去問
第45回実技問21ウ
第44回学科問11イ

Point
出願審査請求制度はありません。

[商標審査の流れ]

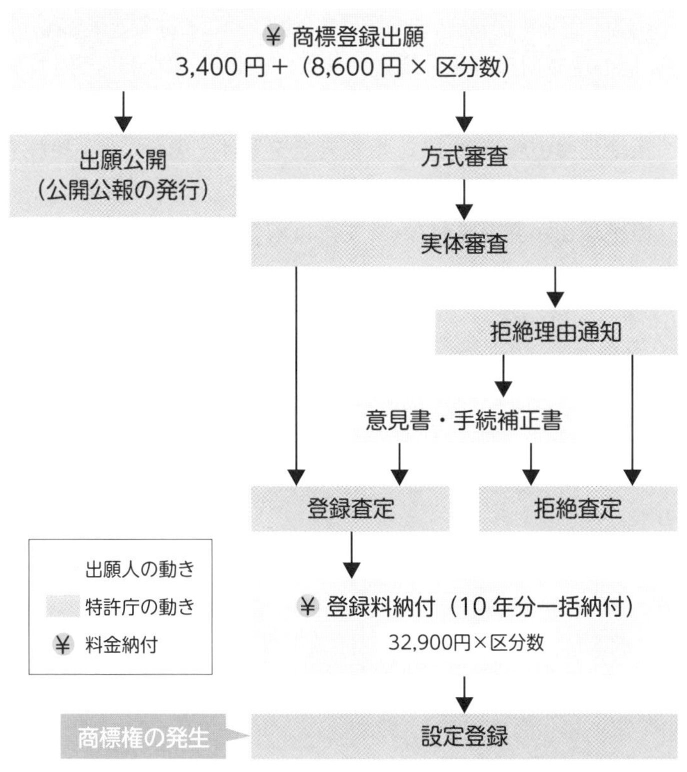

出典:特許庁ウェブサイト

過去問
第47回学科問6
第47回学科問24イ，エ
第45回学科問7イ
第44回学科問18イ〜エ
第47回実技問29
第45回実技問9〜12

Point
指定商品・役務の範囲の減縮、誤記の訂正または明瞭でない記載を明瞭なものに改めることは、要旨の変更ではありません。

4 拒絶理由通知に対する対応等

特許法と同様に、拒絶理由通知に対して意見書や手続補正書を提出することができます。

重要

指定商品・役務または商標についてした補正がこれらの**要旨を変更**するものであるときは、補正が却下されます。指定商品・役務**の範囲の**変更または拡大は、非類似の商品・役務に変更し、または拡大する場合のみならず、他の類似の商品・役務に変更し、または拡大する場合も**要旨の変更**です。また、商標の補正は原則として**要旨の変更**であり、例えば、商標中の**文字**、**図形**、**記号**または**立体的形状**を**変更**、または**削除**することがこれに該当します。

また、出願の分割により、2以上の**商品または役務**を分割することはできますが、2以上の**商標を分割することはできません**。なお、他の産業財産権法に規定されている出願、すなわち例えば特許出願への変更はできません。

拒絶理由が解消せずに、拒絶査定を受けた場合には、拒絶査定不服審判を請求できます。

拒絶理由が発見されない、または解消された場合には、登録査定となります。

過去問でCheck

次の記述は正しいか、誤っているか？

□ 商標登録出願人は、商標のフォントを変更する補正をすることができる。

解答・解説

正解：×（第44回学科問18イ）
商標の補正は、原則として要旨の変更に該当します。

5 商標権の発生と管理

商標権の存続期間は設定登録の日から10年間であるが、更新できる。

1 商標権の発生

重要

商標権は、登録料を納付し、**設定登録**されることで発生します。登録料は、**10年分一括支払い**、または、**5年分ずつ分けて**納めること(**分割納付**)ができます。

過去問
第44回学科問11ア

Point
分割納付、及び存続期間の更新は、商標法に特有の規定です。

2 商標権の存続期間

重要

商標権の存続期間は、**設定登録の日**から**10年**です。なお、商標権の存続期間は何度でも**更新**できるので、商標権は**半永久的な権利**といえます。

更新登録を申請できる主体は、**商標権者のみ**です。

更新登録の申請時期は、商標権の存続期間の満了前**6カ月**から満了の日までです。この期間内に更新登録の申請ができない場合であっても、**この期間の経過後6カ月以内**であれば、更新登録料、及び**更新登録料と同額の割増登録料**を納付することで、更新登録の申請ができます。

過去問
第47回学科問40
第45回学科問24
第44回学科問11エ
第46回実技問20イ

Point
商標権の存続期間の更新に際して、実体審査は行われないため、更新登録を受けるにあたり、商標権者は必ずしも指定商品・役務について登録商標を使用している必要等はありません。

[産業財産権の存続期間のまとめ]

	起算日	期間	備考
特許権	出願日	20年	一定の場合延長可能
実用新案権	出願日	10年	–
意匠権	出願日	25年	–
商標権	設定登録日	10年	何回でも更新可能

3 商標権の移転

商標権は、指定商品・役務ごとに、**分割して移転をすることができます**。

過去問

第45回学科問35ア
第44回学科問18ア
第46回実技問20ア
第46回実技問26イ,ウ,エ

4 使用権

特許法等における専用実施権、通常実施権と同様、商標権者は、商標権について専用使用権の設定、通常使用権の許諾をすることができます(第1章19参照)。使用権は、**指定商品・役務ごと**に、設定・許諾することができます。

通常使用権は、**その登録をしたとき**は、その商標権をその後に取得した者に対しても、その効力を生じます。

Point

特許法等とは先使用権の要件が異なることに注意しましょう。

また、先使用による商標の使用をする権利(先使用権)について規定されています。他人の商標登録出願前から日本国内において**不正競争の目的でなく**その出願に係る指定商品・役務と同一または類似の商品・役務についてその商標と同一または類似の商標を使用していて、その商標が自己の業務に係るものとして**出願時に周知**となっている場合、その使用をしている者は、先使用権を有します。この場合、商標権者は、先使用権者に対して、混合防止表示請求をすることができます。

[先使用権の概略図]

※図のように商標及び商品が同一の場合だけでなく、**一方が類似**、又は**両方が類似**の場合にも、この規定は適用されます。

過去問でCheck

次の記述は正しいか、誤っているか？

専用使用権者は、商標権者の同意を得ることによって、その商標権の存続期間の更新登録を申請することができる。

解答・解説

正解：×（第45回学科問24ア改題）

存続期間の更新登録の申請をすることができるのは、商標権者のみです。

重要度 ★★★

6 商標権の効力と侵害への対応

専用権と禁止権との違い、及び商標の類否判断について理解する。

1 商標権の効力

重要

①専用権

商標権者は、指定商品または指定役務について、登録商標**を独占的に使用**できます。これを、専用権といいます。

専用権の範囲内において、商標権者は使用権の設定、許諾を行うことができます。

②禁止権

商標権者は、**指定商品・役務についての登録商標に類似する商標、または指定商品・役務に類似する商品・役務についての登録商標、もしくはこれに類似する商標**について、権原のない**第三者の使用を禁止することができます**。これを、禁止権といいます。

[専用権、禁止権]

		指定商品または指定役務		
		同一	類似	非類似
商標	同一	○	△	×
	類似	△	△	×
	非類似	×	×	×

○：専用権　△：禁止権　×：権利なし

商標の類否は、対比される商標の外観、称呼**または**観念等によって需要者に与える印象、記憶、連想等を総合して全体的に観察し、一方の商標を指定商品または指定役務に使用した場合に他方の商標と出所混同のおそれがあるか否かにより判断されます。判断にあたっては指定商品または指定

過去問
第45回学科問15ウ
第47回実技問5,6
第47回実技問16ア
第47回実技問19ア
第47回実技問20エ

Point
「登録商標」には、その登録商標に類似する商標であって、色彩を登録商標と同一にするものとすれば登録商標と同一の商標であると認められるものが含まれます。これを色違い類似商標といいます。

Point
意匠権と違い、商標権は、類似範囲において、独占的に登録商標を使用することはできませんが、他人の使用を禁止することができます。

役務における一般的・恒常的な**取引の実情**が考慮されます。

過去問
第45回学科問15イ，エ

2 商標権の効力が及ばない範囲

例えば、次の商標には商標権の効力が及びません。

①**不正競争目的でなく**、自己の氏名等を普通に用いられる方法で表示する商標
第3章3の②に対応する規定です。

Point
商標が登録された後にその登録商標が普通名称化した場合には、商標権の効力が及びません。普通名称化を防止するためには、製品に使用されている商標が登録商標であることを表示することが有効です。

②**普通名称**、及び**商品の産地、販売地域、品質その他の特徴等**を普通に用いられる方法で表示する商標
第3章2の①、③に対応する規定です。

③慣用商標
第3章2の②に対応する規定です。

④商品等が当然に備える特徴のうち政令で定めるもののみからなる商標
第3章3の⑦に対応する規定です。

⑤需要者が何人かの業務に係る商品または役務であることを認識することができる態様により使用されていない商標
第3章2の⑥に対応する規定です。

①の商標については、自己の氏名等を使えないのは不合理であるため、このような商標には、商標権の効力が及ばないものとされています。

②～⑤の商標は本来拒絶理由を有し、登録されるべきではなかったものであるため、過誤登録に対する第三者の救済を目的として規定されています。

3 商標権の侵害への対応

権原なき第三者が、専用権の範囲内で、商標を使用している場合、商標権の侵害となります。また、禁止権の範囲内で商標を使用している場合にも、商標権の侵害とみなされます。

例えば、次の行為が「使用」に該当します。

①**商品または商品の包装に標章を付する行為**
②商品または商品の包装に標章を付したものの譲渡、輸出、輸入等

商標権が侵害されたときの対応は、特許法における場合と同様です。

過去問
第46回実技問26ア

4 警告を受けた場合の対応

商標権の侵害であると警告を受けた場合の対応も、特許法における場合と同様です。

ただし、特許法における場合と異なり、**不使用取消審判**、不正使用取消審判等を請求することができます。（第3章7参照）

過去問
第47回学科問15
第46回学科問15イ～エ
第45回学科問15ア
第46回実技問20エ
第44回実技問23ア

過去問でCheck

次の記述は正しいか、誤っているか？

商標権者は、指定商品について、登録商標に類似する商標を使用する権利を専有する。

解答・解説

正解：×（第45回学科問15ウ改題）
商標権者は、指定商品について登録商標を使用する権利を専有します。

重要度 ★★★★

7 登録異議の申立て、並びに無効審判、及び取消審判

商標権を消滅させることができる審判について理解する。

過去問
第47回学科問35ア，イ
第46回学科問5イ
第45回学科問35エ
第44回学科問30エ
第44回実技問7,8

1 登録異議の申立て

重要

特許法と同様に、**何人も**、登録異議の申立てをすることができます。一方で、特許法と異なり、この申立てをできるのは**商標掲載公報の発行の日**から**2カ月**以内です。

取消決定が確定したとき、商標権は初めから存在しなかったものとみなされます。

過去問
第47回学科問35ウ，エ
第46回学科問5ア
第45回学科問35イ
第47回実技問7,8
第46回実技問11,12

2 無効審判

特許法と同様、登録異議の申立てと異なり、**利害関係人**に限り商標登録無効審判を請求することができます。無効審決が確定したときは、登録異議の申立てと同様、商標権は初めから存在しなかったものとみなされます。

重要

商標登録が、所定の無効理由に違反してされた場合には、その商標登録についての無効審判は、**商標権の設定の登録の日から5年を経過した後は、請求することができません**。これを**除斥期間**といいます。

ここで、「所定の無効理由」には、商標登録が、**第3章2に記載した登録要件に違反してされたこと**、第3章3に記載した不登録事由のうちの「他人の氏名または名称等」、「他人の周知商標」、**「先願に係る他人の登録商標」**の規定に違反してされたこと等が含まれます。

3 取消審判

①不使用取消審判

重要

日本国内において継続して3年以上、商標権者、専用使用権者、通常使用権者のいずれもが、各指定商品または指定役務について登録商標を使用していないときは何人も、その商標登録を取り消すための審判を請求することができます。

上記のとおり、この審判は**専用権**の範囲内での商標の使用に関するものです。したがって、商標権者が禁止権の範囲内で商標を使用している場合、すなわち指定商品等に類似する商品・役務について登録商標またはこれに類似する商標を使用している場合、及び指定商品・役務について登録商標に類似する商標を使用している場合には、この審判を請求され得ます。

[不使用取消審判の概要]

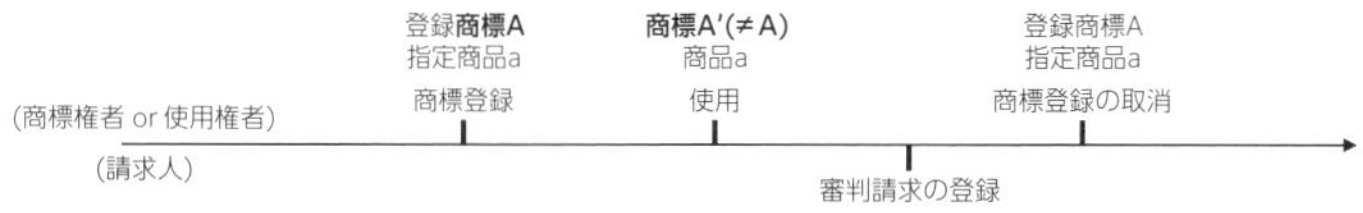

(商標権者 or 使用権者)
(請求人)
登録**商標A** 指定商品a 商標登録
商標A'(≠A) 商品a 使用
審判請求の登録
登録商標A 指定商品a 商標登録の取消

重要

ただし、「登録商標」には、社会通念上同一の商標が含まれます。

[商標が社会通念上同一の場合]

(商標権者 or 使用権者)
登録商標**「ちざい」** 指定商品a 商標登録
商標**「チザイ」** 商品a 使用
登録商標は取り消されない
∵「ちざい」と「チザイ」とは社会通念上同一と認められる

この審判が請求される3カ月前から審判の請求の登録の日までの間に、登録商標の使用をした場合であって、その登録商標の使用がその審判の請求がされることを知った後であることを請求人が証明したときには、不使用取消審判によって、商標登録が

過去問
第47回学科問12ウ
第46回学科問5ウ,エ
第45回学科問35ウ,エ
第44回学科問11イ
第44回学科問30イ,ウ
第47回実技問16イ～エ
第44回実技問9～12

Point
この審判は指定商品または指定役務ごとに請求することができます。

Point
商標法上、社会通念上同一と認められる商標として、書体のみに変更を加えた同一の文字からなる商標、平仮名、片仮名及びローマ字の文字の表示を相互に変更するものであって同一の称呼及び観念を生ずる商標、外観において同視される図形からなる商標が例示されています。

取り消されます。すなわち、不使用取消審判が請求されるであろうことを察知した後の、いわゆる**駆け込み使用は認められません。**

[駆け込み使用の場合]

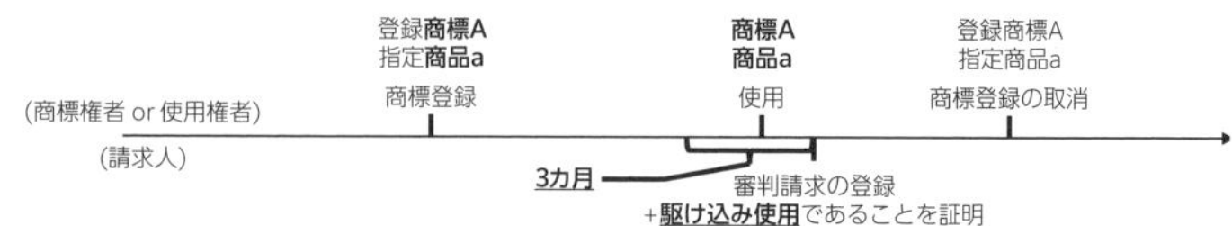

この審判により取消審決が確定したとき、商標権はこの審判の**請求の登録の日**に消滅したものとみなされます。

Point
この審判は、商標権者に対する制裁規定です。

②商標権者による不正使用取消審判

商標権者が、**故意に**、禁止権の範囲内で商標を使用して、**商品の品質**もしくは役務の質**の誤認**、または**他人の業務に係る商品・役務と混同を生じさせた場合**には、**何人も**、その商標登録を取り消すための審判を請求することができます。

Point
この審判は、使用権者に対する制裁規定です。

③使用権者による不正使用取消審判

専用使用権者または通常使用権者が、**専用権または禁止権**の範囲内で商標を使用して、商品の品質もしくは役務の質の誤認、または他人の業務に係る商品・役務と混同を生じさせた場合には、何人も、その商標登録を取り消すための審判を請求することができます。

過去問でCheck

次の記述は正しいか、誤っているか？

□ 商標権者が、登録商標と社会通念上同一の商標を使用している場合、不使用取消審判を請求することができる。

解答・解説

正解：×（第44回実技問9,10改題）
社会通念上同一の商標の使用は、登録商標の使用とみなされます。

<テキスト編>

第4章

知的財産に関する条約

重要度 ★★

1 パリ条約

パリ条約の三大原則は、内国民待遇の原則、優先権制度、特許独立の原則である。

過去問
第44回学科問13イ

1 概要

パリ条約とは、特許等の知的財産の保護について、各国の法制度を尊重しつつ調整した条約です。

パリ条約には、次の３つの原則が定められています。

①**内国民待遇の原則**

②**優先権制度**

③**特許独立の原則**

過去問
第46回学科問10
第44回学科問13ア
第44回学科問28エ

2 内国民待遇の原則

パリ条約の同盟国の国民は、他のすべての同盟国において、他の同盟国の法令が**内国民**(その国の国民)**に対して、現在与えており又は将来与えることがある利益を享受します**。すなわち、同盟国の国民は、内国民に課される条件及び手続に従う限り、**内国民と同一の保護**を受け、かつ自己の権利の侵害に対し**内国民と同一の法律上の救済**を与えられます。これを内国民待遇の原則といいます。

同盟国の国民であれば、保護が請求される国に**住所または営業所を有している必要はありません**。また、同盟に属しない国の国民であって、いずれかの同盟国の領域内に**住所**または営業所を有するものは、**同盟国の国民とみなされます**。同盟国の国民とみなされた者は、同盟国の国民と同様にパリ条約による保護を受けることができます。

過去問
第46回学科問13エ
第45回学科問14
第45回学科問17ウ，エ
第44回学科問13ウ
第44回学科問28ア

3 優先権制度

日本の特許法における国内優先権制度と同様に、パリ条約においても優先権制度があります。

パリ条約上、優先期間の満了前に他の同盟国においてされた後の出願は、優先期間に行われた行為、例えば他の出願等によって不利な取扱いを受けないものとされています。つまり、国内優先権と同様に、**後の出願の新規性等の判断基準時が先の出願時となります**。

重要

優先期間は、特許と実用新案については、先の出願日から12カ月、意匠と商標については、先の出願日から6カ月です。

パリ条約上、**2以上の優先権を主張することができ**、この場合の優先期間は最初の出願日から起算されます。

Point
外国に特許出願をする場合に、必ず日本の出願を基礎としてパリ条約上の優先権を主張して出願しなければならないわけではありません。すなわち、外国に直接特許出願をすることができます。

4 特許独立の原則

パリ条約上、同盟国の国民が各同盟国において出願した特許は、他の国において同一の発明について取得した特許から独立したものとすることが規定されており、これを特許独立の原則といいます。

過去問
第45回学科問25イ
第44回学科問13エ
第44回学科問28イ
第47回実技問19ウ
第44回実技問35

重要

つまり、例えば、ある同盟国で特許を取得したからといって、必ずしも**他の同盟国でも同じ特許を取得できるというわけでは**ありません。また、ある同盟国の特許権の効力は、**他の同盟国には及びません**。

さらに、**パリ条約の優先権を主張して取得した特許は、優先権の主張の基礎とされた出願に係る特許が無効になっても、自動的に無効になるわけではありません**。

過去問でCheck

次の記述は正しいか、誤っているか？

我が国の特許が特許無効審判により無効になった場合であっても、当該特許に対応する米国の特許は同時に無効とはならない。

解答・解説

正解：○（第45回学科問25イ）
各同盟国においては、特許権の消滅についても、独立したものとされます。

重要度 ★★★

2 特許協力条約(PCT)

特許協力条約によって、簡素化された手続で、複数の国における出願日を確保できる。

過去問
第47回学科問28エ

1 特許協力条約とは

特許協力条約（PCT：Patent Cooperation Treaty）は、出願手続き、先行技術調査、方式審査、及び技術情報の普及についての合理化、並びに国際協力を目的とする条約です。

過去問
第47回学科問28ア
第46回学科問13ア
第46回学科問25ア

●補足●
PCTにおいて、「出願」とは、発明の保護のための出願をいい、特許、実用新案等の出願をいいます。

2 特許協力条約に基づく出願（PCT国際出願）

PCT国際出願とは、条約に従って1つの出願書類を提出することによって、PCT締約国である複数の国に出願したことと同じ効果を与える制度です。

より具体的には、国際出願日が認められた国際出願は、国際出願日から各指定国における正規の国内出願の効果を有するものとされます。また、国際出願日は、各指定国における実際の出願日とみなされます。すなわち、1つの出願で、保護を希望した複数の国において、出願日を確保することができます。

重要

ただし、特許を取得するためには、**指定国ごとの審査を受ける必要があります**。

すなわち、例えばある国際出願について日本及び米国で特許を取得したい場合には、各国で審査を受ける必要があります。

なお、国際出願は、原則としてすべてのPCT締約国を指定したものとみなされ（みなし全指定）、**自国を指定することも可能**です。

3 PCT国際出願の流れ

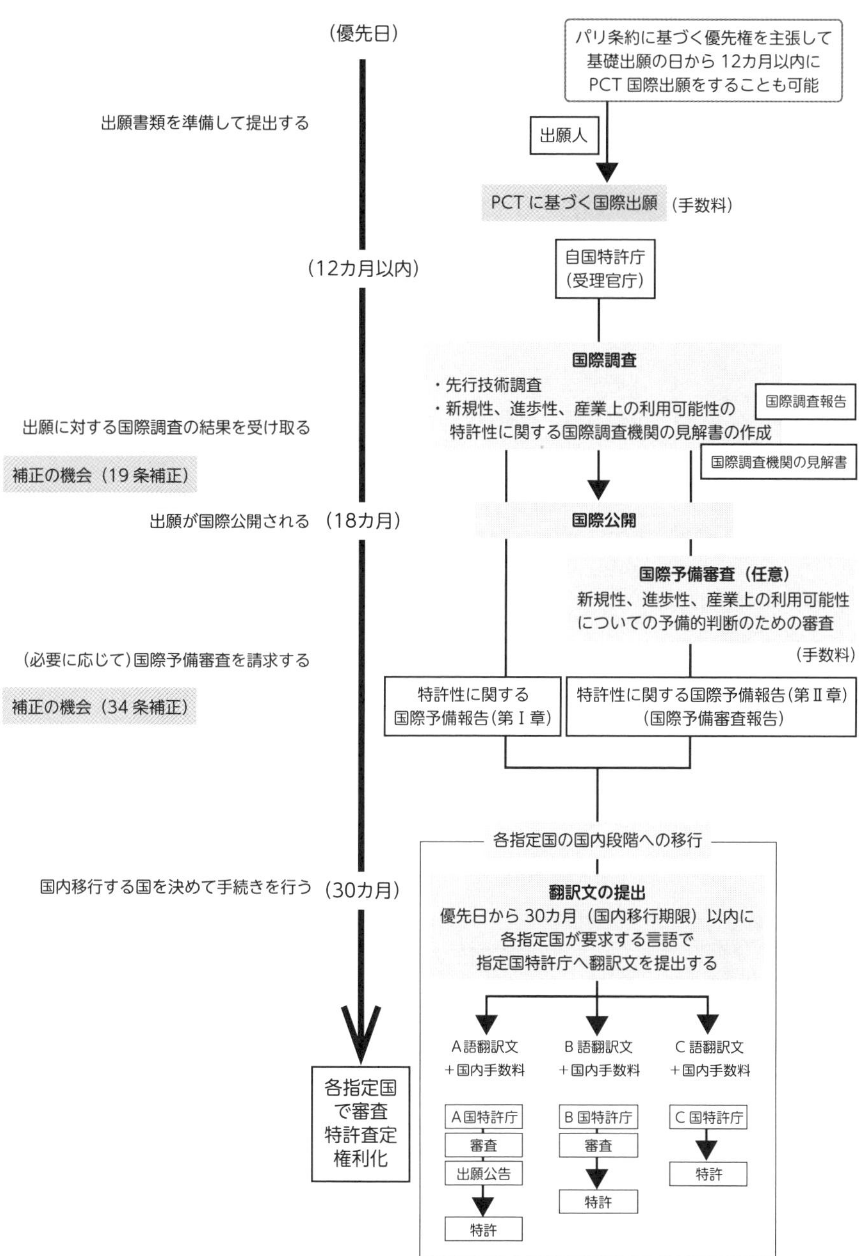

出典：特許庁ウェブサイト

①国際出願

出願人は、日本国特許庁**または**国際事務局に、出願書類を提出して国際出願を行います。日本国特許庁へは、日本語または英語で出願書類を記載します。

国際出願の方式審査は、国際出願を受理した受理官庁によって国際的に統一された基準で行われ、受理官庁による受理日が国際出願日として認められます。

②国際調査

重要

国際出願がされると、国際調査機関によって**国際調査**が行われます。原則として、すべての国際出願が国際調査の対象となります。

国際調査は、出願書類の**請求の範囲**に基づいて、**関連のある先行技術を発見すること**を目的として行われます。

国際調査の結果が記載される**国際調査報告**は、**国際調査機関**から出願人と国際事務局に**送付**されます。

重要

国際調査報告を受け取った後、出願人は請求の範囲について1回**に限り補正することができます**。これを19条補正といいます。

国際調査報告は、国際調査見解書**とともに**、国際公開の時に公開されます。

③国際公開

国際出願の内容は、原則として、優先日**から**18カ月**経過後**、国際事務局により公開されます。

④国際予備審査

出願人は、国際予備審査機関に対して、国際予備審査を請求できます。

過去問
第47回学科問13
第47回学科問28ウ
第46回学科問25イ～エ
第45回学科問17イ
第44回学科問28ウ
第47回実技問35～37
第45回実技問35～37
第44回実技問36,37

Point
日本国特許庁を受理官庁として、日本語又は英語でPCT国際出願をした場合の国際調査機関は次のとおりです。
日本語：日本国特許庁
英語：日本国特許庁、欧州特許庁またはシンガポール知的財産庁

Point
「国際調査見解書」とは、国際出願に係る発明の新規性、進歩性等についての見解が記載された書類です。

Point
国際調査の場合と異なり、請求が必要です。

国際予備審査機関は請求があった場合に限り、国際予備審査を行い、出願内容の新規性等について見解を示します。

国際予備審査請求をした場合、出願人は、**請求の範囲、明細書及び図面**について補正することができます。これを34条補正といいます。

⑤国内移行手続

重要

権利を取得したい国に対して、**出願人は、優先日から原則30カ月以内に国内移行手続**をする必要があります。

この手続としては、例えば英語で国際出願した場合における**翻訳文の提出**等があります。

4 PCTと優先権

国際出願に基づいて、日本でパリ条約上の優先権を主張した特許出願をすることができます。また、日本の特許出願に基づいて、パリ条約上の優先権を主張して国際出願をすることができます。

過去問
第47回学科問28イ
第45回学科問17ア

過去問でCheck

次の記述は正しいか、誤っているか？

国際出願に基づいて日本で特許をとるためには、優先日から16カ月以内に、国内移行手続きをする必要がある。

解答・解説

正解：×（第45回実技問35,36改題）
正しくは、優先日から30カ月以内です。

重要度 ★

3 その他の条約

主にベルヌ条約及びTRIPS協定について、おおまかな規定を把握する。

過去問
第45回学科問2イ
第45回学科問29イ

1 ベルヌ条約

ベルヌ条約は、著作権に関する条約（著作権については第5章参照）です。ベルヌ条約には、次の３つの原則があります。

①無方式主義

著作権・著作隣接権の享有等に、**登録**、**著作権の表示**等いかなる方式も必要としないという原則

②内国民待遇

自国民に与えている保護と同一の保護を条約締約国民に与えるという原則

③遡及効

条約の発効前に創作された著作物等であっても、発効時に保護されていたものについては保護

ベルヌ条約には、**著作者人格権**の保護についても規定されています。

過去問
第44回実技問40

●補足●
紛争解決については、世界貿易機関（WTO）の紛争解決手段を利用することができます。TRIPS協定は、WTO設立協定の一部として発効したためです。

2 TRIPS協定

TRIPS協定とは、**知的所有権の貿易関連の側面に関する協定**をいいます。TRIPS協定には、**特許**、**意匠**、**商標**、**著作権（実演家、レコード製作者及び放送機関の保護）等**に関する権利の保護、権利行使、**紛争解決**等について規定されています。

パリ条約と同じように、**内国民待遇**の原則が定められています。さらに、**最恵国待遇**の原則も定められています。TRIPS協定における最恵国待遇とは、知的所有権の保護に関し、加盟国

が他の国の国民に与える利益等を、他のすべての加盟国の国民に対し即時かつ無条件に与えることをいいます。内国民待遇では、自国民に与える待遇よりも不利でない待遇を他の加盟国の国民に与えればよいのに対して、最恵国待遇では、自国民に与える待遇よりも不利でなく、かつある加盟国の国民に与えている最良の待遇を他のすべての加盟国にも与えます。したがって、最恵国待遇は内国民待遇よりも一層加盟国の国民への保護が強化されています。

また、TRIPS協定ではパリ条約の順守が義務付けられているため、**パリ条約の優先権**を利用することができます。

3 その他の条約

①マドリッド協定議定書

商標に関する条約です。

過去問

第46回学科問13イ，ウ

②ハーグ協定（ジュネーブ改正協定）

意匠に関する条約です。

③特許法条約

特許に関する条約です。

過去問でCheck

次の記述は正しいか、誤っているか？

ベルヌ条約には、最恵国待遇の原則が規定されている。

解答・解説

正解：×（第45回学科問29イ）

正しくは、内国民待遇の原則です。

<テキスト編>

第5章

著作権法

重要度 ★★

1 著作権法とその保護対象

著作権法の保護対象を理解する。

1 著作権法の目的

著作権法は、文化の発展に寄与することを目的とした法律です。

著作権法は、**著作物、実演、レコード、放送、及び有線放送**を保護します。

2 著作物

著作物は、**思想または感情**を**創作的**に**表現**したものであって、**文芸、学術、美術または音楽の範囲に属するもの**です。

①思想または感情

単なる事実やデータは、著作物に該当しません。

②創作的

他人の著作物を模倣したもの等は、著作物に該当しません。

③表現したもの

表現されていない**アイデア自体**は、著作物に該当しません。

過去問
第47回学科問26ア，ウ
第46回学科問29ア
第46回学科問33イ
第45回学科問29ウ

3 保護を受ける著作物

日本国内で保護を受けることができる著作物には、次のようなものがあります。

重要

①日本国民の著作物

日本国民の著作物であれば、外国で発行されたものでも保護されます。

日本の法令に基づいて設立された法人及び国内に主たる事

務所を有する法人の著作物も、同様に保護されます。

②最初に国内において発行された著作物

日本国民以外の者が創作した著作物であっても、最初に日本国内で発行された著作物であれば、保護されます。

最初に国外において発行され、その発行の日から30日以内に国内において発行されたものも保護されます。

③条約により保護の義務を負う著作物

4 保護を受ける実演等

著作物のほかに、例えば次の実演、レコード、放送及び有線放送も、著作権法で保護されます（実演等については第5章13参照）。

①国内において行われる実演
②日本国民をレコード製作者とするレコード
③日本国民である放送事業者の放送
④日本国民である有線放送事業者の有線放送

過去問でCheck

次の記述は正しいか、誤っているか？

日本国民の著作物であっても、ベルヌ条約未加盟国において最初に発行された著作物は、保護されない。

解答・解説

正解：×（第45回学科問29ウ改題）

日本国民の著作物であれば発行国にかかわらず、保護されます。

重要度 ★★★★

2 著作物の種類

著作権法上、9つの著作物が例示されている。また、編集著作物、データベースの著作物等が規定されている。

過去問
第47回学科問8ウ，エ
第47回学科問29イ
第46回学科問33エ
第45回学科問8
第44回学科問2イ～エ

1 著作物

著作権法上、次の9つが「著作物」として定められています。

ただし、**これらはあくまで例示であって、これら以外のものが著作物に該当しないというわけではありません。**

①言語の著作物

小説、脚本、論文、講演等が該当します。

事実の伝達にすぎない雑報及び時事の報道は、言語の著作物に該当しません。

②音楽の著作物

楽曲、歌詞等が該当します。

③舞踊または無言劇の著作物

ダンスやパントマイムの**振付**等が該当します。

実際にダンスを踊る行為は「実演」であり、後述する著作隣接権の対象となります(著作隣接権については第5章13参照)。

④美術の著作物

絵画、版画、彫刻等が該当します。

●補足●
「美術工芸品」とは、絵画、彫刻等の有形の文化的所産で、我が国にとって歴史上、芸術上、学術上価値の高いものの総称です。

重要
美術工芸品も美術の著作物に含まれます。

⑤建築の著作物

城や宮殿のような芸術的な建築物が該当します。

⑥図形の著作物

地図または**学術的な性質を有する図面**、**図表**、**模型**等が該当します。

⑦映画の著作物

映画、ゲームソフト等が該当します。

重要

映画の著作物には、**映画の効果に類似する視覚的または視聴覚的効果を生じさせる方法で表現され、かつ、物に固定されている著作物**が含まれます。

⑧写真の著作物

写真、グラビア等が該当します。

重要

写真の著作物には、**写真の製作方法に類似する方法を用いて表現される著作物**が含まれます。

⑨プログラムの著作物

コンピュータ・プログラム等が該当します。

重要

プログラム言語、**規約**、**解法**は、該当しません。

2 その他の著作物

上記９つの著作物以外にも、次のものが著作物として保護されます。

過去問
第47回学科問8ア,イ
第46回学科問22ア,イ
第45回学科問29エ
第44回学科問2ア
第44回学科問35

①二次的著作物

二次的著作物とは、著作物を翻訳、編曲、翻案等して創作した著作物をいいます。

例)漫画を原作として制作したテレビドラマ

「**著作物**を～翻案等して」とあるように、二次的著作物であるためには、**その元になったものも著作物でなければなりません**。

●補足●
例えば、辞書、新聞、雑誌等が編集著作物に該当します。

②編集著作物

重要

編集著作物とは、**素材の選択または配列**によって**創作性**を有する編集物をいいます。

編集著作物として保護を受けるためには、素材自体には著作物性がなくても構いません。この場合、編集著作物を利用するにあたり、**素材の提供者の許諾を得る必要はありません**。

ただし、素材に著作物性がある場合には、編集著作物を利用するにあたり、素材、すなわち**編集著作物の部分を構成する著作物の著作権者の許諾を得る必要があります**。

Point
「または」とあるように、情報の選択と体系的な構成の一方にのみ創作性があれば、著作物性が認められます。編集著作物についても同様です。

③データベースの著作物

重要

データベースの著作物とは、**情報の選択または体系的な構成**によって**創作性**を有するデータベースです。編集著作物のうち、コンピュータで検索できるものが該当します。

データベースの著作物を利用するにあたり、**データベースの部分を構成する著作物の著作権者の許諾が必要です**。

④共同著作物

共同著作物とは、**複数(2人以上)の者が共同して創作**した著作物であって、**その各人の寄与を分離して個別的に利用できない**もののことです。

例)座談会の議事録

3 権利の目的とならない著作物

著作権法上、次の著作物は、権利の目的となることができず、保護されません。

① **憲法その他の法令**
② 国、地方公共団体の機関等が発する告示、訓令、通達等
③ **裁判所の判決**等
④ **①～③の翻訳物**及び編集物で、国、地方公共団体の機関等が作成するもの

過去問
第47回学科問29エ
第45回実技問15,16

Point
これらの著作物は、著作権法上保護されないだけであり、著作物でないわけではありません。

過去問でCheck

次の記述は正しいか、誤っているか？

素材が著作物である編集著作物を利用したい場合、編集著作物の著作権者にだけ許諾を得ればよい。

解答・解説

正解：×（第44回学科問35ア改題）
素材の著作物の著作権者にも許諾を得る必要があります。

重要度 ★★★★★

3 著作者と著作者の権利

創作者以外の者が、著作者、著作権者となる場合がある。

過去問
第47回学科問36イ
第46回学科問33ア
第44回実技問24ウ

1 著作者

①原則

著作権法上、著作者とは、**著作物を創作する者**と規定されています。したがって、原則として、著作物の創作者自身が著作者となります。すなわち、例えば著作物の創作を委託された者が著作物を創作した場合、著作者は委託した者ではなくて、委託された者です。

なお、著作者が誰であるかについての立証を容易にするために、著作物の原作品に、または著作物の公衆への提供もしくは提示の際に、**氏名又は名称(実名)が著作者名として通常の方法により表示された者は、その著作物の著作者と推定されます**。例えば、出版された小説に氏名等が表示されている者が、この小説の著作者と推定されます。

過去問
第47回学科問32イ
第47回学科問36エ
第46回学科問33ウ
第45回学科問23
第44回学科問23
第47回実技問25イ
第44回実技問24ア

重要

②職務著作(法人著作)の場合

著作物が職務著作である場合には、例外的に**法人等**が著作者となります。職務著作の要件は、次のとおりです。

i)法人等の**発意に基づく**こと

ii)その法人等の業務に従事する者が**職務上作成する著作物である**こと

iii)その法人等が**自己の著作の名義の下に公表する**こと

※職務上作成する著作物がプログラムの著作物である場合には、この要件は課されません。

iv)作成の時における契約、勤務規則その他に**別段の定めがない**こと

③映画の著作物の場合

著作物が映画の著作物である場合には、例外的に監督等が著作者となります。「監督等」とは、制作、監督、演出、撮影、美術等を担当して**その映画の著作物**の全体的形成に創作的に寄与した者です。ただし、映画の著作物が職務著作である場合には、法人等が著作者となります。

過去問
第47回学科問36ウ
第46回学科問11イ
第44回実技問18ア，イ

その映画の著作物において翻案され、または複製された小説、脚本、音楽その他の著作物の著作者は、映画の著作物の著作者にはなれません。

2 著作者の権利

著作者の権利とは、著作者人格権及び著作権(著作財産権)のことをいいます。著作者人格権は、著作者の人格的な利益を保護する権利であり、著作権は、著作物の財産的な権利です。著作権とは、1つの権利ではなく、複数の権利をまとめた総称です。そのため、著作権は権利の束ともいわれています(著作者人格権については第5章4、著作権については第5章5～8参照)。

過去問
第46回学科問11ウ
第46回学科問29ウ，エ
第44回実技問24イ，エ

重要

著作者は、著作者の権利、すなわち**著作者人格権及び著作権を享有します**。また、**著作者人格権及び著作権の享有には、いかなる方式の履行を要しません**。すなわち、**著作権の登録、表示等をしなくても**、著作物の創作と同時にこれらの権利が著作者に帰属します。著作者が外国人である場合についても同様です。

●補足●
「享有」とは、権利などを生まれながらに持っていることを意味します。

したがって、著作者の権利は次のとおり帰属します。なお、この節においては、著作権を有する者を著作権者とし、著作者人格権を有する者を著作者人格権者とします(他の節では、著作者人格権及び著作権の両方を有する者を、単に著作権者とします)。

①原則

創作者である著作者に、著作者の権利が帰属します。すなわち、著作者が著作権者及び著作者人格権者となります。なお、共同著作物の場合には、著作者の権利は、各著作者の共有となります。

重要

②職務著作の場合

著作物が職務著作の場合には、**法人等**に著作者の権利が帰属します。すなわち、法人等が著作権者及び著作者人格権者となります。著作者が法人等であるためです。

過去問
第46回学科問1イ
第45回学科問36エ

③映画の著作物の場合

著作物が映画の著作物の場合には、**監督等**に著作者の権利が帰属します。すなわち、監督等が著作権者及び著作者人格権者となります。監督等が著作者であるためです。ただし、次の場合には、監督等以外の者に著作権及び著作者人格権が帰属します。

過去問
第47回学科問36ア
第45回学科問2ウ

ⅰ）映画の著作物が職務著作である場合

法人等に著作者の権利が帰属します。すなわち、法人等が著作権者及び著作者人格権者となります。著作者が法人等であるためです。例えば、映画製作者ではない法人等の従業者等が、自社のPR映像等を作成し、それを法人の名義で公表するような場合が該当します。

ⅱ）著作者（監督等）が、**映画製作者に対して映画の著作物の製作に参加することを約束している**場合

映画製作者が著作権者となります。

●補足●
映画製作者とは、映画の著作物の製作に発意と責任を有する者をいい、通常、映画会社等のことです。

ただしⅱ)の場合であっても、著作者人格権は、監督等に帰属します。**著作者人格権は、著作者の一身に専属するためです。**

●補足●
「一身に専属する」とは、権利などが特定の者のみに帰属することをいいます。

[著作者、著作者の権利を有する者のまとめ]

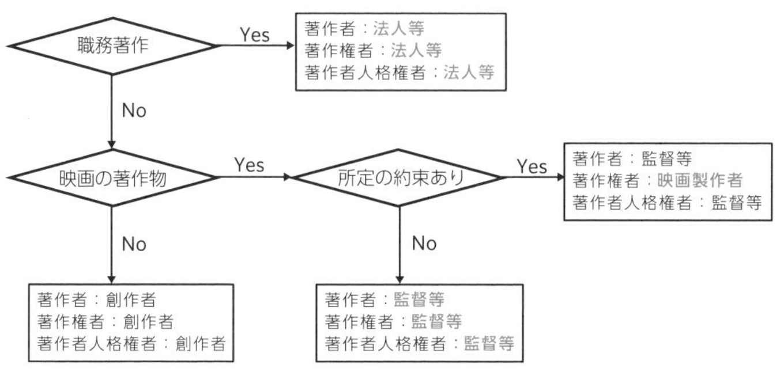

過去問でCheck

次の記述は正しいか、誤っているか？

著作物を創作した従業者に相当の利益を支払うことは、職務著作の要件の1つである。

解答・解説

正解：×（第46回学科問33ウ改題）

問題文のような事項は、職務著作の要件ではありません。

重要度 ★★★

4 著作者人格権

著作者人格権には３つの権利（公表権、氏名表示権、同一性保持権）がある。

1 著作者人格権の種類

著作権法では、著作者人格権として、公表権、氏名表示権、同一性保持権が規定されています。

2 公表権

過去問
第47回学科問5エ
第46回学科問1エ
第44回学科問26ウ

公表権とは、著作者が、自己のまだ公表されていない**著作物**を**公衆に提供し、または提示する、すなわち公表する**権利です。例えば、他人の未公表の著作物をその著作者に無断で勝手に公表した場合、公表権の侵害となります。

ただし、著作者が公表の意思を明示していなくても、著作物を**公表することについて同意したものと推定される場合があります。**

著作者は、**自己の著作物を原著作物とする二次的著作物についても、公表権を有します。**

3 氏名表示権

過去問
第47回学科問2エ
第46回学科問1ア
第44回学科問26ア

氏名表示権とは、著作者が、自己の著作物の原作品に、またはその著作物の公衆への提供もしくは提示に際し、**著作者の実名もしくは変名を著作者名として表示する、または表示しない**権利です。例えば、他人の著作物の原作品に、その著作者の実名を著作者名として表示した場合、氏名表示権の侵害となります。

著作者は、**自己の著作物を原著作物とする二次的著作物についても、氏名表示権を有します。**

4 同一性保持権

過去問
第47回学科問5ウ
第46回学科問1ウ
第46回学科問17
第44回学科問26イ
第47回実技問25ア
第45回実技問40

重要

同一性保持権とは、**著作物**及びその題号を意に反して**改変されない**権利です。

例えば、美術の著作物の一部の色を勝手に変更した場合、同一性保持権の侵害となります。

ただし、次のいずれかに該当する場合には、同一性保持権の侵害にはなりません。

①学校教育の目的上やむを得ない改変

例）教科書に小説を掲載する際に、旧字体の漢字を新字体の漢字に変更すること等

②建築物の増築、改築、修繕または模様替えによる改変

③コンピュータ・プログラムのバージョンアップ等

④上記①～③のほか、著作物の性質並びにその利用の目的及び態様に照らし、やむを得ない改変

例）言語の著作物の**誤字を修正する**こと、入学試験の問題として使用する言語の著作物の**一部を空欄にする**こと

5 著作者人格権の侵害とみなされる行為

著作者の名誉または声望を害する方法により著作物を利用する行為は、著作者人格権の侵害とみなされます。これを名誉声望保持権といい、第４の著作者人格権といわれています。

過去問でCheck

次の記述は正しいか、誤っているか？

コンテストに応募された写真と題名とが合っていないため、少しであれば、題名を変えても問題はない。

解答・解説

正解：×（第45回実技問40改題）

著作物の題号を変更することも同一性保持権の侵害になります。

重要度 ★★★

5 著作権①(複製権、公衆送信権)

どのような行為が複製、公衆送信に該当するのかを理解する。

過去問
第46回学科問20イ,エ
第45回学科問5

1 複製権

複製権とは、著作物を独占的に複製できる権利です。したがって、他人の著作物を無断で複製すると、原則として、複製権の侵害となります。

●補足●
「依拠」とは、既存の著作物に接して、それを自己の作品の中に用いることをいいます。

重要
複製権の侵害となるのは、他人の著作物に**依拠**して創作された場合であるため、自身の著作物が、**偶然他人の著作物と同じ内容である**場合には、複製権の侵害とはなりません。

複製とは、**印刷、写真、録音、録画等の方法により有形的に再製すること**です。脚本等の演劇用の著作物については、その著作物の上演、放送または有線放送を録音し、または録画することが複製に含まれます。また、建築物の著作物については、建築に関する図面に従って建築物を完成させることを含みます。

ただし、著作権の制限規定が適用される場合には、複製権の侵害にはなりません(著作権の制限については第5章9参照)。

なお、複製権を有する者は、出版権を設定することができます(出版権については第5章12参照)。

過去問
第46回学科問7ア,エ
第44回学科問15エ
第47回実技問9,10
第47回実技問14イ
第46回実技問28ウ
第45回実技問38

2 公衆送信権

公衆送信権とは、著作物を独占的に公衆送信できる権利です。したがって、他人の著作物を無断で公衆送信すると、公衆送信権の侵害となります。

公衆送信とは、公衆によって直接受信されることを目的とした無線通信または有線電気通信の送信をいいます。ただし、著作権法上、**プログラムの著作物**以外の著作物については、同一構内における電気通信設備(有線LAN、無線LAN)によって送信することは、公衆送信には該当しないことを規定した例外規定があります。例えば、新聞の切り抜き等をPDF化したファイルを、社内のネットワーク上に配信したとしても、公衆送信権の侵害にはなりません。これに対して、プログラムの著作物が例外規定から除かれているのは、同一構内におけるプログラムの送信を認めてしまうと、同時に多数のコンピュータがそのプログラムを使用することを認めることとなり、公衆送信権者の保護の観点から妥当ではないためです。

公衆送信には、放送・有線放送が含まれるため、例えば、ケーブルテレビ、テレビによる放送は、公衆送信に該当します。

公衆送信には、公衆からの求めに応じ自動的に行うもの(自動公衆送信)も含まれます。

重要

例えば、著作物を**ブログ、動画投稿サイト等のウェブサイトにアップロードする行為**が、自動公衆送信に該当します。

Point

URLは著作物ではないため、URLをウェブサイトに掲載することは、公衆送信権の侵害に該当しません。

「公衆」とは、**特定少数以外**の者です。つまり、不特定多数、不特定少数、及び特定多数が、公衆に該当します。したがって、例えば特定の友人へのメールの送信は、特定少数の者への送信であるため、公衆送信権の侵害に該当しません。

なお、公衆送信権を有する者は、出版権を設定することができます。

第5章　著作権法

過去問でCheck

次の記述は正しいか、誤っているか？

応募者自らがコンテストに応募してきた写真をウェブサイトに掲載することについて、応募者から許諾を得る必要はない。

解答・解説

正解：×（第45回実技問38改題）

公衆送信権の侵害になります。

重要度 ★★

6 著作権②（譲渡権、貸与権、頒布権）

譲渡権、貸与権、頒布権はまとめて理解する。

過去問
第46回学科問26イ
第45回学科問21ア
第44回学科問15ア

1 譲渡権

譲渡権とは、著作物をその**原作品または複製物**の譲渡により、独占的に公衆に提供できる権利です。なお、映画の著作物の譲渡については、後述する頒布権に規定されているため、譲渡権の対象となる著作物から**映画の著作物は除かれています**。

重要

譲渡権者または譲渡権者から許諾を得た者から、**一度適法に譲渡された著作物の原作品または複製物については、譲渡権の効力は及ばなくなります**。これを**譲渡権の消尽**といい、譲渡権の例外として規定されています。したがって、**著作物を適法に購入した場合、その後、その購入した著作物を譲渡しても譲渡権の侵害になりません**。譲渡権者等から、公衆に譲渡された場合だけでなく、**特定かつ少数の者**に譲渡された場合についても、譲渡権は消尽します。

過去問
第47回学科問26エ
第46回学科問36イ

2 貸与権

貸与権とは、著作物をその**複製物**の貸与により、独占的に公衆に提供できる権利です。譲渡権と同様、貸与権の対象となる著作物から**映画の著作物は除かれています**。

貸与権には消尽に関する規定はありません。すなわち、例えば著作権者から適法に購入した著作物の複製物であっても、これを貸与することは貸与権の侵害となります。

3 頒布権

映画の著作物をその複製物により、独占的に頒布できる権利を頒布権といいます。「映画の著作物を」とあるように、頒布権は、**映画の著作物にのみ認められている権利です**。「頒布」とは、有償であるかまたは無償であるかを問わず、複製物を公衆に**譲渡**、または**貸与**することをいいます。例えば、映画をDVD化したものを販売することが、頒布に該当します。

頒布権においては、著作物の複製物の貸与については消尽の規定は適用されません。

過去問
第47回学科問26イ

過去問でCheck

次の記述は正しいか、誤っているか？

譲渡権者の許諾を得て公衆に譲渡された著作物の複製物を公衆に再譲渡する場合、譲渡権の効力は及ばない。

解答・解説

正解：○（第45回学科問21ア改題）
譲渡権は消尽しているため、譲渡権の効力は及びません。

重要度 ★★

7 著作権③(上演権・演奏権、上映権、口述権、展示権)

各権利の対象となる行為・著作物について理解する。

過去問
第47回実技問14ウ

●補足●
「公に」とは、公衆に見せたり聞かせたりすることを目的としているという意味です。

1 上演権・演奏権

上演権とは、演奏以外の方法で、著作物を独占的に**公に**演じることができる権利です。上演権の対象には、演劇だけでなく落語・講談・漫才等も含まれます。

演奏権とは、著作物を独占的に**公に**演奏することができる権利です。楽器を演奏する行為のほか、歌を歌う行為も演奏に含まれます。

過去問
第44回学科問15ウ

2 上映権

上映権とは、著作物を、独占的に公に上映できる権利です。

上映に該当する行為には、**映画等の映像を映写することのほか、文章、写真、静止画等を映写することが該当します**。すなわち、上映権は、**映画の著作物にのみ認められている権利ではありません。**

過去問
第47回学科問26ウ

3 口述権

口述権とは、**言語の著作物**を、独占的に公に口頭で伝達できる権利です。例えば、公演や演説、詩の朗読等の行為が、口述に該当します。

なお、上演権・演奏権、上映権、及び口述権については、これらの例外規定である「営利を目的としない上演等」に関する内容が、より重要です(第5章9参照)。

4 展示権

重要

展示権とは、**美術の著作物**または**まだ発行されていない写真の著作物**をこれらの**原作品**により、独占的に公に展示することができる権利です。

すなわち、美術の著作物、及び写真の著作物の両方に係る権利ですが、写真の著作物については、発行されたものは展示権の対象ではありません。また、美術の著作物、及び写真の著作物のいずれについても、これらの複製物は展示権の対象ではありません。

過去問

第47回学科問26ア
第46回学科問36ア
第44回学科問15イ

過去問でCheck

次の記述は正しいか、誤っているか？

展示権とは、無断で他人に、発行された写真の著作物等をこれらの複製物により公に展示されない権利をいう。

解答・解説

正解：×　（第44回学科問15イ改題）

展示権とは、無断で他人に「まだ発行されていない」写真の著作物等をこれらの「原作品」により公に展示されない権利です。

重要度 ★★

8 著作権④(翻訳権・翻案権、二次的著作物の利用に関する原著作者の権利)

いずれも二次的著作物に関する権利である。

過去問
第47回学科問2ア
第46回実技問15,16

1 翻訳権・翻案権

翻訳権・翻案権とは、著作物を独占的に翻訳、編曲、変形、脚色、映画化、その他**翻案**をすることができる権利です。

翻案とは、既存の事柄の趣旨を生かして作りかえることをいいます。より具体的には、他人の著作物に依拠していて、表現上の本質的特徴の同一性を維持しつつ、創作性のある新たな著作物を創作することが翻案に該当します。すなわち、例えば他人の小説を映画化することが翻案にあたります。

上述のとおり、翻訳権・翻案権は、著作物の同一性に関する権利です。したがって、著作者は、**著作物の同一性に関して、著作者人格権としての同一性保持権**、及び**著作権としての翻訳権・翻案権**を有していることになります。

なお、翻案と複製の違いは、創作性の有無になります。創作性がなければ「複製」となります。

過去問
第47回学科問2イ,ウ
第44回実技問15,16

2 二次的著作物の原著作者の権利

二次的著作物とは、著作物を翻訳、編曲、変形、脚色、映画化、翻案することにより創作された著作物のことです(二次的著作物については第5章2参照)。例えば、ある小説を映画化した場合、その映画は二次的著作物となります。

二次的著作物の原著作物の著作者(原著作者)に著作権が帰属するのと同様に、二次的著作物の著作者にも著作権が帰属します。

そして、原著作者は、二次的著作物の著作者が有する著作権も有します。つまり、原著作者は、原著作物についての著作権と、二次的著作物についての著作権とを有することになります。

そのため、二次的著作物を利用したい場合には、二次的著作物の著作者だけでなく、**原著作者にも許諾を得る必要があります。**

［原著作物と二次的著作物との関係を示す概略図］

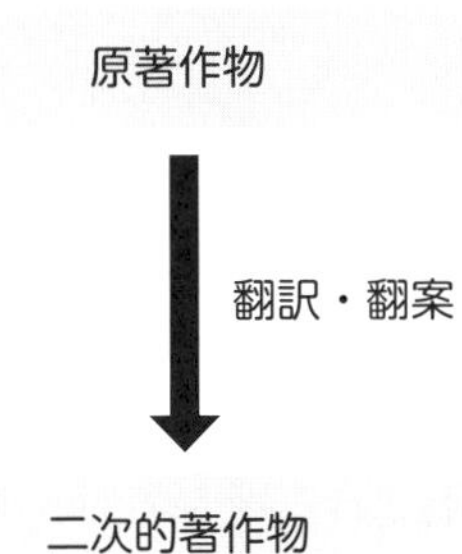

※原著作者は、二次的著作物の著作者が有する著作権も有する。

過去問でCheck

次の記述は正しいか、誤っているか？

映画の製作について、原作小説の著作権者の許諾が得られている場合、市販DVD化、テレビ放送にあたっては、いずれも、再度、その著作権者の許諾を得る必要はない。

解答・解説

正解：×（第44回実技問15,16改題）

二次的著作物の原著作権者の権利（複製権及び公衆送信権）を侵害します。

重要度 ★★★★★

9 著作権の制限

著作権が制限される、つまり著作権の侵害にならない場合について理解する。

1 概要

著作権者は、原則として、著作権に係る著作物を独占的に複製等することができます。しかし、一定の場合、著作権が制限されます。

なお、著作権が制限される場合であっても、**著作者人格権は制限されません。**

2 私的使用のための複製

過去問
第47回学科問23イ
第46回学科問20ウ
第45回学科問5ア
第47回実技問11,12
第46回実技問28イ

重要

著作権者以外の者が、著作権に係る著作物を、**個人的または家庭内等**の限られた範囲内で使用(私的使用)するときには、著作権者の許諾なしに**複製することができます。**

例えば、購入した書籍をスキャニングしてデータ化して自分だけで読むことは、私的使用に該当します。

しかし、私的使用の目的であっても、**技術的保護手段(コピープロテクション)で保護された著作物を、この技術的保護手段をはずして複製**したり、違法にアップロードされた音楽、映像、漫画等を、**違法アップロードされた著作物と知りながらダウンロード**する行為は複製権の侵害となります。

3 付随対象著作物の利用

重要

個人的に撮影した写真、動画等に、**他人の著作物が入り込んだ場合**、一定の要件を満たせば、その著作物を利用することができます。

過去問
第47回学科問23ウ
第47回実技問14エ
第46回実技問28イ

この入り込んだ著作物を**付随対象著作物**といい、例えば、撮影、録画、録音した写真、動画に入り込んだ美術の著作物(絵画等)、及び音楽の著作物(演奏等)等が、付随対象著作物に該当します。

具体的には、付随対象著作物を写真等から**分離することが困難**で、付随対象著作物が写真等において**軽微な構成部分**である場合等は、付随対象著作物を利用することができます。

4 検討の過程における利用

過去問
第46回実技問13,14

著作物の利用についての検討の過程において利用することを目的とする場合には、その著作物を利用することができます。

例えば、他人が描いたキャラクターを広告に利用したいときに、企画会議で承認を得るために、そのキャラクターの画像を添付した会議用資料を印刷することができます。

ただし、その後に実際にキャラクターを広告に利用する際には、その他人の許諾が必要です。

Point
他人の著作物を業務上複製することは、私的使用のための複製には該当しませんが、検討の過程における利用に該当する場合があります。

5 引用

過去問
第47回学科問23ア
第46回学科問20ア
第45回学科問5エ
第47回実技問9,10
第46回実技問38～40

著作権法上、公表された著作物は、次の一定の要件を満たせば、著作権者の**承諾なしに引用して利用**することができます。

重要

①公表された著作物であること
②公正な慣行に合致すること
③報道、批評、研究その他の引用の目的上正当な範囲内で行われること
④出所を明示すること

また、裁判例を基準として、次の要件を満たすことも必要と解されています。

⑤引用される著作物が、自身の著作物から**明瞭に区分されていること**

⑥自身の著作物が主、引用される著作物が従である主従関係があること

過去問

第47回学科問24エ
第45回学科問5イ
第44回学科問40
第45回実技問13,14

●補足●

上演等とは、上演、演奏、上映、口述を意味します。

6 営利を目的としない上演等

公表された著作物は、①営利を目的とせず、②**聴衆または観衆から**料金を徴収せず、③**上演等する者に**報酬を支払わない場合には、公に上演等しても侵害となりません。

例えば、学校の学芸会は、一般的に営利を目的とせず、入場者から料金を徴収せず、演じている生徒にも報酬は支払われないため、上演権の侵害となりません。これに対して、自身が経営する書店の宣伝のために、朗読会を開催して他人の書籍を朗読することは、口述権の侵害となります。宣伝は営利目的であり、上記①の要件を満たさないためです。

7 公開の美術の著作物等の利用

美術の著作物でその原作品が屋外の場所に恒常的に設置されているものまたは建築の著作物は、原則として、利用することができます。

過去問でCheck

次の記述は正しいか、誤っているか？

公表された著作物は、公正な慣行に合致し、かつ、聴衆または観衆から料金を受けない場合には、公に上演等することができる。

解答・解説

正解：×（第44回学科問40改題）

「公正な慣行に合致し」ではなく、「営利を目的とせず」です。

重要度 ★★★

10 著作者の権利の存続期間

著作権の存続期間は70年である。ただし、著作物によって、その期間の開始の時期が異なる。

1 著作者人格権の存続期間

過去問
第45回実技問28イ

著作者人格権は著作者の一身に専属するため、**著作者が亡くなったとき**に権利が消滅します。法人の場合は解散したときです。

なお、著作者が亡くなったからといって、その著作物の著作者人格権を**侵害することは、著作権法上禁止されており、著作者の遺族は、侵害者に対して差止請求等をすることができます**（著作権の侵害とその対応については第5章14参照）。

2 著作権の存続期間

過去問
第47回学科問18
第45回学科問2ア
第44回学科問21イ
第47回実技問25エ

著作権の存続期間は、**著作物の創作**の時に始まります。そして、著作権の存続期間（保護期間）は**70年**ですが、その期間の開始の時期は、著作物によって異なります。

①実名の著作物

重要

この著作権の存続期間は、**著作者の死後70年**です。なお、**共同著作物**の著作権の存続期間は**最後に**死亡した著作者の**死後70年**です。

②無名または変名の著作物

これらの著作権の存続期間は、原則として、**公表後**70年です。

ただし、その存続期間の満了前にその著作者の死後70年を経過していると認められる場合、存続期間はその著作者の死後70年です。

③団体名義の著作物、映画の著作物

重要

これらの著作権の存続期間は、原則として、公表後70年です。ただし、著作物が**創作後70年以内に公表されなかったときは、**その創作後70年です。

なお、上記①～③の著作物に係る著作権の存続期間は、著作者の死亡、著作物の公表または創作の日の**それぞれ属する年の翌年1月1日から起算されます。**

著作権は、**相続人の不存在**により国庫に帰属べきこととなる場合、存続期間の満了前であっても**消滅**します。

[著作権の存続期間]

著作物	存続期間	
	原則	例外
実名	著作者の死後70年	ー
無名または変名	著作物の公表後70年	著作者の死後70年
団体名義、映画	著作物の公表後70年	著作物の創作後70年

●補足●
「ポパイネクタイ事件」という裁判例に基づいて、第42回実技試験で出題されました。

なお、1話完結式の連載漫画においては、後続の漫画は先行する漫画を翻案した**二次的著作物**と解されます。著作権の存続期間は、本来**各著作物ごとにそれぞれ独立して**進行しますが、二次的著作物について原著作物とは別個の著作物として保護すべき理由がない限り、すなわち後続の漫画に登場する人物が、先行する漫画に登場する人物と同一と認められる限り、その登場人物については、**最初に掲載された漫画によって、著作権の存続期間が定められます。**

過去問でCheck

次の記述は正しいか、誤っているか？

著作権の存続期間は、著作者が死亡した日の属する年の翌年から起算して50年を経過するまでである。

解答・解説

正解：×（第44回学科問21イ改題）
「50年」ではなく「70年」です。

重要度 ★★★

11 著作権の譲渡等

著作者人格権と著作権の譲渡可否について理解する。

1 著作権の譲渡

重要

著作者人格権は、**著作者の一身に専属するため、譲渡及び相続することができません。**

これに対して、著作権は、その全部または**一部を譲渡することができます。**

重要

共同著作物の著作権等、著作権が共有されている場合には、**他の共有者の同意を得なければ**自己の持分を譲渡することができません。

著作権の譲渡契約において、翻訳権・翻案権、二次的著作物の利用に関する原著作者の権利**が譲渡の目的として特掲されていないとき**は、これらの権利は、譲渡した者、すなわち元々の著作権者に留保**されたものと推定されます。**

著作権を譲渡しても、上述のとおり著作者人格権は譲渡されません。したがって、著作権の譲受人は、著作権の譲渡契約において、著作者人格権の**不行使特約**を締結することによって、著作者人格権を有する者から権利行使を受けないようにすることができます。

過去問

第47回学科問5ア
第46回学科問26ア，ウ，エ
第45回学科問2エ
第45回学科問36ア
第45回学科問40イ
第44回学科問26エ
第47回実技問25ウ

過去問
第46回学科問22エ

2 著作物の利用の許諾

著作権者は、他人に対し、その著作物の利用を許諾することができます。この許諾を得た者、すなわち利用権者は、その許諾に係る利用方法及び条件の範囲内において、その許諾に係る著作物を利用することができます。

利用権は、著作権者の承諾を得ない限り、**譲渡することはできません**。

利用権は、利用権に係る著作物の著作権を取得した者その他の第三者に**対抗することができます**。すなわち、例えば利用権を取得した後に利用権に係る著作権が譲渡された場合、利用権者は、新たな著作権者に対して利用権を有していることを主張することができます。

過去問
第47回学科問5イ

3 共同著作物の著作者人格権の行使

共同著作物の著作者人格権は、著作者全員の合意によらなければ、行使することができません。共同著作物の著作者は、そのうちから著作者人格権を代表して行使する者を定めることができます。

過去問
第47回学科問32ウ
第46回学科問22ウ

●補足●
著作権の「行使」には、著作権に係る著作物を利用すること等を含みます。

4 共有著作権の行使

重要

共同著作物の著作権その他共有に係る著作権、すなわち共有著作権は、**その共有者全員の合意によらなければ**、行使することができません。

過去問
第45回学科問40ア

5 質権の目的となった著作権

著作権については、**質権を設定することができます**。質権を設定した場合においても、設定行為に別段の定めがない限り、**著作権者が著作権を行使します**。

6 登録

①実名の登録

無名または変名で公表された著作物の著作者は、その著作物についてその実名の登録を受けることができます。実名の登録がされている者は、登録に係る著作物の著作者と推定されます。

②第一発行年月日等の登録

著作権者または無名もしくは変名の著作物の発行者は、その著作物について**第一発行年月日の登録または第一公表年月日の登録を受けることができます**。第一発行年月日の登録または第一公表年月日の登録がされている著作物については、**これらの登録に係る年月日において最初の発行または最初の公表があったものと推定されます**。

③著作権の登録

重要

著作権の移転(譲渡を含む)等ついては、登録しなければ、**第三者に対抗することができません**。

なお、著作権を取得するためには登録を要しません。著作権の享有には、いかなる方式の履行をも要しないためです。

過去問

第45回学科問40ウ
第44回学科問21ア

Point

左記のとおり、著作権の移転についての登録は第三者対抗要件であり、効力発生要件ではありません。なお、著作権法上、効力発生要件に関する規定、すなわち「～しなければ効力が発生しない」という規定はありません。

過去問でCheck

次の記述は正しいか、誤っているか？

共有者の過半数の同意があれば、共同著作物の著作権の持分を譲渡することができる。

解答・解説

正解：×（第46回学科問26エ改題）
他の共有者全員の同意が必要です。

重要度 ★★

12 出版権

出版権を設定することができる主体、及び出版権の内容について理解する。

過去問
第45回学科問18ア，エ
第44回学科問21エ

●補足●
通常、出版社が出版権者として設定されます。

1 出版権の設定

重要

複製権、**公衆送信権**を有する者は、その著作物について出版権を設定することができます。出版権を設定された者、すなわち出版権者は、その著作物について、**文書または図面として複製して紙媒体で出版すること、電子媒体で公衆送信を行うこと**ができます。

過去問
第47回学科問32ア

2 出版権の内容

出版権者は、その出版権の目的である著作物について、**文書または図面として複製する権利、電子媒体で公衆送信を行う権利を専有します**。すなわち、複製権、公衆送信権を有する者は、出版権を設定した範囲内においては、自身の著作物の複製及び公衆送信を行うことができません。

出版権者は、複製権、公衆送信権を有する者の承諾を得た場合に限り、他人に対し、その出版権の目的である著作物の複製または公衆送信を**許諾することができます**。

3 出版権の存続期間

過去問
第45回学科問18ウ

出版権の存続期間は、**設定行為で定めるところによります**。すなわち、著作権等のように期間が決まっているわけではありません。ただし、出版権は、その存続期間につき設定行為に定めがないときは、その設定後最初の出版行為等があった日から3年を経過した日に消滅します。

4 出版権の譲渡等

出版権は、複製権、公衆送信権を有する者の承諾を得た場合に限り、その全部または一部を譲渡し、または質権の目的とすることができます。

5 出版権の登録

過去問
第45回学科問18イ

出版権の設定、移転等は登録しなければ、**第三者に対抗することができません**。

過去問でCheck

次の記述は正しいか、誤っているか？

翻案権を有する者は、その著作物について出版権を設定することができる。

解答・解説

正解：×（第44回学科問21エ改題）
出版権を設定することができるのは、複製権、公衆送信権を有する者です。

重要度 ★★★★★

13 著作隣接権

著作隣接権には、①実演家の権利、②レコード製作者の権利、③放送事業者の権利、④有線放送事業者の権利がある。

Point
著作隣接権にも私的使用のための複製等の制限規定が準用されています。

1 著作隣接権

著作隣接権とは、創作された著作物を公衆に伝達する者に対して与えられる権利です。著作隣接権を有するのは、**実演家**、**レコード製作者**、**放送事業者**、**有線放送事業者**です。

実演家等は著作隣接権を享有し、その享有には**いかなる方式の履行をも要しません**。つまり、著作者の権利と同様、**登録等を必要としません**。

実演家等は、著作隣接権のうち、後述する実演家人格権以外の権利を譲渡することができます。

過去問
第47回学科問14ア
第47回学科問32エ
第46回学科問11ア
第45回学科問26イ，ウ
第44回学科問8ア
第46回実技問17,18
第45回実技問17,18
第44回実技問13,14
第44回実技問39

2 実演家の権利

実演家とは、俳優、舞踊家、演奏家、歌手その他実演を行う者及び実演を指揮し、または演出する者です。

実演家には**実演家人格権**と実演家人格権以外の実演家の著作隣接権が帰属します。

①実演家人格権

重要

実演家は実演家人格権として、**氏名表示権**と**同一性保持権**を有します。実演家人格権に**公表権はありません**。

Point
著作隣接権を享有する者のうち、人格権を有するのは実演家のみです。

著作者人格権と同様に、これらの権利も実演家の一身に専属し、**譲渡することはできません**。

氏名表示権は、実演家の実演の公衆への提供または提示に際し、その氏名等を実演家名として表示し、または実演家名を表示しないこととする権利です。

同一性保持権は、実演家の実演の同一性を保持する権利であり、**自己の名誉または声望**を害するその実演の変更、切除その他の改変を受けない権利です。

②上記①以外の実演家の著作隣接権

実演家には、次の6つの権利が帰属します。

ⅰ）**録音権及び録画権**
ⅱ）**放送権及び有線放送権**
ⅲ）**送信可能化権**
ⅳ）譲渡権
ⅴ）貸与権
ⅵ）商業用レコードの二次使用に関する使用料請求権

重要

実演家の録音権及び録画権に関しては、**ワンチャンス主義**が採用されています。ワンチャンス主義とは、実演家が、**いったん自身の実演を映画の著作物に録音・録画することを許諾した場合には、その後、録音権・録画権を行使することができない**ことをいいます。すなわち、例えば映画の撮影について、実演家である俳優の許諾を得た場合には、その映画をDVD化することについて、その俳優は録音権・録画権を行使することができません。

放送権及び有線放送権についても、同様の規定があるため、上記の例の場合、俳優は映画のテレビ放送について、放送権を行使することもできません。

さらに、送信可能化権についても同様です。

重要

この権利の存続期間は、**その実演を行った時**に始まり、**実演が行われた日の属する年の翌年から70年**経過時に満了します。

過去問

第47回学科問14イ
第46回学科問7イ
第45回学科問26ア
第44回学科問8イ

3 レコード製作者の権利

レコード製作者とは、レコードに固定されている音を**最初に固定した者**です。この「音」には波の音等、著作物に該当しない音も含まれます。

レコードとは、CD等に音を固定したものをいいます。また、商業用レコードとは、市販の目的をもって製作されるレコードの複製物をいいますが、レコード製作者の権利の対象となるのは、商業用レコードに限られません。

レコード製作者には、次の５つの権利が帰属します。

ⅰ）複製権
ⅱ）送信可能化権
ⅲ）譲渡権
ⅳ）貸与権
ⅴ）商業用レコードの二次使用に関する使用料請求権

この権利の存続期間は、**その音を最初に固定した時**に始まり、**レコードの発行が行われた日の属する年の翌年から70年**経過時に満了します。ただし、その音が最初に固定された日の属する年の翌年から起算して70年経過時までの間に発行されなかったときは、その音が最初に固定された日の属する年の翌年から70年経過時に、存続期間が満了します。

4 放送事業者の権利

放送事業者とは、放送を業として行う者です。
放送事業者には、次の４つの権利が帰属します。

ⅰ）複製権
ⅱ）再放送権及び有線放送権
ⅲ）送信可能化権
ⅳ）テレビジョン放送の伝達権

この権利の存続期間は、その放送を行った時に始まり、**放送が行われた日の属する年の翌年から50年**経過時に満了します。

過去問
第47回学科問14エ
第45回学科問26エ
第44回学科問8ウ
第44回実技問38

5 有線放送事業者の権利

有線放送事業者とは、有線放送を業として行う者です。
有線放送事業者には、次の４つの権利が帰属します。

ⅰ）複製権
ⅱ）放送権及び再有線放送権
ⅲ）送信可能化権
ⅳ）有線テレビジョン放送の伝達権

この権利の存続期間は、その有線放送を行った時に始まり、**有線放送が行われた日の属する年の翌年から50年**経過時に満了します。

過去問
第47回学科問14ウ
第44回学科問8エ

[著作隣接権の存続期間]

	存続期間の終期の起算点		期間
	原則	例外	
実演	実演	―	70年
レコード	発行	その音の最初の固定	70年
放送	放送	―	50年
有線放送	有線放送	―	50年

[著作権法に規定されている権利の種類]

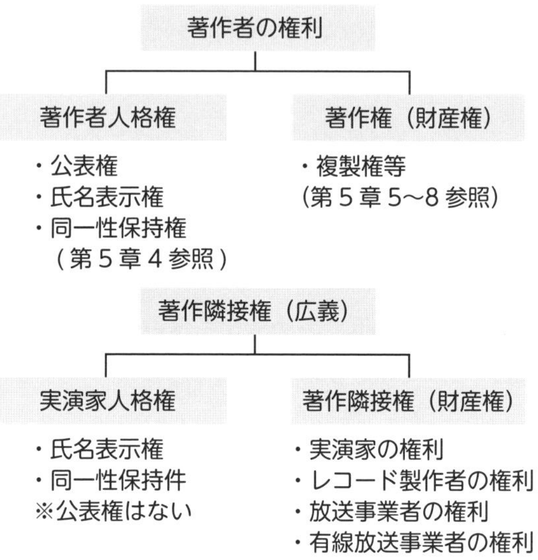

過去問でCheck

次の記述は正しいか、誤っているか？

実演家の許諾を得てその実演が録音または録画された映画の著作物を、映画の著作物として複製する場合、実演家の許諾を得る必要がある。

解答・解説

正解：×（第44回実技問13,14改題）

ワンチャンス主義が適用されるため、実演家の許諾を得る必要はありません。

重要度 ★★★

14 著作権の侵害とその対応

著作権法に特有の規定として、名誉回復措置請求がある。

1 権利の侵害

例えば、著作権の制限に該当しない場合に、著作権者の許諾なく著作物を複製すると、著作権(複製権)の侵害となります。

また、例えば、著作者の意に反して、その著作物を改変すると、著作者人格権(同一性保持権)の侵害となります。

さらに、次の行為等は著作権の侵害とみなされます。

①海賊版を国内で販売等する目的で輸入すること
②海賊版を、海賊版と知っていながら、販売等すること
③海賊版のコンピュータ・プログラムを会社のパソコンなどで業務上使用すること

過去問
第45回学科問21ウ

2 著作権等を侵害された場合

産業財産権法と同様に、著作権を侵害された場合、著作者、著作権者は次の救済措置を受けることができます。なお、著作権法上、信用回復措置請求は規定されていません。

①民事上の請求

i)差止請求
ii)損害賠償請求
iii)不当利得返還請求

②刑事上の請求

重要

共同著作物の各著作者、著作権者は、**他の著作者の同意を得ないで**、上記①の民事上の請求をすることができます。

過去問
第47回学科問21
第45回学科問21イ,エ
第44回学科問21ウ
第47回実技問33ア,イ
第45回実技問28ウ,エ

Point
著作権法上、産業財産権法等に規定されている過失の推定規定はありません。

なお、出版権、著作隣接権を侵害された場合、出版権者、著作隣接権者も同様の救済措置を受けることができます。

過去問
第46回学科問11エ
第47回実技問33ウ,エ

3 著作者人格権等を侵害された場合

著作者人格権を侵害された場合、著作者は次のような救済措置を受けることができます。

①民事上の請求

ⅰ）差止請求

ⅱ）損害賠償請求

ⅲ）不当利得返還請求

ⅳ）**名誉回復措置の請求**

著作者は、故意または過失によりその著作者人格権を侵害した者に対し、**著作者の名誉もしくは声望を回復するために適当な措置**を請求することができます。

Point
名誉回復措置の請求は、著作権法に特有の規定です。

②刑事上の請求

また、著作者が亡くなった後であっても、著作者が生存していればその著作者人格権の侵害になる行為はすることができません。このような行為をする者等に対し、著作者の遺族は、上記の救済措置を受けることができます。

なお、実演家人格権を侵害された場合、実演家も同様の救済措置を受けることができます。

過去問でCheck

次の記述は正しいか、誤っているか？

□ 著作権者は、著作権を侵害している者だけでなく、侵害するおそれがある者に対しても差止請求権を行使することができる。

解答・解説

正解：○（第45回学科問21イ）
問題文のとおりです。

重要度 ★★

15 著作権の周辺の権利

著作権の周辺の権利の内容について理解する。

1 著作権の周辺の権利の種類

著作権の周辺の権利には、次のものがあります。

①肖像権

肖像権とは、**自己の氏名や肖像をみだりに他人に公開されない権利**です。例えば、本人が特定できるような形で撮影した他人の写真をウェブサイトに掲載することは、肖像権の問題となります。また、肖像権は、後述するパブリシティ権と異なり、**著名人以外の者にも適用されます**。

②パブリシティ権

パブリシティ権とは、**著名人が顧客吸引力を持つ氏名、肖像等を営利目的で独占的に使用できる権利**です。

③商品化権

漫画、アニメ等の著作物における**キャラクターを利用することによって作成されたものを商品とすることに関する権利**です。

これらの権利は、**いずれも著作権法には規定されていません**。

過去問
第44回学科問29
第47回実技問14ア
第46回実技問28エ
第45回実技問39

Point
肖像権、パブリシティ権を有するのは、自然人のみであり、動物はこれらの権利を有しません。

過去問でCheck

次の記述は正しいか、誤っているか？

有名人ではない者が写っている写真は，これらの人の氏名や住所が特定されなければウェブサイトに掲載しても問題ない。

解答・解説

正解：×（第45回実技問39改題）
肖像権の問題となります。

<テキスト編>

第6章

その他知的財産に関する法律

重要度 ★★★

1 不正競争防止法

主な不正競争について理解する。

過去問
第47回学科問10エ

Point
不正競争防止法では、登録を条件とせずに不正競争に対する保護を受けることができます。

1 概要

不正競争防止法は、事業者間の公正な競争及びこれに関する国際約束の的確な実施を確保するための法律です。

不正競争によって営業上の利益が害された場合には、不正競争を防止し、不正競争に係る損害賠償に関する措置等を講じることで、**国民経済の健全な発展**に寄与します。

不正競争としては、次の2～7が挙げられます。

過去問
第47回学科問10ウ
第44回学科問20エ

Point
周知表示混同惹起行為、著名表示冒用行為、形態模倣商品の提供行為のうち、「混同」を要件とするのは、周知表示混同惹起行為のみです。

2 周知表示混同惹起(じゃっき)行為

重要

他人の商品等表示として**需要者の間に広く認識されている**、すなわち周知なものと同一もしくは類似の商品等表示を使用し、またはその商品等表示を使用した商品を譲渡等して、**他人の商品または営業と混同を生じさせる行為**です。

「商品等表示」とは、人の業務に係る氏名、**商号、商標、標章、商品の容器もしくは**包装その他の商品または営業を表示するものです。

「譲渡等」とは、譲渡、引渡し、譲渡もしくは引渡しのための展示、輸出、輸入、電気通信回線を通じた提供をいいます。

過去問
第47回学科問10ア
第44回学科問20ア

3 著名表示冒用行為

重要

自己の商品等表示として他人の**著名**な商品等表示と同一または類似の商品等表示を使用し、またはその商品等表示を使用した商品を譲渡等する行為です。

「譲渡等」の内容は、周知表示混同惹起行為と同様です。

4 形態模倣商品の提供行為(商品形態模倣行為)

重要

他人の商品の形態を模倣した商品を譲渡**、輸出、輸入、電気通信回線を通じて提供**等する行為です。ただし、**日本国内で最初に販売した日**から、3年を経過した商品についての行為は該当しません。

「模倣」とは、他人の商品の形態に依拠して、これと実質的に同一の形態の商品を作り出すことをいいます。したがって、偶然に他人の商品の形態に似た商品を販売しても、形態模倣商品の提供行為には該当しません。

なお、商品の形態については、**意匠法、商標法による保護を受けることもできます**。意匠法、商標法によって保護を受ける場合、登録の手間がありますが、対象となる商品の形態が**保護される期間が、不正競争防止法よりも長い**点が利点として挙げられます。

過去問
第47回学科問10イ
第47回実技問19イ
第44回実技問22
第44回実技問23エ

Point
他人の商品の形態を模倣した商品を単に使用すること、開発すること等は、形態模倣商品の提供行為には該当しません。

5 営業秘密の侵害

営業秘密の侵害としては、以下が例示されます。

①窃取、詐欺、強迫その他の**不正の手段**により営業秘密を取得する行為（営業秘密不正取得行為）
②**営業秘密不正取得行為**により取得した営業秘密を使用し、もしくは開示する行為
③営業秘密を保有する事業者（営業秘密保有者）からその営業秘密を示された場合において、**不正の利益を得る目的**で、またはその**営業秘密保有者に損害を加える目的**で、その営業秘密を使用し、または開示する行為

ただし、取引によって営業秘密を取得した**善意かつ重過失のない者**が、取得した**権原の範囲内**において、その営業秘密を使用し、または開示する行為等は、営業秘密の侵害には該当しません(適

過去問
第45回学科問33
第44回学科問20イ
第47回実技問31
第46回実技問21
第45回実技問22エ

●補足●
法律上、「善意」とは、知らないことをいい、「重過失」とは重大な過失のことをいいます。つまり、この場合における「善意、かつ重過失のない」とは、営業秘密不正取得行為が介在したこと等を知らず、かつ知らないことにつき重大な過失がないことをいいます。

用除外)。

Point
①の要件を「秘密管理性」、②の要件を「有用性」、③の要件を「非公知性」といいます。

重要

「営業秘密」とは、①**秘密として管理されている**②生産方法、販売方法その他の事業活動に**有用な**技術上または営業上の情報であって、③**公然と知られていない**ものをいいます。

①の要件が満たされるためには、**客観的に**秘密として管理されている状態であることが必要であり、**営業秘密に相当する情報にアクセスできる者を制限し、その情報にアクセスした者が、それが秘密であると認識できる状態**であること等が必要です。

②に関して、例えば製品開発における**失敗の情報**も、有用な情報と判断されます。

③に関して、**発明の新規性の判断における公知とは基準が異なります。**

過去問
第46回学科問38
第45回学科問33イ
第44回学科問20ウ
第45回実技問29

6 その他の不正競争

①限定提供データの不正取得等

ビッグデータ等の限定提供データを不正に取得する行為、その不正に取得した限定提供データを使用、開示等する行為です。

限定提供データとは、相手を限定して業として提供するデータであり、電磁的方法により相当量蓄積され、かつ、管理されている技術上または営業上の情報をいいます。営業秘密の侵害との重複適用を避けるため、**営業秘密は、限定提供データから除かれています**。

②技術的制限手段無効化装置等の提供行為

技術的制限手段の効果を妨げる装置、プログラムを譲渡、輸出等する行為です。ただし、**試験または研究のため**にこの装置を譲渡等する行為は、不正競争に該当しません。

●補足●
「技術的制限手段」とは、音楽・映画・写真・ゲーム等のコンテンツの無断コピーや無断視聴を防止するための技術です。

③誤認惹起行為

商品等の**原産地**、**品質**、**内容**、**製造方法**、**用途**、**数量**等を**誤認**させるような表示等する行為です。

④信用毀損行為

競争関係にある他人の営業上の信用を害する**虚偽の事実を告知または流布**する行為です。

⑤ドメイン名の不正取得等

不正の利益を得る目的、または他人に損害を与える目的で、他人の特定商品等表示と同一または類似のドメイン名を使用する権利を取得等する行為です。

●補足●
「特定商品等表示」とは、人の業務に係る氏名、商号、商標、標章その他の商品または役務を表示するものをいいます。

7 不正競争が行われた場合

特許権が侵害された場合等と同様の対応をとることができます。

過去問でCheck

次の記述は正しいか、誤っているか？

発明について営業秘密として認められるためには、その発明が秘密として管理されていることが客観的に認識できることが必要である。

解答・解説

正解：○（第45回実技問22エ）
問題文のとおりです。

重要度 ★★★

2 種苗法

農林水産業の発展のための法律である。特に、品種登録要件、権利の存続期間を理解する。

過去問
第47回学科問30ア
第45回学科問6イ

Point
特許法においても植物の新品種は保護されます。

過去問
第47回学科問30イ
第46回学科問8イ,エ
第45回学科問6エ
第46回実技問23ア

Point
区別性は、特許法における新規性と似た規定ですが、進歩性に関する規定はありません。

1 概要

種苗法は、新品種を保護するための品種登録に関する制度です。種苗法は、指定種苗の表示に関する規制等について定めることにより、**品種の育成の振興と種苗の流通の適正化を図り、農林水産業の発展に寄与すること**を目的としています。

2 品種登録要件

新品種を育成した場合、その品種について農林水産大臣に品種登録出願を行い、出願が登録要件を満たせば、育成者権を取得できます。

品種登録のための主な要件は、次のとおりです。

重要

①区別性

品種登録出願前に**日本国内または外国**で公然知られた他の品種と**特性の全部または一部によって明確に区別**できること

②均一性

同一の繁殖の段階に属する植物体のすべてが特性の**全部**において**十分に類似**していること

③安定性

繰り返し繁殖させた後においても**特性の全部が変化しない**こと

④未譲渡性

出願品種の種苗または収穫物が、日本国内において**品種登録出願の日**から1年(**外国**においては4年)遡った日より**前**に業として**譲渡**されていないこと

3 品種登録出願

品種登録出願の願書は、農林水産大臣に提出します。

特許法等と同様に、農林水産大臣は、品種登録出願について拒絶しようとするときは、その出願者に対し、**拒絶の理由を通知**し、相当の期間を指定して、**意見書**を提出する機会を与えなければなりません。ただし、特許法等と異なり、品種登録出願が拒絶された場合、拒絶査定不服審判を請求することはできません。

農林水産大臣は、品種登録出願を受理したときは、遅滞なく、その品種登録出願について**出願公表**をします。

過去問
第45回学科問6ウ
第46回実技問23イ～エ
第45回実技問25イ～エ

4 育成者権

重要

育成者権を有する者は、**登録品種**と、**その登録品種と**特性により明確に区別されない品種を、業として独占的に利用できます。

利用とは、その品種の種苗の生産、調整、譲渡の申出、**譲渡**、輸出、輸入、または**これらの行為をする目的をもって保管する**行為等をいいます。

育成者権の効力は、**農業者が登録品種に係る収穫物の一部を次の作付けの種苗として使用する行為**、すなわちいわゆる自家増殖**にも及びます**。

育成者権の存続期間は、品種登録の日から25年(**永年性植物については**30年)です。

育成者権は**譲渡することができます**。

過去問
第47回学科問30エ
第46回学科問8ア,ウ
第45回学科問6ア
第44回学科問5ウ,エ
第47回実技問27ア～ウ
第45回実技問25ア
第44回実技問28ア,イ

Point
育成者権の存続期間を、延長、更新等することはできません。

過去問
第47回学科問30ウ
第44回学科問5イ
第47回実技問27エ
第44回実技問28ウ，エ

Point
ii)に関して、植物の新品種について特許を受けた場合、他人がその品種について品種登録を受けた場合であっても、その他人の登録品種の種苗の利用にも、特許権の効力は及びます。

5 育成者権の効力が及ばない範囲

次のⅰ)～ⅲ)に該当する行為には、育成者権の効力が及びません。

重要

i) 新品種の育成その他の**試験または研究**のためにする品種の利用
ii) 登録品種等の育成をする方法についての**特許に係る方法**により、登録品種等の種苗等を生産、譲渡等する行為
iii) 育成者権者等により**譲渡された**登録品種等の種苗、収穫物または加工品の利用（育成者権の消尽）

過去問でCheck

次の記述は正しいか、誤っているか？

□ 育成者権の存続期間は、品種登録出願の日から20年間である。

解答・解説

正解：×（第44回学科問5ウ）
育成者権の存続期間は、品種登録の日から25年です。

3 民法

契約に関する規定を理解する。

1 民法と知的財産権

民法は財産権等に関する法律です。知的財産権は財産権であるため、知的財産権法に規定がない事項については、民法の適用を受けます。例えば、特許法等の産業財産権法には、損害賠償請求、不当利得返還請求に関しての規定がないにもかかわらず、特許権等を侵害された場合に、これらの請求をすることができるのは民法が適用されるためです。

2 契約の成立

過去問
第45回学科問39ウ
第44回学科問24イ
第45回実技問32イ，ウ

知的財産に関して、ライセンス契約、共同研究契約、秘密保持契約等を締結することがあります。このような契約に関する規定が、民法上定められています。

契約は、契約の内容を示してその締結を申し入れる意思表示(申込み)に対して相手方が承諾をしたとき、すなわち**申込みの意思表示と承諾の意思表示が合致したとき**に成立します。

重要

意思表示が合致してさえいれば、**口頭による契約であっても有効**です。

契約において、書面は証拠として機能するにすぎません。書面による契約の場合、意思表示が合致してさえいれば、**署名押印が無くても有効な契約と認められます**。署名押印をする場合、ゴム印で氏名を記したような記名よりも、**直筆でサインしている署名の方が、契約の法的な証拠としての価値は高くなります**。

契約を締結するためには、一定の**契約締結権限**が必要です。一定の契約締結権限を有する者としては、法人の代表者のほか、**知的財産部の部長**等が挙げられます。

過去問
第45回学科問39イ

3 契約の有効性

民法上、大きく分けて、**強行規定**と**任意規定**の2 つがあります。「強行規定」とは、**強制的に適用される法律の規定**をいいます。これに対して、「任意規定」とは、法律において定めはあるものの、**契約当事者間の意思によって適用しないことができる法律の規定**をいいます。任意規定は、契約自由の原則に基づいて定められています。

強行規定に関して、**公の秩序または善良の風俗に反する法律行為**は、**無効**とすることが定められています。一方で、**任意規定に違反する契約は、契約当事者の合意があれば有効**です。

過去問
第46回学科問40
第45回学科問1

4 契約における意思表示

意思表示には、次のものがあります。

重要

①心裡留保による意思表示

「心裡留保」とは、**意思表示をする者が、自分の真意でないことを承知しながら、故意に偽りの表示をすること**をいいます。例えば、ある商品を買うつもりがないのに、冗談で買うといった場合等がこれに該当します。

心裡留保による意思表示は、原則として**有効**です。ただし、**相手方がその意思表示が表意者の真意ではないことを知り、または知ることができたとき**、すなわち冗談だとわかっているときは、その意思表示は、**無効**です。しかし、この意思表示の無効は、善意の第三者に対抗することができません。すなわち、心裡留保による意思表示であることを知らない者に対しては、意思表示が無効であることを主張することができません。

②通謀虚偽表示

「通謀」とは、相手方とあらかじめ示しあわせて犯罪などをたくらむことをいいます。「通謀虚偽表示」とは、**相手方と通謀して内心の意思と合致しない意思を表示すること**をいいます。例えば、本人も相手方も契約を締結するつもりがまったくないのに、お互いに相談のうえで、契約を締結したかのように見せかける場合がこれに該当します。

通謀虚偽表示は、**無効**です。しかし、この意思表示の無効は、善意の第三者に対抗することができません。

③錯誤による意思表示

「錯誤」とは、**自分の意思と、表示した内容とが食い違っていることをその者自身が知らないこと**をいいます。例えば、契約をするときに、契約書に100万円と書くつもりであったのに、間違って100円と書いてしまったような場合がこれに該当します。

錯誤による意思表示は、その錯誤が法律行為の目的及び取引上の社会通念に照らして重要なものであるときは、**取り消す**ことができます。しかし、この意思表示の取消は、**善意無過失の第三者に対抗することはできません**。

④詐欺または強迫による意思表示

詐欺または強迫による意思表示は、**取り消す**ことができます。しかし、この意思表示の取消は、善意無過失の第三者に対抗することはできません。

●補足●

①、②と異なり、③、④における第三者対抗要件は、善意でかつ過失がないことが必要です。

●補足●

無効とは、最初から効力がないことをいい、取消とは、一度は効力が発生したものの取消権者の意思表示により無効になることをいいます。

5 債務不履行に対する対応

「債務不履行」とは、契約当事者が**契約義務を果たさないこと**をいいます。

債務不履行に対しては、次の対応をとることができます。

①履行の強制

債務者が任意に債務の履行をしないときは、債権者は、**履行の強制**、すなわち裁判所の力を借りて、債務者に強制的に債務を履行させることを裁判所に請求することができます。

なお、**自力救済はできません**。したがって、例えば委託契約において、委託した成果物が納品されない場合に、相手方の会社か

過去問

第44回学科問24エ
第47回実技問24
第45回実技問32アエ
第44回実技問31アイエ

●補足●

「自力救済」とは、権利者が権利を侵害された場合に、裁判などの公的な救済手段によらず、自力でその権利を救済することをいいます。

ら勝手に成果物を持ち出すことはできません。

②損害賠償請求

債権者は、債務者に対して、債務不履行に基づく**損害賠償請求**をすることができます。**契約に損害賠償義務が明示されていない場合であっても、**この損害賠償請求をすることができます。

③契約の解除

●補足●
「催告」とは、相手に対して一定の行為を要求することをいいます

重要

当事者の一方がその債務を履行しない場合において、**相手方が相当の期間を定めてその履行の催告をし、その期間内に履行がないときは**、相手方は、**契約の解除**をすることができます。

ただし、その期間を経過した時における債務の不履行が、**その契約及び取引上の社会通念に照らして軽微であるときは、契約を解除することができません。**

なお、債務の全部の履行が不能であるとき等は、催告をすることなく、直ちに契約の解除をすることができます。

契約を「解除」した場合、**契約は過去に遡って効力を失います。**すなわち、その契約は初めからなかったものとみなされます。なお、これに対して、契約の「解約」では、**将来に向かって契約の効力が消滅します。**

④同時履行の抗弁

当事者の一方は、**相手方がその債務の履行を提供するまでは、自己の債務の履行を拒むことができます。**これを**同時履行の抗弁**といいます。例えば、製品の製造に関する委託契約において、受託者が、委託された製品を期日までに納品しない場合、委託者はその製品の製造に関する対価を支払わないことを主張することができます。

債務不履行の場合に当事者が負う責任の1つとして、**契約不適**

合責任があります。「契約不適合責任」とは、例えば、売買契約を締結した場合において、引き渡された商品に品質不良等の不備があった場合に、売主が買主に対して負う責任をいいます。この場合、買主は、売主に対し、目的物の修補、代替物の引渡し又は不足分の引渡しによる履行の追完を請求することができます。

なお、売買契約の場合のみならず、ライセンス契約においても契約不適合責任が生じることがあります。

ただし、契約不適合責任は、**当事者間の契約によって、排除することができます。**

6 不法行為に対する対応

「不法行為」とは、**故意または過失によって他人の権利または法律上保護される利益を侵害する行為**をいいます。不法行為に対しては、不法行為に基づく**損害賠償請求**をすることができます。**契約に損害賠償義務が明示されていない場合であっても**、この損害賠償請求をすることができます。

過去問
第45回学科問39エ
第44回実技問31ウ

●補足●
この規定が、産業財産権法、及び著作権法において権利を侵害された場合に、権利者が侵害者に対して損害賠償を請求できる根拠です。

過去問でCheck

次の記述は正しいか、誤っているか？

契約が成立するためには、法的には口頭での合意では不十分であり、当事者間で覚書を交わすことが必要である。

解答・解説

正解：×（第45回実技問32ウ改題）
口頭での合意で十分です。

重要度 ★★

4 独占禁止法

独占禁止法上問題となる行為を理解する。特に不公正な取引方法に該当する行為を把握する。

過去問
第45回学科問37ア～ウ
第44回学科問38イ

1 概要

独占禁止法(私的独占の禁止及び公正取引の確保に関する法律)は、公正かつ自由な競争を確保するために、不当な取引等を制限して、経済の健全な発展を促すための法律です。

独占禁止法上問題となる行為としては、**私的独占、不当な取引制限、不公正な取引方法**等が挙げられます。

この他、**会社の役員が他社の役員を兼任すること**等が、独占禁止法上問題となる場合があります。

独占禁止法の規定は、**知的財産権の行使と認められる行為には適用されません。**

過去問
第47回学科問7ウ
第44回学科問38ウ

2 私的独占

私的独占とは、**事業者が他の事業者の事業活動を排除または支配し、公共の利益に反して、一定の取引分野における競争を実質的に制限する**行為をいいます。

例えば、不当な低価格販売等の手段を用いて競争相手を市場から排除したり、新規参入を妨害して市場を独占する行為です。ただし、**品質の優れた商品**を安く供給することにより市場を独占してしまう場合は、私的独占に該当しません。適切な企業努力として評価されるためです。

3 不当な取引制限

不当な取引制限とは、**他の事業者と共同して対価を決定**等することにより、公共の利益に反して、一定の取引分野における競争を実質的に制限することをいいます。

例えば、**カルテル**が不当な取引制限に該当します。カルテルとは、市場支配を目的に、2つ以上の事業者が、**価格や生産・販売数量等を制限する合意**等を結ぶことをいいます。

業界の同業者があつまって、特定の技術に関する権利を一括管理する仕組みのことを**パテントプール**といいます。このような一括管理をすることは、直ちに不当な取引制限に該当するものではありません。ただし、新規参入希望者へのライセンスを拒否する場合等、**不当な取引制限に該当する場合もあります。**

過去問
第47回学科問7エ
第45回学科問37エ

4 不公正な取引方法

不公正な取引方法とは、以下に該当する行為等をいいます。

過去問
第47回学科問7ア
第46回学科問34
第44回学科問38

重要

①ライセンサーがライセンスに係る製品の**販売価格を制限する**行為

②ライセンシーが開発した改良技術について、**ライセンサーにその権利を帰属させる義務**、またはライセンサーに**独占的ライセンスをする義務を課す**行為

③ライセンサーがライセンシーに対して、ライセンス技術に係る権利が消滅した後においても、**この技術を利用することを制限する**、または**ライセンス料の支払義務を課す**行為

④事業者が競争者と共同して、ある事業者に対し**供給を拒絶**する行為

⑤ライセンス契約終了後に、ライセンシーがライセンサーの**競合品を取り扱うことを禁止する**行為

⑥ライセンシーがライセンサーの**競争技術を開発することを禁止する**行為

●補足●
「ライセンサー」とは、ライセンスをする者のことをいい、「ライセンシー」とは、ライセンスを受ける者のことをいいます。

これに対して、次の行為は、原則として不公正な取引制限に

該当しません。

①ライセンサーがライセンスに関する**地域**、**期間を制限**する行為
②**共同研究開発の成果の第三者への実施許諾を制限**する行為

過去問
第47回学科問7イ
第44回学科問38ウ

5 独占禁止法違反の場合

独占禁止法上の違反行為に対しては、**差止請求**、及び**損害賠償請求**をすることができます。

独占禁止法に違反する事実が認められた場合、公正取引委員会は、**排除措置命令**、及び**課徴金納付命令**を出すことができます。

過去問でCheck

次の記述は正しいか、誤っているか？

□ ライセンス契約において、許諾に係る製品の販売価格を制限することは、独占禁止法上、問題にならない。

解答・解説

正解：×（第44回学科問38エ）
販売価格の制限は、独占禁止法上問題となります。

5 弁理士法

弁理士の独占業務は、特許出願等の特許庁における手続等である。

1 弁理士の独占業務

過去問
第47回学科問11ア，エ
第45回学科問16ア，ウ，エ

次の業務は弁理士の独占業務であり、弁理士以外の者が報酬を得て行うことはできません。

重要

①**特許、実用新案、意匠、商標、国際出願等**に関する**特許庁における手続、例えば出願、異議申立て、無効審判等**についての代理

②特許、実用新案、意匠、商標に関する行政不服審査法の規定による審査請求や裁定に関する経済産業大臣に対する手続についての代理

③上記の手続きに係る事項に関する**鑑定**等

弁理士法人は、その法人名義で上記①～③の業務をすることができます。

弁理士、弁理士法人でない者が、他人の求めに応じて報酬を得て、業として上記①～③の業務を行った場合には、**刑事罰**が適用されます。

2 独占業務でない業務

過去問
第47回学科問11イ，ウ
第46回学科問14ア
第45回学科問16イ
第44回学科問17ア

弁理士、弁理士法人以外でもできる業務としては、次のものが例示されます。

重要

①**特許料、登録料の納付**

②**特許原簿等への登録申請手続**

③特許、実用新案、意匠、商標、著作物等に関する権利に関す

る事件の**裁判外紛争解決手続**についての代理

④特許、実用新案、意匠、商標、著作物等に関する権利もしくは技術上の秘密もしくは技術上のデータの**売買契約、通常実施権の許諾に関する契約**その他の契約の締結の代理もしくは媒介等

過去問
第46回学科問14イ
第44回学科問17エ

3 訴訟の代理

重要

弁理士は、**弁護士と共同でなくても、審決取消訴訟の代理人となることができます。**

これに対して、**特許権等の侵害訴訟**においては、弁理士は**弁護士と共同でなければ代理人となることができません。**

過去問
第46回学科問14エ
第44回学科問17イ

4 業務を行い得ない事件

弁理士は、依頼を受けている者との関係において、**利益相反**となるような事件については、業務を行うことができません。例えば、特許無効審判の請求に関して相談を受け、助言を与えた後においては、その特許無効審判について**相手方である特許権者の代理人となることはできません。**

過去問でCheck

次の記述は正しいか、誤っているか？

□ 弁理士でない者は、特許原簿への登録の申請手続を業として行うことはできない。

解答・解説

正解：×（第44回学科問17ア）

特許原簿への登録の申請手続は、弁理士の独占業務ではありません。

重要度 ★★

6 関税法

輸出・輸入してはならない貨物に関する規定を理解する。

1 概要

関税法の目的は、貨物の輸出及び**輸入**等についての税関手続の適正な処理を図るため必要な事項を定めることです。したがって、関税法には、輸出・輸入してはならない貨物等に関して規定されています。

2 輸出・輸入してはならない貨物

輸出・輸入してはならない貨物としては、以下が例示されます。

過去問
第47回学科問9エ
第46回学科問24エ
第44回学科問32エ

①知的財産権侵害物品

特許権、実用新案権、意匠権、商標権、著作権、著作隣接権、または育成者権等を侵害する物品が、これに該当します。

②所定の不正競争を組成する物品

所定の不正競争には、周知表示混同惹起行為、著名表示冒用行為、形態模倣商品の提供行為等が該当します。

重要

税関長は、上記①、②に掲げる貨物で、**輸出・輸入**されようとするものを**没収**して**廃棄**することができます。また、税関長は、当該貨物を**輸入**しようとする者にその**積戻し**を命ずることができます。

Point
輸出に関しては、積戻し命令はなされません。

税関長は、**裁判所の判決によらず**に積戻し命令をすることができます。

3 認定手続

重要

税関長は、輸出・輸入されようとする貨物のうちに、輸出・輸入してはならない貨物があると思料するときは、政令で定めるところにより、**認定手続**を執ります。

「認定手続」とは、輸出・輸入してはならない貨物に該当するか否かを認定するための手続です。

税関長は、認定手続を執る場合、**特許権者等及び貨物を輸出・輸入しようとする者**に対して、**認定手続を執る旨等を通知します。** この通知を受けた特許権者等及び貨物を輸出・輸入しようとする者は、その貨物が輸出・輸入してはならない貨物に該当するか否かについて証拠を提出して**意見を述べることができます。**

重要

特許権者等は、**自己の特許権等または営業上の利益を侵害すると認める貨物**に関し、**税関長**に対し、その侵害の事実を疎明するために**必要な証拠**を提出し、この貨物が輸出・輸入されようとする場合は、この貨物について税関長が**認定手続**を執るべきことを申立てることができます。

不正競争に対して差止請求をすることができる者、すなわち不正競争差止請求権者もこの申立てをすることができることから、この申立てをするために、必ずしも**知的財産権等の権利を有している必要はありません。**

特許権者等は、輸出・輸入してはならない貨物に該当するおそれがある貨物が国内に輸出・輸入される**見込みがあれば**、この申立てをすることができます。

「必要な証拠」には、**自己の権利が有効である**ことを明らかにするもの等が該当します。

認定手続が執られたときは、特許権者等または貨物を輸出・輸入しようとする者は、認定手続が執られている間に限り、**税関長**に対し、**特許庁長官または経済産業大臣**の意見を聴くことを求めることができます。**税関長**は、上記の求めがあったときは、知的

過去問
第47回学科問9ア～ウ
第44回学科問32イ
第46回実技問24ア,ウ,エ
第45回実技問19ア～ウ
第44回実技問23イ

●補足●
この節に関して、「特許権者等」とは、特許権者、実用新案権者、意匠権者、商標権者、著作権者、著作隣接権者もしくは育成者権者等、または不正競争差止請求権者のことを意味します。

●補足●
「疎明」とは、証拠資料によって、確信というまでには至らないが一応確からしいとの推測を抱かせることをいいます。

財産侵害物品に対する認定手続の場合には特許庁長官に、所定の不正競争を組成する物品に対する認定手続の場合には経済産業大臣に対し、意見を求めます。

4 通関解放

輸出･輸入してはならない貨物に係る申立てが受理されて認定手続が執られたときは、特許権者等を保護するための十分な担保を提供することを条件として、貨物を輸出･輸入しようとする者は、認定手続が執られている間に限り、税関長に対し、**認定手続を執りやめることを求めることができます**。この求めによって、認定手続を執りやめることを通関解放といいます。

5 見本検査

輸入してはならない貨物に係る申立てが受理された特許権者等は、この申立てに係る貨物について**認定手続が執られている間に限り**、税関長に対し、認定手続に係る疑義貨物について、特許権者等がその**見本検査**をすることを承認するよう申請することができます。

過去問
第45回実技問19エ

●補足●
「見本検査」とは、疑義貨物の見本に対する分解等を伴う検査のことをいいます。

過去問でCheck

次の記述は正しいか、誤っているか？

財務大臣は、特許権等を侵害する物品で輸入されようとするものを没収して廃棄し、差止めを命ずることができる。

解答・解説

正解：×（第46 回学科問24 改題）

「財務大臣」ではなく「税関長」であり、「差止」ではなく「積戻し」です。

重要度 ★

7 地理的表示法、外為法、経済安全保障推進法

地理的表示法については制度の概要を、外為法については役務取引許可を、経済安全保障推進法については、特許出願の非公開制度を、それぞれ理解する。
※経済安全保障推進法については、第49回の試験から対象となります。

Point
既に商標登録されている名称については、地理的表示の登録を受けることができません。

1 地理的表示法

地理的表示法は、特定の産地と品質、社会的評価等の特性の面で結び付きのある農林水産物・食品等の産品の名称（地理的表示）を知的財産として保護し、もって、生産業者の利益の増進と需要者の利益の保護を図ることを目的としています。

地理的表示法の保護対象は、農林水産物、酒類を除く飲食料品等です。すなわち、商標法における地域団体商標と異なり、**役務は保護対象ではありません**。また、商標法における地域団体商標と異なり、地理的表示法により保護を受けるために、**地域の名称が含まれていることは必ずしも要求されません**。

地理的表示として登録を受けるためには、**生産・加工業者の団体（法人格の無い団体も可）**が、**農林水産大臣**に申請を行います。

商標法における地域団体商標と異なり、地理的表示法では**更新の手続きは必要ありません**。

地理的表示は、**登録標章（GIマーク）**と併せて使用することができます。

●補足●
「GI マーク」とは、産品の確立した特性と地域との結び付きがみられる真正な地理的表示産品であることを証するものをいいます。

過去問
第45回実技問27ア
第44回実技問27エ

2 外為法

外為法は、日本の安全保障と国際的な平和及び安全の維持の観点から、大量破壊兵器や通常兵器の開発・製造等に関連する資機材並びに関連汎用品の輸出等について管理する法律です。

外為法で規制されている貨物や技術の輸出及び外国企業への情報提供をしようとする場合は、原則として、**経済産業大臣の安全保障上の許可を受ける必要があります（役務取引許可）**。

外為法で規制されている貨物としては、**ロケット部品、各種セ**

ンサ、半導体等が例示されます。

3 経済安全保障推進法

令和6年5月1日より、経済安全保障推進法に基づいて、**特許出願非公開制度**が開始されました。本制度は、特許出願の明細書等に、公にすることにより外部から行われる行為によって国家及び国民の安全を損なう事態を生ずるおそれが大きい発明が記載されていた場合には、「保全指定」という手続により、出願公開、特許査定及び拒絶査定といった特許手続を留保するものです。

特許出願を非公開にするかどうか(保全指定をするか否か)の審査は、特許庁による第一次審査と内閣府による保全審査(第二次審査)の二段階に分けて行われます。

特許庁による第一次審査では、特許出願の中から、国際特許分類等に基づいて特定技術分野に属する発明が記載されている出願を選別して内閣総理大臣(内閣府)に出願書類を送付して保全審査に付します。内閣府では、特許庁から送付された出願についてのみ保全審査を行います。

●補足●
特定技術分野とは、公にすることにより外部から行われる行為によって国家及び国民の安全を損なう事態を生ずるおそれが大きい発明が含まれ得る技術の分野です。

また、特許出願人から特許出願とともに保全審査に付することを求める申出書が提出された場合には、この申出において示された発明も、原則として保全審査の対象となります。

第一次審査の結果、保全審査に付す場合、出願の日から3カ月以内に、特許庁長官から出願人に通知されます。

保全指定中は、出願の取下げができないこと、発明の実施には許可が必要であること、PCT国際出願等の外国出願が禁止されること等、一定の制約が課されます。

過去問でCheck

次の記述は正しいか、誤っているか？

外国企業へロケット部品に係る技術の内容について情報提供する際に，外為法に基づく許可等の申請が必要となる場合はない。

解答・解説

正解：×（第44回実技問27エ改題）

外為法に基づく許可等の申請が必要となる場合があります。

<テキスト編>

第7章

知的財産に関する調査・戦略

重要度 ★★★

1 知的財産に関する調査

各種調査の目的について理解する。

過去問
第44回学科問14ウ
第44回実技問32ア

1 概要

特許等の情報を調査することにより、**出願に係る内容の特許・登録の可能性、他社の権利の侵害の可能性、他社の技術情報**等を確認することができます。特に特許に関する調査の場合、このような調査をまとめて**先行技術調査**と呼びますが、調査の目的に応じて、2～5に示すとおり、さらに細かく名称が分けられ、かつ調査の内容も異なります。

特許法においては、出願から1年6カ月後に出願公開されるため、特許調査では、**この期間に出願されたもの、すなわち未公開出願は、調査の対象とすることができません**。したがって、特許調査においては、必ず**漏れがある**ことに留意します。

過去問
第46回学科問39ウ
第44回学科問14イ，エ

2 出願前調査

出願に係る発明等の特許・登録の可能性を確認するための調査です。

出願前調査によって、出願に係る発明の特許・登録の可能性が低いとわかったときは、例えば**発見された文献に記載された内容を回避して権利化を目指す**こと、出願を断念すること等を検討します。

以下、特許出願に係る発明の新規性、進歩性の有無を確認するための出願前調査において留意すべき事項を記載します。

①調査対象：出願前に公開されているすべての先行技術

新規性の規定における**「頒布された刊行物」には学術論文が含まれるため**、特許公報だけでなく、**学術論文についても調査が必要です**。

②検討対象：発見された**文献全体**

発見されたのが特許公報である場合には、**特許請求の範囲に記載された発明だけでなく、明細書、図面に記載された発明についても検討します**。頒布された刊行物の全体の記載に基づいて、新規性の判断がなされるためです。

③調査対象国：すべての国

「日本国内または外国」において頒布された刊行物によって、新規性が判断されるためです。

④調査手段：J-PlatPat 等の検索ツールの活用による文献調査

●補足●
「J-PlatPat」とは、独立行政法人工業所有権情報・研修館(INPIT)によって提供されている産業財産権情報の検索ができる無料のサービスです。

3 無効資料調査

過去問
第47回実技問22エ

特許等を**無効**にするための調査です。例えば、特許権を侵害している旨の警告を受けた場合に、特許発明が新規性、進歩性等を有しない、すなわち無効理由を有することを主張する根拠となる資料を調査します。

調査対象、検討対象、調査対象国、及び調査手段は、出願前調査と同様です。

4 侵害予防調査

過去問
第46回学科問39イ
第45回学科問11
第47回実技問15イ

特許権等の侵害を発見するための調査です。特に、自社の実施予定の行為が、他社の特許権等を侵害していないかを確認するための調査です。この調査によって、侵害を予防し、**他社から権利行使されることを防ぐことができます**。

以下、特許権の侵害を予防するための調査において留意すべき事項を記載します。

●補足●
侵害予防調査は、侵害調査、クリアランス調査、FTO調査等と呼ばれることがあります。

①調査対象：特許権が存続している特許発明及び**審査係属中の発明が記載されている特許公報**

審査係属中の発明が記載された特許公報を調査対象とするのは、この発明は、今後権利化される可能性があるためです。

なお、論文は調査の対象外です。

②検討対象：主に特許請求の範囲

特許発明の技術的範囲は、特許請求の範囲の記載に基づいて定められるためです。

③調査対象国：発明を実施予定の国

ある国の特許権の効力は、別の国には及びません(特許独立の原則)。したがって、実施予定の国ごとに侵害の成否を調査する必要があります。

●補足●

「リバースエンジニアリング」とは、既存の製品を分解または解析し、その仕組みや仕様、構成部品、技術、設計等を明らかにすることをいいます。

④調査手段：J-PlatPat等の検索ツールの活用による文献調査、営業情報の取得、**リバースエンジニアリング**

過去問

第47回学科問34
第46回学科問39ア，エ
第47回実技問15ウ

5 技術情報調査

特定の技術の動向等を確認するための調査です。この調査によって、業界の技術トレンドを把握すること、新規開発テーマの手がかりを得ること、競合他社の技術力、開発動向、及び発明者(開発者)の情報を得ること、他社との重複研究を回避すること等ができます。

過去問

第46回実技問31
第45回実技問21ア，イ
第44回実技問32イ～エ

Point

キーワードと特許分類を組合せた検索も可能です。

6 調査の方法

J-PlatPat 等の無料のツール、商用ツールを利用することができます。例えば、J-PlatPatは、次の機能を有しています。

・**テキスト(キーワード)検索**：入力されたキーワードに基づいて検索する機能
・**近接演算**：キーワード検索の一種であり、指定したキーワードが特定の文字数以内に近接して記載されている特許文献について検索することができる機能
・**インデックス(特許分類)検索**：国際特許分類(IPC)、FI、Fターム等の特許分類に基づいて検索する機能

IPCとは、特許出願された発明を分類するため国特的に統

一された分類であり、FIとは、IPCを基礎として細展開された**日本国特許庁独自の分類**であり、Fタームとは、FIを**発明の目的、用途**等の技術観点から細区分した日本国特許庁独自の分類です。

・**ワン・ポータル・ドシエ（OPD）照会**：五大特許庁及び世界知的所有権機関（WIPO）に出願された特許出願の手続、審査に関連する情報を参照できる機能

重要

テキスト検索は、単語等を入力するだけであるため調査が簡単である一方、**ノイズ、検索漏れが**多いのが特徴です。インデックス検索は、**ノイズ、検索漏れが**少ない一方、分類体系を理解する必要があるため調査が難しいのが特徴です。

テキスト検索における検索漏れを抑えるために、検索したい単語だけでなく、その**同義語・類義語を含める**ことが有効です。

検索範囲を絞り込むためには、キーワード同士、特許分類同士、又はキーワードと特許分類とを掛け合わせる「AND検索」を使用することができます。これに対して検索範囲を広げるためには、それらを足し合わせる「OR検索」を使用することができます。

意匠登録出願の調査において、意匠に係る物品について、キーワード検索をすることができます。

商標登録出願の調査において、文字商標を調査する場合、一般的に、**称呼検索**が用いられます。

過去問でCheck

次の記述は正しいか、誤っているか？

IPC、FIなどのコード体系を用いた検索とキーワード検索とには、それぞれ長所及び短所がある。一般的に、より検索漏れが少ないという長所を有するのは、インデックス検索である。

解答・解説

正解：○（第44回実技問32エ改題）
問題文のとおりです。

重要度 ★★★

2 知的財産に関する戦略

IPランドスケープの概要、発明の適切な保護方法について理解する。

過去問
第47回学科問39
第46回学科問9
第45回学科問19
第44回学科問1
第47回実技問15ア
第46回実技問25
第45回実技問20
第44回実技問20ア
第44回実技問30ア

1 IPランドスケープ

重要

IPランドスケープとは「**経営戦略または事業戦略の立案に際し、経営・事業情報に知財情報を組み込んだ分析を実施し、その結果**（現状の俯瞰・将来展望等）**を経営者・事業責任者と共有すること**」をいいます（特許庁「経営戦略に資する知財情報分析・活用に関する調査研究について」より）。

IPランドスケープは、次のような場面で活用されます。

- **アライアンス、M＆A候補の探索**
- **新規参入分野の検討**
- **自社技術の新規用途の探索**
- **新規の研究開発テーマの探索**

Point
IPランドスケープにおいては、特許マップの作成はあくまで手段であり、これを作成すること自体が目的であるわけではありません。

IPランドスケープに際しては、分析結果を特許マップ(パテントマップ)で示すことが有効です。知財部員以外の者、例えば経営層、事業部長に特許マップを提示する場合には、これらの者が理解しやすいように、**特許分類**(IPC 、FI 等)**を用いない**といった工夫が必要です。

過去問
第47回学科問37エ
第47回実技問26
第45回実技問22ア～ウ

2 発明の保護

発明の保護の手段としては、大きく分けて、特許出願して特許権により保護する方法(権利化)、及び営業秘密として保護する方法（秘匿化)が挙げられます。いずれの方法で保護するかは、例えば次の観点から検討します:

・対象となる発明に想到することの困難性
困難：秘匿化、容易：権利化

・対象となる発明に基づく製品からの発明の理解のしやすさ
困難：秘匿化、容易：権利化

・対象となる発明が、その発明に基づく製品のコア技術か否か
コア技術：秘匿化、コア技術でない：権利化

・対象となる発明のカテゴリーが物か製造方法か
製造方法：秘匿化(製造方法の発明は侵害発見が容易ではないため)、物：権利化

・先使用権の立証の困難性
容易：秘匿化、困難：権利化

・対象となる発明の発明者が退職しているか否か
退職していない：秘匿化、退職している：権利化

対象となる発明について出願すると、出願公開されるため、**その後は営業秘密による保護を受けられません。**営業秘密の要件の1つである非公知性を満たさなくなるためです。

3 ライセンス

過去問
第47回学科問37ウ
第46回学科問28エ
第47回実技問22イ，ウ
第44回実技問20イ～エ

知財戦略の1つとしてライセンスが挙げられます。ライセンスをすると、ライセンサーには、**自社が実施しない場合においてもライセンス収入を得られる、市場を拡大しやすい**、ライセンス先と提携関係を構築できる等の利点があり、ライセンシーには、研究開発コストを低減できる、早期に市場に参入できる、特許権侵害訴訟を早期に解決できる等の利点があります。一方で、ライセンスをしなければ、特許権者は、市場の独占による大きな利益を得られるものの、特許発明を実施したい他社から特許発明に係る特許に対して無効審判の請求等をされるリスクを伴います。

利用関係にある場合には、クロスライセンスをすることによって、**事業活動及び製品設計の自由度を向上させる**ことを検討します。

過去問
第47回実技問22ア
第46回実技問30ウ，エ
第44回実技問30イ，エ

4 共同研究開発

特定の技術について、複数の企業、大学等で共同研究開発を実施する場合があります。共同研究開発をする場合、情報漏洩を防ぐために、通常、相手に情報を出す前に**秘密保持契約**をします。また、共同研究開発を開始する前に、関連する発明については、予め独自に出願しておくことも検討します。

共同開発をする場合において、専門領域を分担することがあります。例えば、ある材料を製造販売するメーカーと、その材料を使用した装置を製造販売するメーカーとで共同してその材料を開発する場合において、材料メーカーが材料開発を担当し、装置メーカーは評価を担当すること等が検討されます。

●補足●
「不実施補償」とは、共同研究の成果として特許を取得し、企業は特許発明を実施するが、大学は特許発明を実施しない場合おいて、企業が大学に実施料を支払うことをいいます。

企業と大学が共同研究を行う場合には、**不実施補償**に留意する必要があります。

過去問でCheck

次の記述は正しいか、誤っているか？

IPランドスケープとは、事業戦略または研究開発戦略の立案に際し、技術文献情報（学術論文等の技術関連情報）に知財情報を組み込んだ分析を実施し、その結果（現状の俯瞰・将来展望等）を事業責任者や研究開発責任者と共有することをいう。

解答・解説

正解：×（第45 回学科問19 改題）

「研究開発戦略」ではなく「事業戦略」であり、「技術文献情報 （学術論文等の技術関連情報）」ではなく「経営・事業情報」であり、「事業責任者や研究開発責任者」ではなく「経営者・事業責任者」です。

＜過去問編＞

第47回
知的財産管理技能検定®

2級 学科試験

［問題と解答］

（はじめに）

すべての問題文の条件設定において，特に断りのない限り，他に特殊な事情がないものとします。また，各問題の選択肢における条件設定は独立したものと考え，同一問題内における他の選択肢には影響しないものとします。

特に日時の指定のない限り，2023年9月1日現在で施行されている法律等に基づいて解答しなさい。

解答は，選択肢ア～エの中から１つ選びなさい。

問1

Check! □□□

ア～エを比較して，特許法における新規性に関して，最も<u>不適切</u>と考えられるものはどれか。

ア 特許出願前に電気通信回線を通じて公衆に利用可能となった発明について，特許を受けることができる。

イ 特許出願前に外国において頒布されたがまだ誰にも閲覧されていない刊行物に記載された発明について，特許を受けることはできない。

ウ 特許出願前に外国において公然実施された発明について，特許を受けることはできない。

エ 特許出願前に外国において開催された国際博覧会で展示された展示物に係る発明であって，その展示物からは把握できない製造方法の発明について，特許を受けることができる。

問2

ア～エを比較して，二次的著作物に関して，最も<u>不適切</u>と考えられるものはどれか。

ア 原著作物を翻案することにより創作した著作物は，二次的著作物である。

イ 二次的著作物を利用する場合，原著作物の著作権者の許諾は必要ではない。

ウ 二次的著作物の著作権侵害に対しては，二次的著作物の著作権者だけではなく，原著作物の著作権者も権利行使をすることができる。

エ 原著作物の著作者は，その二次的著作物の公衆への提供又は提示に際して，氏名表示権を有する。

問1解答・解説 正解：ア

ア ×

特許出願前に日本国内または外国において、電気通信回線を通じて公衆に利用可能となった発明については、特許を受けることができません(特29条1項3号)。

イ ◯

特許出願前に日本国内または外国において、頒布された刊行物に記載された発明については、特許を受けることができません(特29条1項3号)。ここで「頒布」とは、刊行物が、不特定多数の者が見得るような状態に置かれることをいい、現実に誰かがその刊行物を見たという事実を必要としません(工業所有権法(産業財産権法)逐条解説[第22版]特29条)。したがって、本問の発明については、特許を受けることができません。

ウ ◯

特許出願前に日本国内または外国において公然実施をされた発明については、特許を受けることができません(特29条1項2号)。

エ ◯

本問のような発明については、新規性の規定に該当しないため、特許を受けることができます。

問2 解答・解説 正解：イ

ア ◯

著作権法上、二次的著作物とは、著作物を翻訳し、編曲し、もしくは変形し、または脚色し、映画化し、その他翻案することにより創作した著作物と規定されています(著2条1項11号)。

イ ×

二次的著作物の原著作物の著作者は、当該二次的著作物の利用に関し、当該二次的著作物の著作者が有するものと同一の種類の著作権を専有します(著28条)。すなわち、二次的著作物を利用する場合、原著作物の著作権者の許諾も必要です。

ウ ◯

問題文のとおりです(著28条)。

エ ◯

著作者は、その著作物の原作品に、またはその著作物の公衆への提供もしくは提示に際し、その実名もしくは変名を著作者名として表示し、または著作者名を表示しないこととする権利、すなわち氏名表示権を有します(著19条第1文)。そして、その著作物を原著作物とする二次的著作物の公衆への提供または提示に際しての原著作物の著作者名の表示についても、同様とすることが規定されています(同条第2文)。すなわち、原著作物の著作者は、その二次的著作物の公衆への提供または提示に際して、氏名表示権を有します。

問3

Check! □□□

ア～エを比較して，特許法に規定する判定に関して，最も適切と考えられるものはどれか。

ア 判定の決定について，経済産業大臣に対して不服申立てをすることができる。

イ 裁判所は，判定の決定に従わなければならない。

ウ 判定を求めることができる者は，利害関係人に限られる。

エ 特許発明の技術的範囲について，特許庁に対し，判定を求めることができる。

問4

Check! □□□

ア～エを比較して，特許出願に対する拒絶査定不服審判に関して，最も適切と考えられるものはどれか。

ア 審判の審理は，1人の審判官又は2人の審判官の合議体で行う。

イ 拒絶審決に対して不服がある場合には，東京地方裁判所に出訴することができる。

ウ 審判の請求と同時に図面について補正があった場合には，審査官が審査を行う。

エ 審判の請求は，拒絶理由の通知があった日から30日を経過するまでできる。

問3 解答・解説　正解：エ

ア ×

判定の決定に対して不服申立てはできません（特許庁「判定制度の概要」）。判定には法的拘束力がないためです。

イ ×

裁判所は、判定の決定に従う必要はありません。アに記載のとおり、判定には法的拘束力がないためです。

ウ ×

判定を求めることができる者は、利害関係人に限られません（特許庁「判定制度の概要」）。

エ ○

特許法上、判定に関して、問題文のとおりの内容が規定されています（特71条1項）。

問4 解答・解説　正解：ウ

ア ×

審判は、3人または5人の審判官の合議体が行います（特136条1項）。

イ ×

取消決定または審決に対する訴えは、東京高等裁判所の専属管轄です（特178条1項）。

ウ ○

拒絶査定不服審判の請求があった場合において、その請求と同時にその請求に係る特許出願の願書に添付した明細書、特許請求の範囲または図面について補正があったときは、審査官が審査を行います（特162条）。これを前置審査といいます。

エ ×

拒絶査定の謄本の送達があった日から3カ月以内に拒絶査定不服審判を請求することができます（特121条1項）。

問5

Check! □□□

ア～エを比較して，著作者人格権について，最も<u>不適切</u>と考えられるものはどれか。

ア 著作権が譲渡されても，著作者人格権はそれに伴って譲渡されない。

イ 共同著作物の著作者人格権は，著作者全員の合意によらなければ，行使することができない。

ウ プログラムの著作物の改変により，著作者の同一性保持権を侵害することはない。

エ 著作者がまだ公表されていない美術の著作物の原作品を譲渡したときは，その著作物を原作品により公衆に提示することに同意したものと推定される。

問5 解答・解説 正解：ウ

ア ◯

著作者人格権は、著作者の一身に専属し、譲渡することができません(著59条)。また、著作権が譲渡された場合には、著作者人格権が譲渡されることを定めた例外規定もありません。

イ ◯

著作権法上、共同著作物の著作者人格権の行使に関して、問題文のとおりの内容が規定されています(著64条1項)。

ウ ×

特定の電子計算機においては実行し得ないプログラムの著作物を当該電子計算機において実行し得るようにするため、またはプログラムの著作物を電子計算機においてより効果的に実行し得るようにするために必要な改変については、同一性保持権の規定は適用されません(著20条2項3号)。しかし、プログラムの著作物の上記以外の改変により、著作者の同一性保持権が侵害されることがあります。

エ ◯

著作者が、その美術の著作物または写真の著作物でまだ公表されていないものの原作品を譲渡した場合、これらの著作物をその原作品による展示の方法で公衆に提示することに同意したものと推定されます(著18条2項2号)。

問6

Check! □□□

ア～エを比較して，商標の拒絶理由通知に対する対応として，最も<u>不適切</u>と考えられるものはどれか。

ア 拒絶理由通知の内容に不服がある場合には，意見書を提出して反論する。

イ 立体商標に係る商標登録出願について拒絶理由通知を受けた場合には，商標登録出願から意匠登録出願に出願変更することができる。

ウ 指定商品のうち一部に拒絶理由がある場合には，拒絶理由に係る指定商品について出願の分割を行うと共に，拒絶理由に係る指定商品を削除する補正を行う。

エ 先願である登録商標に係る指定商品の一部と，商標登録出願に係る指定商品が類似するとして拒絶理由通知を受けた場合には，その類似範囲にある指定商品を削除する補正を行う。

問6 解答・解説 正解：イ

ア ○

商標法においても、拒絶理由通知に対しては、意見書を提出できることが規定されています(商15条の2)。

イ ×

商標登録出願から意匠登録出願に出願変更することはできません。なお、特許出願、実用新案登録出願、及び意匠登録出願の間では、相互に出願の変更をすることができます。

ウ ○

指定商品のうち一部に拒絶理由がある場合に、拒絶理由に係る指定商品について出願の分割(商10条1項)を行えば、拒絶理由のない指定商品について早期に権利を確保でき、かつ拒絶理由がある指定商品については、分割された出願でじっくりと権利化について検討することができます。この場合、出願の分割を行うと共に、もとの出願から拒絶理由に係る指定商品を削除する必要があります(商施規22条2項で準用する特施規30条)。

エ ○

本問の拒絶理由は、先願に係る他人の登録商標(商4条1項11号)であるため、類似範囲にある指定商品を削除する補正を行うことによって、この拒絶理由を解消できます。また、指定商品または指定役務の範囲の減縮、誤記の訂正または明瞭でない記載を明瞭なものに改めることは、要旨の変更ではありません(商標審査基準 第13 第16条の2及び第17条の2(補正の却下))。したがって、このような補正をすることは適切です。

問7

Check! □□□

ア～エを比較して，独占禁止法に関して，最も不適切と考えられるものはどれか。

ア 特許権の実施許諾契約において，実施権者に対して，契約終了後に特許権者の競合品を販売することを制限することは，独占禁止法で規制される行為に該当する場合がある。

イ 公正取引委員会は，違反者に対し，違反行為を除く措置をとることや，課徴金を納付することを命令できる。

ウ 同業者と締結する共同開発契約において，競合する会社の排除を目的とした合意を行うことは，独占禁止法で規制される行為に該当する場合がある。

エ 複数の特許権者が特定分野の特許について相互にライセンスしあう取決めを「パテントプール」といい，独占禁止法の例外として規定されている。

問8

Check! □□□

ア～エを比較して，著作物に関して，最も適切と考えられるものはどれか。

ア データベースの著作物とは，データベースであって，素材そのもの，又はその素材の選択若しくは配列によって創作性を有するものをいう。

イ 編集著作物とは，編集物であって，情報そのもの，又はその情報の選択若しくは体系的な構成によって創作性を有するものをいう。

ウ 写真の著作物には，写真の製作方法に類似する方法を用いて表現された著作物を含まない。

エ 美術の著作物には，美術工芸品が含まれる。

問7 解答・解説 正解：エ

ア ◯

ライセンサーがライセンシーに対し、ライセンサーの競争品を製造・販売することまたはライセンサーの競争者から競争技術のライセンスを受けることを制限する行為は、公正競争阻害性を有する場合には、不公正な取引方法に該当します(知的財産の利用に関する独占禁止法上の指針 第4.不公正な取引方法の観点からの考え方 4.技術の利用に関し制限を課す行為 (4)競争品の製造・販売または競争者との取引の制限)。

イ ◯

独占禁止法上、公正取引委員会による排除措置命令及び課徴金納付命令について規定されています(独61条、及び同法62条)

ウ ◯

事業者が単独であるいは他の事業者と結合するなどして、他の事業者の事業活動を排除したり、支配したりすることにより、市場における競争を実質的に制限することは、私的独占であるとして、独占禁止法上禁止されています(独2条5項)。

エ ×

パテントプールの定義に関しては適切といえます(知的財産の利用に関する独占禁止法上の指針 第3.私的独占及び不当な取引制限の観点からの考え方 2.不当な取引制限の観点からの検討 (1)パテントプール)。これに対して、パテントプールは、独占禁止法の例外として規定されているわけではなく、例えばパテントプールを形成している者による行為が、独占禁止法違反となることもあります。

問8 解答・解説 正解：エ

ア ×

著作権法上、データベースの著作物に関して、データベースでその情報の選択または体系的な構成によって創作性を有するものと規定されています(著12条の2第1項)。

イ ×

著作権法上、編集著作物に関して、編集物でその素材の選択または配列によって創作性を有するものと規定されています(著12条1項)。

ウ ×

著作権法上、写真の著作物に関して、写真の製作方法に類似する方法を用いて表現される著作物を含むことが規定されています(著2条4項)。

エ ◯

問題文のとおり、著作権法上、美術の著作物には、美術工芸品を含むことが規定されています(著2条2項)。

問9

Check! □□□

ア〜エを比較して，関税法に関して，最も適切と考えられるものはどれか。

ア 特許権者は，自己の特許権を侵害すると認める貨物が輸出入されようとする場合には，財務大臣に証拠を提出し，認定手続をとるように申し立てることができる。

イ 輸出又は輸入されようとする貨物のうち，税関長が輸出又は輸入してはならない貨物に該当する貨物があると思料するときは，認定手続が行われる。

ウ 認定手続がとられたときは，特許権者，輸出又は輸入しようとする者は，特許庁長官に対し，意見を求めることができる。

エ 輸出又は輸入されようとする知的財産侵害疑義物品が，知的財産侵害物品に該当すると認定された場合には，権利者は，それらの貨物を没収して廃棄することができる。

問9 解答・解説 正解：イ

ア ×

財務大臣ではなく、税関長に対して、認定手続をとるように申し立てることができます(関69条の4第1項、及び同法69条の13第1項)。

イ ○

問題文のとおりです(関69条の3第1項、及び同法69条の12第1項)。

ウ ×

認定手続がとられたときに、特許庁長官に対し、意見を求めることができるのは、税関長です(関69条の7第1項及び同条2項、並びに同法69条の17第1項及び同条2項)。

エ ×

輸出または輸入してはならない貨物を没収して廃棄することができるのは、税関長です(関69条の2第1項及び同条2項、並びに同法69条の11第1項及び同条2項)。

問10　Check! □□□

ア～エを比較して，不正競争防止法に規定する不正競争行為に関して，最も適切と考えられるものはどれか。

ア　他人の著名な商品等表示と同一又は類似の商品等表示が使用されていた場合，他人の商品等表示と市場において混同が生じていることを立証しない限り，不正競争行為を理由とした損害賠償請求の対象にならない。

イ　不正競争防止法第２条第１項第３号（商品形態模倣行為）において，商品の形態とは，需要者が通常の用法に従った使用に際して知覚によって認識することができる商品の外部及び内部の形状をいい，商品の形状に結合した質感は含まれない。

ウ　需要者の間に広く知られている自己の商品の包装と類似する包装を使用した他人の商品が販売され，自己の商品との間に混同が生じていた場合，不正競争行為を理由としてその販売の差止めを請求することができる。

エ　商標登録が認められなかった商標の第三者による使用については，不正競争行為を理由とした損害賠償請求の対象とならない。

問10 解答・解説 正解：ウ

ア ×

自己の商品等表示として他人の著名な商品等表示と同一もしくは類似のものを使用等する行為、すなわちいわゆる著名表示冒用行為は、不正競争に該当します(不2条1項2号)。ここで、上記のとおり、著名表示冒用行為では、混同が生じていることは要件ではありません。なお、不正競争に対して損害賠償を請求するために、行為者の故意または過失を立証することは必要です(同法4条)。

イ ×

不正競争防止法上、「商品の形態」とは、需要者が通常の用法に従った使用に際して知覚によって認識することができる商品の外部及び内部の形状並びにその形状に結合した模様、色彩、光沢及び質感をいうことが規定されています(不2条4項)。

ウ ○

他人の商品等表示(人の業務に係る氏名、商号、商標、標章、商品の容器もしくは包装その他の商品または営業を表示するもの)として需要者の間に広く認識されているものと同一もしくは類似の商品等表示を使用等して、他人の商品または営業と混同を生じさせる行為、すなわちいわゆる周知表示混同惹起行為は、不正競争に該当します(不2条1項1号)。不正競争によって営業上の利益を侵害され、または侵害されるおそれがある者は、その営業上の利益を侵害する者または侵害するおそれがある者に対し、その侵害の停止または予防、すなわち差止めを請求することができます(同法3条1項)。

エ ×

商標登録が認められた商標であるか否かにかかわらず、不正競争に対しては損害賠償を請求することができます(不4条)。

問11

Check! □□□

ア～エを比較して，弁理士又は弁理士法人の独占業務として，最も適切と考えられるものはどれか。

ア　特許協力条約（ＰＣＴ）に基づく国際出願に関する特許庁における手続の代理

イ　特許原簿への登録の申請手続の代理

ウ　特許料を納付すべき期間の延長の請求手続の代理

エ　既納の手数料の返還の請求

問12

Check! □□□

ア～エを比較して，知的財産権の侵害に関して，最も<u>不適切</u>と考えられるものはどれか。

ア　意匠権の全範囲に専用実施権を設定した場合でも，意匠権者は侵害者に対して差止請求をすることができる。

イ　実用新案権者は，実用新案技術評価書を提示して警告した後でなければ，権利行使をすることができない。

ウ　商標権を侵害する旨の警告を受けた者は，当該警告を受けた日から起算して３カ月以内に限り，不使用取消審判の請求をすることができる。

エ　他人が試験又は研究のために特許発明を実施している場合には，特許権者は権利行使をすることができない。

問11 解答・解説 正解：ア

ア ○

弁理士法上、弁理士または弁理士法人の独占業務に関して、特許、実用新案、意匠もしくは商標もしくは国際出願、意匠に係る国際登録出願もしくは商標に係る国際登録出願に関する特許庁における手続等についての代理(特許料の納付手続についての代理、特許原簿への登録の申請手続についての代理その他の政令で定めるものを除く)等と規定されています(弁75条)。

イ ×

アに記載のとおり、特許原簿への登録の申請手続の代理は、弁理士または弁理士法人の独占業務から除かれています(弁75条かっこ書)。

ウ ×

特許料を納付すべき期間の延長の請求手続の代理は、アに記載の「その他の政令で定めるもの」に該当します(弁施行令7条2号)。

エ ×

既納の手数料の返還の請求は、アに記載の「その他の政令で定めるもの」に該当します(弁施行令7条6号)。

問12 解答・解説 正解：ウ

ア ○

特許権者は、その特許権について専用実施権を設定したときであっても、当該特許権に基づく差止請求権を行使することができることを判示した判例があります(リガンド分子事件)。同判例は、意匠法にも適用されると解されるため、本問において、意匠権者は差止請求をすることができます。

イ ○

実用新案法上、権利行使に関して、問題文のとおりの内容が規定されています(実29条の2)。

ウ ×

商標法上、不使用取消審判の請求に関して、問題文に記載されているような時期的要件は規定されていません(商50条参照)。

エ ○

特許権の効力は、試験または研究のためにする特許発明の実施には、及びません(特69条1項)。したがって、本問において、特許権者は権利行使をすることができません。

問13

Check! □□□

ア～エを比較して，特許協力条約（ＰＣＴ）に係る国際出願に関して，最も適切と考えられるものはどれか。

ア　国際予備審査は，国際調査とは異なり，出願人の請求によりなされる。

イ　国際調査機関の見解書は，国際公開時に公開されることはない。

ウ　国際調査報告を受け取った出願人は，所定の期間内に国際出願の明細書及び図面について，１回に限り補正をすることができる。

エ　国際出願をしようとする者は，世界知的所有権機関の国際事務局のみに出願をすることができる。

問14

Check! □□□

ア～エを比較して，著作隣接権に関して，最も適切と考えられるものはどれか。

ア　実演家は，自己の実演について公表権を有する。

イ　レコード製作者が有する著作隣接権の存続期間は，その音が最初に公表された時から始まる。

ウ　有線放送事業者が有する著作隣接権の存続期間は，その有線放送が行われた日の属する年の翌年から起算して50年を経過した時に満了となる。

エ　放送事業者は，その放送の公衆への放送に際し，氏名表示権を有する。

問13 解答・解説 正解：ア

ア ○

問題文のとおりです(PCT31条(1))。

イ ×

国際調査機関の見解書は、国際調査報告と共に国際公開時に公開されます。

ウ ×

国際調査報告を受け取った出願人は、所定の期間内に国際出願の請求の範囲について、1回に限り補正をすることができます(PCT19条(1))。これを19条補正といいます。

エ ×

国際出願をしようとする者は、国内官庁または国際事務局に国際出願をすることができます(PCT規則19.1(a))。

問14 解答・解説 正解：ウ

ア ×

実演家は、公表権を有しません。

イ ×

著作隣接権の存続期間は、レコードに関しては、その音を最初に固定した時に始まります(著101条1項2号)。

ウ ○

著作権法上、有線放送事業者が有する著作隣接権の存続期間に関して、問題文のとおりの内容が規定されています(著101条2項4号)。

エ ×

放送事業者は、氏名表示権を有しません。なお、著作隣接権に関して、氏名表示権等の人格権を有するのは、実演家のみです。

問15　Check! □□□

ア～エを比較して，商標又は商品・役務の類否に関して，最も不適切と考えられるものはどれか。

ア　商標の類否は，当業者を基準に判断される。

イ　類似群コードは，互いに類似関係にある商品等を1つのグループとしてまとめたもので，同じ類似群コードが付された商品・役務は原則として互いに類似するものと推定される。

ウ　商品・役務の類否は，同一・類似の商標を使用した場合に，出所の混同が生じるかどうかに基づいて判断される。

エ　商標の類否は，外観，称呼，観念の各要素だけでなく，取引の実情を考慮して判断されることがある。

問16　Check! □□□

ア～エを比較して，特許出願の拒絶査定不服審判の請求の理由になり得ないものとして，最も適切と考えられるものはどれか。

ア　特許を受けようとする発明が産業上利用できるものであるか否か

イ　特許を受けようとする発明が公衆の衛生を害するおそれがあるか否か

ウ　特許を受けようとする発明が発明の詳細な説明に記載したものであるか否か

エ　要約書の記載に誤記があるか否か

問15 解答・解説 正解：ア

ア ×

商標の類否は、対比される商標の外観、称呼または観念等によって需要者に与える印象、記憶、連想等を総合して全体的に観察し、一方の商標を指定商品または指定役務に使用した場合に他方の商標と出所混同のおそれがあるか否かにより判断されます。判断にあたっては指定商品または指定役務における一般的・恒常的な取引の実情が考慮されます（商標審査基準 十、第4条第1項第11号（先願に係る他人の登録商標））。すなわち、商標の類否は、需要者を基準に判断されます。

イ ○

問題文のとおりです（類似商品・役務審査基準〔国際分類第12-2024版対応〕）

ウ ○

アに記載のとおり、商標の類否は、出所の混同の有無に基づいて判断されます（商標審査基準 十、第4条第1項第11号（先願に係る他人の登録商標））。

エ ○

アに記載のとおり、商標の類否の判断にあたっては、取引の実情が考慮されます（商標審査基準 十、第4条第1項第11号（先願に係る他人の登録商標））。

問16 解答・解説 正解：エ

ア ×

特許を受けようとする発明が産業上利用できるものでないこと、すなわち産業上利用可能性の要件を満たしていないこと（特29条1項柱書）は、拒絶理由、すなわち拒絶査定不服審判の請求の理由になり得ます（同法49条2号）。

イ ×

特許を受けようとする発明が公衆の衛生を害するおそれがあること、すなわち不特許事由に該当すること（特32条）は、拒絶理由、すなわち拒絶査定不服審判の請求の理由になり得ます（同法49条2号）。

ウ ×

特許を受けようとする発明が発明の詳細な説明に記載したものでないこと、すなわちいわゆるサポート要件を満たしていないこと（特36条6項1号）は、拒絶理由、すなわち拒絶査定不服審判の請求の理由になり得ます（同法49条4号）。

エ ○

要約書の記載に誤記があることは、拒絶理由、すなわち拒絶査定不服審判の請求の理由になり得ません（特49条各号参照）。

問17　Check! □□□

ア～エを比較して，意匠登録出願に関して，最も適切と考えられるものはどれか。

ア　意匠を秘密にすることを請求する者は，出願審査の請求と同時に又は第一年分の登録料の納付と同時に，所定の事項を記載した書面を特許庁長官に提出しなければならない。

イ　拒絶理由通知に対して手続補正書を提出して図面を補正し，意見書によりその補正について説明をすれば，要旨を変更するものであるとしてその補正が却下されることはない。

ウ　意匠に係る物品の形状がその物品の有する機能に基づいて変化する場合において，その変化の前後にわたるその物品の形状について，意匠登録を受けることができる。

エ　本意匠に類似する意匠を関連意匠として意匠登録出願するときは，その本意匠の意匠登録出願の日以後であって，当該本意匠の意匠権の設定登録の日から10年以内に出願しなければならない。

問18　Check! □□□

ア～エを比較して，著作権の存続期間に関する次の文章の空欄［ 1 ］～［ 3 ］に入る語句の組合せとして，最も適切と考えられるものはどれか。

著作権の存続期間は著作物の創作の時に始まり，［ 1 ］の死後70年を経過するまでの間，存続する。無名又は変名の著作物の著作権の存続期間は，その著作物の［ 2 ］後70年を経過するまでの間，存続し，映画の著作物に係る著作権の存続期間は，その著作物の［ 3 ］後70年を経過するまでの間，存続する。

ア　［ 1 ］＝著作権者　［ 2 ］＝公表　［ 3 ］＝公表

イ　［ 1 ］＝著作者　［ 2 ］＝登録　［ 3 ］＝創作

ウ　［ 1 ］＝著作権者　［ 2 ］＝登録　［ 3 ］＝創作

エ　［ 1 ］＝著作者　［ 2 ］＝公表　［ 3 ］＝公表

問17 解答・解説 正解：ウ

ア ×

意匠法には、出願審査請求制度はありません。正しくは「出願審査の請求」ではなく、「意匠登録出願」です（意14条2項）。

イ ×

意匠法等に、補正に関して問題文のような内容は規定されていません。

ウ ○

意匠に係る物品の形状、模様もしくは色彩、建築物の形状、模様もしくは色彩または画像がその物品、建築物または画像の有する機能に基づいて変化する場合において、その変化の前後にわたるその物品の形状等、建築物の形状等または画像について意匠登録を受けることができます（意6条4項）。これを動的意匠といいます。なお、動的意匠による保護を受けようとする場合、その旨及びその物品、建築物または画像の当該機能の説明を願書に記載しなければなりません。

エ ×

「意匠権の設定登録の日」ではなく「意匠登録出願の日」です（意10条1項）。

問18 解答・解説 正解：エ

ア ×

エに記載のとおりです。

イ ×

エに記載のとおりです。

ウ ×

エに記載のとおりです。

エ ○

著作権は、著作者の死後70年を経過するまでの間、存続します（著51条2項）。無名または変名の著作物の著作権は、その著作物の公表後70年を経過するまでの間、存続します（同項ただし書）。映画の著作物の著作権は、その著作物の公表後70年を経過するまでの間、存続します（同法54条1項）。

問19

Check! □□□

ア～エを比較して，同一の発明について同日に複数の特許出願があった場合，特許を受けることができる者として，最も適切と考えられるものはどれか。

ア 複数の特許出願の出願人のうち，出願日の最も早い時刻に特許出願をした出願人

イ 複数の特許出願の出願人のうち，協議によって定めた一の出願人

ウ 複数の特許出願の出願人のうち，くじにより定めた一の出願人

エ 複数の特許出願の出願人のうち，最も早く出願審査の請求をした出願人

問20

Check! □□□

ア～エを比較して，特許無効審判に関して，最も不適切と考えられるものはどれか。

ア 特許権に係る明細書の発明の詳細な説明の記載が，当業者がその発明を実施することができる程度に明確かつ十分に記載されていない場合には，特許無効審判を請求することができる。

イ 特許無効の審決が確定した場合には，審決の確定日から当該特許権が存在しなかったものとみなされる。

ウ 特許無効審判は，利害関係人に限り，請求することができる。

エ 棄却審決を受けた審判請求人は，被請求人を被告として，審決取消訴訟を提起することができる。

問19 解答・解説 正解：イ

ア ×

イに記載のとおりです。先願の規定の適用においては、時分までは考慮されません。

イ ○

同一の発明について同日に2以上の特許出願があったときは、特許出願人の協議により定めた一の特許出願人のみがその発明について特許を受けることができます(特39条2項)。

ウ ×

イに記載のとおりです。なお、商標法においては、協議が不調·不能のときに、くじにより定めた順位における最先の商標登録出願人のみが商標登録を受けることができます(商8条5項)。

エ ×

イに記載のとおりです。

問20 解答・解説 正解：イ

ア ○

特許に係る明細書の発明の詳細な説明の記載が、当業者がその発明を実施することができる程度に明確かつ十分に記載したものでないこと、すなわち実施可能要件を満たしていないこと(特36条4項1号)は無効理由であるため、その特許を無効にすることについて特許無効審判を請求することができます(同法123条1項4号)。

イ ×

特許を無効にすべき旨の審決が確定したときは、特許権は、初めから存在しなかったものとみなされます(特125条)。

ウ ○

問題文のとおりです(特123条2項)。なお、特許異議の申立ては、何人もすることができます(同法113条柱書)。

エ ○

当事者は、審決に対する訴え、すなわち審決取消訴訟を提起することができます(特178条1項及び同条2項)。ここで、特許無効審判の棄却審決、すなわち特許維持審決を受けた審判請求人は、「当事者」に該当します。また、特許無効審判の請求人による審決取消訴訟では、審判の被請求人を被告とします(特179条ただし書)。

問21

Check! □□□

ア～エを比較して，著作権等の侵害に関して，最も不適切と考えられるものはどれか。

ア 著作権又は著作者人格権を侵害した者は，刑事罰を受ける場合がある。

イ 侵害著作物等利用容易化ウェブサイト等の公衆への提示を行った場合，刑事罰の対象となることがある。

ウ 著作権を侵害した者は，その侵害行為について過失があったものと推定される。

エ 法人の従業者が，その法人の業務に関し著作権を侵害した場合，行為者が罰されるほか，その法人に対して罰金刑が科されることがある。

問22

Check! □□□

ア～エを比較して，特許権に係る実施権に関して，最も不適切と考えられるものはどれか。

ア 専用実施権は，特許権者の承諾を得た場合には，移転することができる。

イ 特許権者は，通常実施権を許諾した後で特許権を放棄するときには，その通常実施権者の承諾を得る必要はない。

ウ 通常実施権が許諾された場合には，当該通常実施権は，登録しなければ効力を発生しない。

エ 特許権者は，専用実施権を設定した範囲内では自ら特許発明を実施できないが，侵害者に対して特許権に基づく差止請求権を行使できる。

問21 解答・解説 正解：ウ

ア ○

故意により、著作権または著作者人格権を侵害した者は、刑事罰を受けます（著119条1項及び同条2項）。

イ ○

故意により、侵害著作物等利用容易化ウェブサイト等、すなわちいわゆるリーチサイトの公衆への提示を行った場合、刑事罰の対象となります（著119条2項4号）。なお、リーチサイトとは、他のウェブサイトへのリンク情報等を提供することで利用者を侵害コンテンツに誘導するためのウェブサイトのことです。

ウ ×

著作権法上、過失の推定規定はありません。なお、産業財産権法、及び種苗法には、過失の推定規定があります。

エ ○

問題文のとおりです（著124条1項柱書）。なお、これを両罰規定といいます。

問22 解答・解説 正解：ウ

ア ○

問題文のとおりです（特77条3項）。

イ ○

問題文のとおりです。令和4年4月に施行された改正特許法では、通常実施権者の承諾が不要となりました。なお、専用実施権者の承諾は必要です（特97条1項）。

ウ ×

通常実施権は、登録をしなくても効力が発生します。なお、専用実施権の設定は、登録が効力発生要件です（特98条1項2号）。

エ ○

特許権者は、業として特許発明の実施をする権利を専有します（特68条1項本文）。ただし、その特許権について専用実施権を設定したときは、専用実施権者がその特許発明の実施をする権利を専有する範囲については、特許権者は、業として特許発明を実施できません（同項ただし書）。これに対して、特許権者は、その特許権について専用実施権を設定したときであっても、当該特許権に基づく差止請求権を行使することができることを判示した判例があります（リガンド分子事件）。

問23

Check! □□□

ア～エを比較して，著作権の制限規定に関して，最も不適切と考えられるものはどれか。

ア 著作物を複製して引用する際には，引用される著作物について，その利用の態様に応じて合理的と認められる方法及び程度により，出所を明示しなければならない。

イ 個人的に又は家庭内，その他これに準ずる限られた範囲内において使用する場合には，著作権者の許諾なく著作物を複製することができる。

ウ 付随対象著作物の利用として認められる場合は写真の撮影や録画であって，録音の行為は含まれない。

エ 公表された著作物は，非営利目的で，聴衆や観客から料金を受けず，かつ実演等を行う者に報酬が支払われない場合には，著作権者の許諾なく著作物を上演や演奏等をすることができる。

問24

Check! □□□

ア～エを比較して，商標登録出願に関して，最も適切と考えられるものはどれか。

ア 出願に係る商標が，簡単な図形など，極めて簡単で，かつ，ありふれた標章のみからなる商標である場合には，識別力がない商標として登録を受けることができない。

イ １つの出願に複数の商標が含まれている場合，商標登録出願を商標毎に分割することができる。

ウ 公の秩序又は善良の風俗を害するおそれがある商標であっても，登録を受けることができる。

エ 出願に係る商標の指定商品の区分を変更する補正は，正しい区分へ是正する補正であっても，要旨変更に該当し認められない。

問23 解答・解説 正解：ウ

ア ○

問題文のとおりです(著48条1項1号)。なお、著作権法上の引用の他の要件としては、公表された著作物であること、引用が公正な慣行に合致するものであること、及び報道、批評、研究その他の引用の目的上正当な範囲内で行われるものであることです(同法32条1項)。

イ ○

著作権法上、私的使用のための複製に関して、問題文のとおりの内容が規定されています(著30条1項柱書)。

ウ ×

著作権法上、付随対象著作物の利用に関して、写真の撮影、録音、録画、放送その他これらと同様に事物の影像または音を複製し、または複製を伴うことなく伝達する行為が対象であることが規定されています(著30条の2第1項)

エ ○

著作権法上、営利を目的としない上演等に関して、問題文のとおりの内容が規定されています(著38条1項)。

問24 解答・解説 正解：ア

ア ○

問題文のとおりです(商3条1項5号)。

イ ×

商標登録出願人は、2以上の商品または役務を指定商品または指定役務とする商標登録出願の一部を1または2以上の新たな商標登録出願とすることができることは規定されていますが(商10条1項)、複数の商標に係る出願を、商標毎に分割することができることは規定されていません。

ウ ×

公の秩序または善良の風俗を害するおそれがある商標は、商標登録を受けることができません(商4条1項7号)。

エ ×

出願に係る商標の指定商品の区分を正しい区分へ是正する補正は、要旨変更となりません。例えば、指定商品を第21類「食器類」から「コップ，茶わん」とする補正等がこれに該当します(商標審査基準 第13 第16条の2及び第17条の2(補正の却下))。

問25

Check! □□□

ア〜エを比較して，特許料の納付に関して，最も適切と考えられるものはどれか。

ア　設定登録の際に納める特許料を納付しない場合，特許出願が拒絶される。

イ　設定登録の際に納める特許料は，第１年から第３年までの３年分のみで足りる。

ウ　設定登録の際に納める特許料の納付期限は，納付すべき者の請求により延長されることはない。

エ　設定登録の際に納める特許料は，特許査定の謄本が送達された日から60日以内に納付しなければならない。

問26

Check! □□□

ア〜エを比較して，著作権に関して，最も<u>不適切</u>と考えられるものはどれか。

ア　展示権とは，発行された写真の著作物を公に展示する権利である。

イ　頒布権とは，映画の著作物をその複製物により頒布する権利である。

ウ　口述権とは，言語の著作物を公に口述する権利である。

エ　貸与権とは，映画の著作物を除く著作物をその複製物の貸与により公衆に提供する権利である。

問25 解答・解説 正解：イ

ア ×

設定登録の際に納める特許料、すなわちいわゆる設定登録料を納付しない場合、出願却下処分となります（特18条1項、特許庁HP「設定登録の手続（設定登録料の支払い）」）。

イ ○

問題文のとおりです（特108条1項）。

ウ ×

設定登録料の納付期限は、特許料を納付すべき者の請求により、30日以内に限り延長されます（特108条3項）。なお、設定登録料を追納することはできません。

エ ×

設定登録料は、特許をすべき旨の査定または審決の謄本の送達があった日から30日以内に一時に納付しなければなりません（特108条1項）。

問26 解答・解説 正解：ア

ア ×

展示権とは、その美術の著作物またはまだ発行されていない写真の著作物をこれらの原作品により公に展示する権利です（著25条）。

イ ○

著作権法上、頒布権に関して問題文のとおりの内容が規定されています（著26条）。

ウ ○

著作権法上、口述権に関して問題文のとおりの内容が規定されています（著24条）。

エ ○

著作権法上、貸与権に関して問題文のとおりの内容が規定されています（著26条の3）。

問27

Check! □□□

ア～エを比較して，職務発明に関して，最も<u>不適切</u>と考えられるものはどれか。

ア　地方公務員が創作した発明であっても，職務発明に該当する場合がある。

イ　従業者は，職務発明について特許権を有する場合がある。

ウ　使用者は，職務発明について法定通常実施権を有する場合がある。

エ　職務発明は，その発明をするに至った行為が，使用者における従業者の現在又は将来の職務に属するものである。

問28

Check! □□□

ア～エを比較して，特許協力条約（ＰＣＴ）に係る国際出願に関して，最も適切と考えられるものはどれか。

ア　特許協力条約（ＰＣＴ）は，国際出願から特許権の付与に至るまで国際的に統一して行うことを目的とする。

イ　国際出願を行うためには，基礎となる出願が自国にあることが必要である。

ウ　日本国特許庁を受理官庁として英語による国際出願をした場合には，国際調査は日本国特許庁又は国際事務局が行う。

エ　特許協力条約（ＰＣＴ）は，特許出願に係る締約国毎に異なる方式的な手続を統一する条約である。

問27 解答・解説 正解：エ

ア ○

職務発明の成立要件は、①従業者等がした発明であること、②その性質上使用者等の業務範囲に属する発明であること、③その発明をするに至った行為がその使用者等における従業者等の現在または過去の職務に属する発明であること、です(特35条1項)。①に関して、「従業者等」には、従業者、法人の役員、国家公務員または地方公務員が含まれます(同項)。したがって、地方公務員による発明は、職務発明に該当する場合があります。

イ ○

あらかじめ、使用者等に特許を受ける権利を取得させること等に関する契約、勤務規則等の定めがない場合等には、従業者等は、職務発明について特許権を有する場合があります。

ウ ○

使用者等は、従業者等が職務発明について特許を受けたときは、その特許権について通常実施権を有します(特35条1項)。法定通常実施権とは、法律で定められた事項に基づいて発生する通常実施権のことをいい、職務発明に係る通常実施権はこれに該当します。

エ ×

アに記載の上記③のとおり、職務発明の成立要件の1つとして、その発明をするに至った行為がその使用者等における従業者等の現在または過去の職務に属することが規定されています(特35条1項)。

問28 解答・解説 正解：エ

ア ×

PCT国際出願では、国際的に統一された願書により出願をすることができます。これに対して、出願の審査は、指定国ごとに行われるため、特許権の付与は国際的に統一して行われません。

イ ×

国際出願を行うにあたっての、問題文のような規定はありません。

ウ ×

日本国特許庁を受理官庁として英語による国際出願をした場合、国際調査は日本国特許庁、欧州特許庁またはシンガポール知的財産庁が行います。

エ ○

問題文のとおりです。

問29　Check! □□□

ア～エを比較して，わが国の著作権法で保護される著作物等に関して，最も適切と考えられるものはどれか。

ア　外国で発行された著作物は，日本国民が創作したものであっても保護されない。

イ　事実の伝達にすぎない雑報及び時事の報道は，著作物とならない。

ウ　外国人が創作した著作物は，日本国内で著作権の登録をしなければ保護されない。

エ　裁判所の判決は，著作物の要件を満たしていれば保護を受けられる。

問30　Check! □□□

ア～エを比較して，特許制度と品種登録制度に関して，最も不適切と考えられるものはどれか。

ア　特許制度は，発明という技術的思想の創作を保護対象とするのに対し，品種登録制度は，植物の新品種という植物体の集合を保護対象とする。

イ　品種登録の要件の1つとして，特許要件と同様に，進歩性を有することが挙げられる。

ウ　登録品種の育成をする方法について特許権を有する者がその特許に係る方法により登録品種の種苗を生産する行為には，育成者権の効力は及ばない。

エ　特許権の存続期間の終期は，出願の日から起算するのに対し，育成者権の存続期間の終期は，登録の日から起算する。

問29 解答・解説 正解：イ

ア ×

日本国民の著作物は保護されます(著6条1号)。また、日本国民の著作物が、外国で発行されたものである場合には保護されないことを定めた例外規定はありません。

イ ○

問題文のとおりです(著10条2項)。

ウ ×

わが国は無方式主義を採用しているため、国籍を問わず、著作権の登録をしなければ保護されないということはありません。

エ ×

著作権法上、裁判所の判決等は、権利の目的とならない、すなわち保護されない著作物として規定されています(著13条3号)。

問30 解答・解説 正解：イ

ア ○

特許法は、発明を保護し(特1条)、「発明」とは、自然法則を利用した技術的思想の創作のうち高度のものをいいます(同法2条1項)。これに対して、種苗法は、新品種の保護のための品種登録に関する制度について定めたものであり(種1条)、「品種」とは、特性の全部または一部によって他の植物体の集合と区別することができ、かつ、その特性の全部を保持しつつ繁殖させることができる一の植物体の集合をいいます(同法2条2項)。

イ ×

品種登録の要件として、進歩性は規定されていません(種3条、及び同法4条参照)。

ウ ○

種苗法上、育成者権の効力が及ばない範囲に関して、問題文のとおりの内容が規定されています(種21条1項2号)。

エ ○

問題文のとおり、特許権の存続期間は、特許出願の日から20年であり(特67条1項)、育成者権の存続期間は、品種登録の日から25年(永年性植物については30年)です(種19条2項)。

問31

Check! □□□

ア～エを比較して，特許権に係る先使用権に関して，最も<u>不適切</u>と考えられるものはどれか。

ア 特許権者は，先使用権を有する者に対して，実施料を請求できる。

イ 特許権に係る特許出願の出願時に，第三者が特許出願に係る発明の実施を準備している場合，当該第三者に先使用権が認められることがある。

ウ 特許権に係る特許出願の出願前に，第三者が特許出願に係る発明を海外においてのみ実施している場合，当該第三者に先使用権は認められない。

エ 自ら特許権を取得していない発明について，第三者の特許権について先使用権が認められることがある。

問31 解答・解説 正解：ア

ア ×

特許法上、特許権者が、先使用権者に対して、実施料等の対価を請求できることは規定されていません(特79条参照)。

イ ○

①特許出願に係る発明の内容を知らないで自らその発明をし、または特許出願に係る発明の内容を知らないでその発明をした者から知得して、②特許出願の際現に③日本国内において④その発明の実施である事業をしている者またはその事業の準備をしている者は、その実施または準備をしている発明及び事業の目的の範囲内において、その特許出願に係る特許権についての通常実施権、すなわち先使用権を有します(特79条)。本問では、少なくとも上記②、④の要件を満たすため、当該第三者に先使用権が認められることがあります。

ウ ○

本問では、イに記載の上記③の要件を満たさないため、当該第三者に先使用権は認められません。

エ ○

特許権を取得していることは、先使用権の要件ではないため(イに記載の上記①～④参照)、自らが特許権を取得していない発明に係る他人の特許権ついて、先使用権が認められることがあります。

問32

Check! □□□

ア～エを比較して，著作物に関して，最も<u>不適切</u>と考えられるものはどれか。

ア 出版権者は，他人に対し，その出版権の目的である著作物の複製を許諾することができる場合がある。

イ 法人は，職務著作に係る著作物の内容を，その著作物を創作した従業者の意思に反して改変することができる。

ウ 共同著作物を利用する場合，共有著作権者全員の合意がなければ，当該著作物を利用することはできない。

エ 実演家の許諾を得てその実演が録音又は録画された映画の著作物を，映画の著作物として複製する場合は，実演家の許諾を得る必要がある。

問33

Check! □□□

ア～エを比較して，特許出願に関して，最も適切と考えられるものはどれか。

ア 出願審査の請求をされた特許出願は，意匠登録出願に変更することができない。

イ 特許出願人の請求により，出願審査の請求を取り下げることができる。

ウ 特許出願人は，出願公開を特許出願の日から1年6カ月より前に行うことを請求でき，この請求は取り下げることはできない。

エ 出願公開される特許出願は，出願審査の請求がされたものに限られる。

問32 解答・解説 正解：エ

ア ○

出版権者は、複製権等保有者の承諾を得た場合に限り、他人に対し、その出版権の目的である著作物の複製または公衆送信を許諾することができます(著80条3項)。なお、複製権等保有者とは、複製権または公衆送信権を有する者をいいます(同法79条1項かっこ書)。

イ ○

職務著作についての著作者は、法人等です(著15条)。ここで、著作物の改変に関する権利として、著作者人格権としての同一性保持権(同法21条)、及び著作権としての翻訳権、翻案権(同法27条)が挙げられますが、職務著作の著作者である法人は、著作者人格権及び著作権を享有します(同法17条1項)。したがって、法人は、職務著作に係る著作物の内容を、その著作物を創作した従業者の意思に反して改変することができます。

ウ ○

共有著作権は、その共有者全員の合意によらなければ、行使することができません(著65条2項)。すなわち、問題文のとおり、共同著作物を利用する場合には、その共有に係るすべての著作権者の合意が必要です。

エ ×

実演家は、一旦自身の実演を映画の著作物に録音または録画することを許諾すると、その映画がDVD、ブルーレイ等に複製される際には、権利を主張することができません(著91条2項)。これをワンチャンス主義といいます。なお、本問の映画の著作物を、テレビ放送、有線放送する場合についても同様です(著92条2項2号イ)。

問33 解答・解説 正解：ウ

ア ×

特許出願について最初の拒絶査定謄本の送達があった日から3カ月以内であれば、特許出願から意匠登録出願に変更することができます(意13条1項)。また、出願審査の請求をされた特許出願についての例外規定もありません。

イ ×

出願審査の請求は、取り下げることができません(特48条の3第3項)。

ウ ○

特許出願人は、特許出願の日から1年6カ月より前に出願公開を行うことを請求できるため(特64条の2第1項1号)、問題文の前段は適切です。また、出願公開の請求は、取り下げることができないため(同条2項)、問題文の後段も不適切です。

エ ×

原則として、すべての特許出願が、出願公開されます(特64条1項)。

問34

Check! □□□

ア～エを比較して，特許調査の目的に関して，最も不適切と考えられるものはどれか。

ア 競合他社の製品に係る特許出願を調査し，前記特許出願から発明者を抽出することにより，製品の開発者を推定することができる。

イ 自社でこれから開発しようとする製品技術が既に他社で開発済かどうかを調査することにより，重複研究，重複投資を回避することができる。

ウ 登録原簿に基づいて特定の技術分野における通常実施権の件数を調査することにより，前記技術分野における競合他社のライセンス状況を把握することができる。

エ 先の特許出願を確認しておくことにより，新しい研究開発のテーマの手掛かりを見つけることができる。

問35

Check! □□□

ア～エを比較して，登録異議の申立て又は商標登録無効審判に関して，最も適切と考えられるものはどれか。

ア 継続して３年以上，日本国内で商標権者や使用権者のいずれもが指定商品・指定役務に登録商標を使用していないときは，何人も登録異議の申立てを行うことができる。

イ 登録異議の申立てを行い，登録維持の決定がされた後は，同一の商標登録に対して，商標登録無効審判を請求することができない。

ウ 商標登録が商標法第４条第１項第11号（先願先登録）の規定に違反してされたとき，利害関係人のみが，商標登録無効審判を請求できる。

エ 商標登録が商標法第３条第１項第２号（慣用商標）の規定に違反してされたとき，当該商標権の設定登録の日から３年を経過した場合には，商標登録無効審判を請求することができない。

問34 解答・解説 正解：ウ

ア ○

公開特許公報及び特許掲載公報には、発明者の氏名が掲載されるため(特64条2項3号、及び同法66条3項3号)、特許出願の調査によって、発明者を抽出することができます。

イ ○

先行技術調査の目的として適切です。

ウ ×

通常実施権の許諾は、特許原簿に登録されません(特27条1項各号参照)。なお、特許権及び専用実施権の設定は、特許原簿に登録されます。

エ ○

先行技術調査の目的として適切です。

問35 解答・解説 正解：ウ

ア ×

本問は、いわゆる不使用取消審判(商50条1項)に関する内容です。

イ ×

商標法上、このような規定はありません。すなわち、登録異議の申立てを行い、登録維持の決定がされた場合であっても、同一の商標登録に対して、商標登録無効審判を請求することができます。

ウ ○

商標登録無効審判は、無効理由によらず、利害関係人に限り請求することができます(商46条2項)。

エ ×

商標登録が商標法3条(商標登録の要件)の規定に違反してされた場合等、登録商標が特定の無効理由を有するときは、商標権の設定の登録の日から5年を経過した後は、商標登録無効審判を請求することができません(商47条1項)。これを除斥期間といいます。

問36　Check! □□□

ア～エを比較して，著作者に関して，最も不適切と考えられるものはどれか。

ア　著作者であっても，著作権を有さない場合がある。

イ　著作物の原作品に，実名が著作者名として通常の方法により表示されている者は，その著作物の著作者と推定される。

ウ　映画の著作物の著作者とは，その映画の著作物において翻案され，又は複製された小説，脚本，音楽その他の著作物の著作者をいう。

エ　著作者とは，著作物を創作する者であり，自然人だけでなく法人も著作者になり得る。

問37　Check! □□□

ア～エを比較して，特許出願を行うことによる企業経営上のメリットに関して，最も不適切と考えられるものはどれか。

ア　特許出願が公開されれば，特許権の設定の登録前の他社の実施行為であっても特許権の侵害として損害賠償を請求することができる。

イ　特許権が得られれば，先願主義の下，他社が同一発明に係る特許権を取得することを防止することができる。

ウ　特許権が得られれば，他社とクロスライセンスをすることによって，事業活動の自由を確保することができる場合がある。

エ　特許出願をし，出願した事実を公表することにより，自社の技術力を広くアピールすることができる場合がある。

問36 解答・解説 正解：ウ

ア ○

例えば、映画の著作物の著作者が映画製作者に対し当該映画の著作物の製作に参加することを約束している場合(著29条1項)、著作権が譲渡された場合(同法61条1項)等には、著作者は著作権を有しません。

イ ○

著作権法上、著作者の推定に関して、問題文のとおりの内容が規定されています(著14条)。

ウ ×

著作権法上、映画の著作物の著作者は、その映画の著作物において翻案され、または複製された小説、脚本、音楽その他の著作物の著作者を除き、制作、監督、演出、撮影、美術等を担当してその映画の著作物の全体的形成に創作的に寄与した者とすることが規定されています(著16条)。

エ ○

著作権法上、著作者とは、著作物を創作する者であることが規定されているため(著2条1項2号)、問題文の前段は適切です。また、例えば、職務著作の場合には、法人等が著作者になるため(同法15条)、問題文の後段も適切です。

問37 解答・解説 正解：ア

ア ×

特許権は、設定の登録により発生します(特66条1項)。したがって、損害賠償請求の対象となるのは、特許権の設定の登録後の実施行為に対してのみです。なお、出願公開後における所定の警告後、特許権の設定の登録前の実施行為は、補償金請求権の対象です(同法65条1項)。

イ ○

同一の発明について異なった日に2以上の特許出願があったときは、最先の特許出願人のみがその発明について特許を受けることができます(特39条1項)。したがって、問題文の内容は適切です。

ウ ○

問題文のとおりです。

エ ○

問題文のとおりです。

問38

Check! □□□

ア〜エを比較して，意匠登録出願に関して，最も適切と考えられるものはどれか。

ア 法人の従業者が職務として意匠を創作した場合は，意匠登録を受ける権利は法人に発生し，創作者は法人となる。

イ 新規性のない意匠は登録を受けられないが，自己の行為に起因して意匠が公知となった場合に，意匠登録を受けることができる場合がある。

ウ 拒絶査定を受けた場合には，拒絶査定の謄本送達日から６カ月以内に拒絶査定不服審判を請求することができる。

エ 他者と共同で意匠を創作したときでも，その意匠について単独で意匠登録出願をすることができる。

問39

Check! □□□

ア〜エを比較して，事業戦略や特許戦略に関して，最も<u>不適切</u>と考えられるものはどれか。

ア ＩＰランドスケープは，経営陣や事業責任者に提示すべきであり，研究開発部門や知的財産部門内で完結すべきものではない。

イ パテントマップでは，他社の研究開発の進捗状況や，他社の技術上の強みや弱みを知ることはできない。

ウ ＩＰランドスケープでは，知的財産に関する情報のみならず，知的財産以外の株式情報等も取り入れて解析される。

エ ＩＰランドスケープは，Ｍ＆Ａの候補企業の探索に用いることができる場合がある。

問38 解答・解説 正解：イ

ア ×

職務創作(職務意匠)の場合であっても、契約、勤務規則等に定めがない限り、意匠登録を受ける権利を有する者は、意匠の創作者である従業者等です(意3条1項柱書、及び同法15条3項で準用する特35条参照)。また、法人は創作者とはなり得ないため、意匠の創作者も従業者等です。なお、契約、勤務規則等において、あらかじめ使用者等に意匠登録を受ける権利を取得させることを定めたときは、意匠登録を受ける権利は、その発生したときから、使用者等に帰属します。

イ ◯

意匠法においても、特許法等と同様に、自己の行為に起因して意匠が公知等となった場合における新規性の喪失の例外について規定されています(意4条2項)。なお、この規定の適用を受けようとする場合、意匠が公知等となった日から1年以内に出願をする必要があります(同項)。

ウ ×

拒絶をすべき旨の査定を受けた者は、その査定に不服があるときは、その査定の謄本の送達があった日から3カ月以内に拒絶査定不服審判を請求することができます(意46条1項)。なお、特許法、商標法でも同様です。

エ ×

意匠登録を受ける権利が共有に係るときは、各共有者は、他の共有者と共同でなければ、意匠登録出願をすることができません(意15条1項で準用する特38条)。

問39 解答・解説 正解：イ

ア ◯

IPランドスケープは「経営戦略または事業戦略の立案に際し、①経営・事業情報に知財情報を組み込んだ分析を実施し、②その結果(現状の俯瞰・将来展望等)を経営者・事業責任者と共有すること」と定義されています(特許庁「経営戦略に資する知財情報分析・活用に関する調査研究の概要」)。

イ ×

他社の研究開発の進捗状況、他社の技術上の強み及び弱みを知ること等を目的として、パテントマップは活用されます。なお、パテントマップとは、特許情報を調査・分析して、自社及び他社の技術動向等を把握するために作成されるグラフ等のことをいいます。

ウ ◯

アに記載のとおり、IPランドスケープでは、株式情報等の経営・事業情報も取り入れて解析されます。

エ ◯

M&Aの候補企業の探索は、経営戦略または事業戦略の立案に関するため、IPランドスケープの目的として適切です。

問40　Check! □□□

ア～エを比較して，商標権の存続期間の更新登録に関して，最も<u>不適切</u>と考えられるものはどれか。

ア　商標権の存続期間の更新登録の申請が行われると，実体審査されることなく，その商標権の存続期間が更新される。

イ　自己の責めに帰すべき事由によって商標権の存続期間の更新登録の申請ができる期間が経過した場合であっても，存続期間の満了後の6カ月以内であれば，倍額の登録料を納付して更新登録の申請をすることができる。

ウ　商標権の存続期間の更新登録の申請の際に，商標権者又は使用権者が指定商品について登録商標を使用していない場合には，更新登録を受けることができない。

エ　商標権についての通常使用権が登録されている場合であっても，当該通常使用権者は，その商標権の存続期間の更新登録の申請をすることはできない。

問40 解答・解説 正解：ウ

ア ○

問題文のとおり、商標権の存続期間の更新に際して、実体審査は行われません（商23条参照）。

イ ○

商標権者は、商標権の存続期間の更新登録の申請をすることができる期間が経過した後であっても、経済産業省令で定める期間内にその申請をすることができます（商20条3項）。ここで、「経済産業省令で定める期間」とは、存続期間の満了後6カ月です（商施規10条2項）。商標法20条3項の規定により更新登録の申請をする場合は、登録料及び登録料と同額の割増登録料、すなわち倍額の登録料を納付する必要があります（同法43条1項）。

ウ ×

商標権者または使用権者が指定商品について登録商標を使用していることは、商標権の存続期間の更新登録の要件ではありません（商23条参照）。

エ ○

商標権の存続期間は、商標権者の更新登録の申請により更新することができます（商19条2項）。すなわち、使用権者は、商標権の存続期間の更新登録の申請をすることはできません。

＜過去問編＞

第46回
知的財産管理技能検定®

2級 学科試験

［問題と解答］

（はじめに）

すべての問題文の条件設定において，特に断りのない限り，他に特殊な事情がないものとします。また，各問題の選択肢における条件設定は独立したものと考え，同一問題内における他の選択肢には影響しないものとします。

特に日時の指定のない限り，2023年5月1日現在で施行されている法律等に基づいて解答しなさい。

解答は，選択肢ア～エの中から１つ選びなさい。

問1

Check! □□□

ア～エを比較して，著作者人格権に関して，最も適切と考えられるものはどれか。

ア 公衆への二次的著作物の提供，提示に際し，原著作物の著作者は氏名表示権を行使することができない。

イ 法人著作に係る著作物の著作者人格権は，その法人が有する。

ウ 建築物の増築，改築，修繕又は模様替えによる改変は，同一性保持権の侵害となる。

エ 著作物の原作品を譲渡した場合，当該著作物を原作品による展示の方法で公衆に提示することについて同意したものとみなされる。

問1解答・解説 正解：イ

ア ×

著作者は、氏名表示権を有します(著19条1項)。また、その著作物を原著作物とする二次的著作物の公衆への提供または提示に際しての原著作物の著作者名の表示についても、同様とすることが規定されています(同条2項)。すなわち、公衆への二次的著作物の提供、提示に際し、原著作物の著作者は氏名表示権を行使することができます。

イ ○

著作者は、著作者人格権及び著作権を享有します(著17条1項)。ここで、著作物が法人著作(職務著作)である場合、著作者は法人等です(同法15条1項)。したがって、法人著作に係る著作物の著作者人格権は、その法人が有します。

ウ ×

著作者は、同一性保持権を有します(著20条1項)。ただし、建築物の増築、改築、修繕または模様替えによる改変については、同一性保持権に関する規定は適用されません(同条2項2号)。したがって、問題文のような改変は、同一性保持権の侵害とはなりません。

エ ×

著作権法上、公表権に関して「その美術の著作物または写真の著作物でまだ公表されていないものの原作品を譲渡した場合、これらの著作物をその原作品による展示の方法で公衆に提示することについて同意したものと推定される」ことは規定されていますが(著18条2項2号)、あらゆる著作物の原作品を譲渡した場合に、上記の提示をすることについて同意したものとみなされることは規定されていません。なお、法律上「推定する」とは、反証がない限りその事実があったものとして取り扱うという意味であり、「みなす」とは、事実がどうであるかにかかわらず、その事実があったものとして取り扱うという意味です。「みなす」については反証が認められないのに対して、「推定する」については反証が認められるという違いがあります。

問2

Check! □□□

ア〜エを比較して，職務発明に関して，最も適切と考えられるものはどれか。

ア 職務発明をした従業者は，使用者がその職務発明について通常実施権を取得した場合であっても，実施権の許諾についての対価を請求することができない。

イ 職務発明について，使用者が特許権を取得した場合，当該職務発明をした従業者の同意がなければ，使用者は第三者に通常実施権を許諾することができない。

ウ 従業者が，職務発明について使用者に対して特許を受ける権利を予め譲渡することを約束した場合に請求することができる「相当の利益」は，金銭の給付だけに限られる。

エ 発明することを期待されていない管理職がした発明が職務発明に該当することはない。

問3

Check! □□□

ア〜エを比較して，特許無効審判に関して，最も適切と考えられるものはどれか。

ア 特許無効審判は，特許権の消滅後は請求することができない。

イ 無効審決に対する訴えは，無効審決の謄本の発送日から30日以内に提起することができる。

ウ 特許無効審判を請求することができる者は利害関係人であり，当該利害関係人にはその特許に係る特許を受ける権利を有する者も含まれる。

エ 特許を無効にすべき旨の審決が確定すると，特許権は当該特許無効審判が請求された日に遡って消滅する。

問2 解答・解説 正解：ア

ア ○

特許法上、職務発明に係る通常実施権について、特許権者である従業者が、通常実施権者である使用者等に、実施権の許諾についての対価を請求することができることは規定されていません(特35条参照)。

イ ×

特許権者は、その特許権について他人に自由に通常実施権を許諾することができます(特78条1項)。職務発明に係る通常実施権について、職務発明をした従業者の同意が必要という例外規定もありません。

ウ ×

職務発明をした従業者等に与えられる相当の利益には、留学の機会やストックオプション等、金銭以外の経済上の利益も含まれます(工業所有権法(産業財産権法)逐条解説[第22版]特35条4項)。なお、この経済上の利益については、経済的価値を有すると評価できるものである必要があり、例えば、表彰状等のように相手方の名誉を表するだけのものは含まれません。

エ ×

職務発明の成立要件は、①従業者等がした発明であること、②その性質上使用者等の業務範囲に属する発明であること、③その発明をするに至った行為がその使用者等における従業者等の現在または過去の職務に属する発明であること、です(特35条1項)。このうち上記③の「職務」に関しては、必ずしも発明をすること自体を職務とする場合に限りません(工業所有権法(産業財産権法)逐条解説[第22版]特35条1項)。

問3 解答・解説 正解：ウ

ア ×

特許無効審判は、特許権の消滅後においても、請求することができます(特123条3項)。

イ ×

無効審決に対する訴え等の審決取消訴訟は、審決または決定の謄本の送達があった日から30日以内に提起することができます(特178条3項)。

ウ ○

特許無効審判は、利害関係人に限り請求することができます(特123条2項)。また、利害関係人には、特許を受ける権利を有する者が含まれます(審判便覧(第20版) 31-02 利害関係人の具体例)

エ ×

特許を無効にすべき旨の審決が確定したときは、特許権は、初めから存在しなかったものとみなされます(特125条)。

問4

Check! □□□

ア～エを比較して，特許要件に関して，最も適切と考えられるものはどれか。

ア 同一の発明について異なった日に二以上の特許出願があったときは，最先の発明者のみがその発明について特許を受けることができる。

イ 特許出願に係る発明が，当該特許出願をした後，当該特許出願が公開される前に日本国内において，電気通信回線を通じて公衆に利用可能となった発明と同一の場合には，特許を受けることができない。

ウ 明細書の発明の詳細な説明の記載要件に関しては，特許異議の申立ての理由とすることができない。

エ 特許出願前にその発明の属する技術の分野における通常の知識を有する者が，公知技術に基づいて容易に発明をすることができたときは，その発明については，特許を受けることができない。

問5

Check! □□□

ア～エを比較して，商標法に規定する登録異議の申立て又は審判に関して，最も適切と考えられるものはどれか。

ア 何人も，商標登録を無効にすることについて審判を請求することができる。

イ 利害関係人に限り，登録異議の申立てをすることができる。

ウ 何人も，商標法第51条（不正使用取消審判）に規定する審判を請求することができる。

エ 登録商標が3年間継続して使用されていない期間があれば，現在その登録商標が使用されていても，その登録商標に対して商標法第50条（不使用取消審判）に規定する審判を請求することができる。

問4 解答・解説　正解：エ

ア ×

同一の発明について異なった日に2以上の特許出願があったときは、最先の特許出願人のみがその発明について特許を受けることができます(特39条1項)。

イ ×

特許出願前に日本国内または外国において、頒布された刊行物に記載された発明または電気通信回線を通じて公衆に利用可能となった発明については、特許を受けることができません(特29条1項3号)。なお、他の新規性、及び進歩性の時期的要件についても同様です(同項1号及び2号、並びに同条2項)。

ウ ×

何人も、特許が特許法36条4項1号または6項(4号を除く)に規定する要件を満たしていない特許出願に対してされたことを理由に、特許異議の申立てをすることができます(同法113条4号)。同法36条4項1号は、実施可能要件、すなわち明細書の発明の詳細な説明の記載要件について規定した条文です。

エ ○

特許法上、進歩性に関して問題文のとおりの内容が規定されています(特29条2項)。

問5 解答・解説　正解：ウ

ア ×

利害関係人に限り、商標登録無効審判を請求することができます(商46条2項)。

イ ×

何人も、登録異議の申立てをすることができます(商43条の2柱書)。

ウ ○

何人も、不正使用取消審判を請求することができます(商51条1項)。

エ ×

継続して3年以上日本国内において商標権者、専用使用権者または通常使用権者のいずれもが各指定商品または指定役務についての登録商標の使用をしていないときは、何人も、その指定商品または指定役務に係る商標登録を取り消すことについての審判、すなわち不使用取消審判を請求することができます。「していないとき」であるため、審判請求時に使用をしていれば、それ以前に継続して3年以上の不使用の事実があっても、この審判を請求することはできません(工業所有権法(産業財産権法)逐条解説[第22版]商50条1項)。

問6

Check! □□□

ア～エを比較して，特許権における実施権，許諾等に関する次の文章の空欄 [1]～[3] に入る語句の組合せとして，最も適切と考えられるものはどれか。

特許権が共有となっている場合，共有者の同意は，各共有者がその特許発明を実施するには [1] であり，第三者に専用実施権や通常実施権を許諾するには [2] であり，質権を設定するには [3] である。

ア [1]＝必要　[2]＝必要　[3]＝必要
イ [1]＝必要　[2]＝不要　[3]＝不要
ウ [1]＝不要　[2]＝不要　[3]＝不要
エ [1]＝不要　[2]＝必要　[3]＝必要

問6 解答・解説 正解：エ

ア ×

エに記載のとおりです。

イ ×

エに記載のとおりです。

ウ ×

エに記載のとおりです。

エ ○

特許権が共有に係るときは、各共有者は、契約で別段の定をした場合を除き、他の共有者の同意を得ないでその特許発明の実施をすることができます(特73条2項)。特許権が共有に係るときは、各共有者は、他の共有者の同意を得なければ、その特許権について専用実施権を設定し、または他人に通常実施権を許諾することができません(同条3項)。特許権が共有に係るときは、各共有者は、他の共有者の同意を得なければ、その持分を譲渡し、またはその持分を目的として質権を設定することができません(同条1項)。

問7

Check! □□□

ア～エを比較して，公衆送信権等に関して，最も<u>不適切</u>と考えられるものはどれか。

ア 公衆送信には，放送・有線放送の他，自動公衆送信も含まれる。

イ レコード製作者の送信可能化権の対象となるのは，商業用レコードのみである。

ウ 複製権又は公衆送信権を有する者は，出版権を設定することができる。

エ プログラムの著作物を同一構内における電気通信設備により送信することは，公衆送信に該当する。

問7 解答・解説　正解：イ

ア ◯

著作権法上、放送とは、公衆送信のうち、公衆によって同一の内容の送信が同時に受信されることを目的として行う無線通信の送信をいいます(著2条1項8号)。有線放送とは、公衆送信のうち、公衆によって同一の内容の送信が同時に受信されることを目的として行う有線電気通信の送信をいいます(同項9の2号)。自動公衆送信とは、公衆送信のうち、公衆からの求めに応じ自動的に行うものをいいます(同項9の4号)。すなわち、いずれも公衆送信に含まれます。

イ ×

レコード製作者は、そのレコードを送信可能化する権利を専有します(著96条の2)。著作権法上、「レコード」とは、蓄音機用音盤、録音テープその他の物に音を固定したものをいい(同法2条1項5号)、商業用レコードに限定することは規定されていません。したがって、レコード製作者の送信可能化権の対象となるのは、商業用レコードに限られません。なお、商業用レコードとは、市販の目的をもって製作されるレコードの複製物をいいます(同項7号)。

ウ ◯

著作権法21条または23条1項に規定する権利を有する者は、出版権を設定することができます(著79条1項)。ここで、同法21条は複製権、23条1項は公衆送信権について規定しています。すなわち、複製権または公衆送信権を有する者は、出版権を設定することができます。

エ ◯

著作権法上、公衆送信とは、公衆によって直接受信されることを目的として無線通信または有線電気通信の送信を行うことをいいます(著2条1項7の2号)。ここで、同一構内における電気通信設備による送信は、公衆送信には該当しませんが(同号かっこ書き)、例外的に、プログラムの著作物の送信は公衆送信に該当します(同号かっこ書のかっこ書)。

問8

Check! □□□

ア～エを比較して，種苗法に基づく品種登録に関して，最も<u>不適切</u>と考えられるものはどれか

ア 育成者権者は，登録品種のみならず，当該登録品種と特性により明確に区別されない品種についても，業として利用する権利を専有する。

イ 既存の品種よりも優れた品種でなければ，品種登録を受けることができない。

ウ 育成者権の効力は，いわゆる自家増殖にも及ぶ場合がある。

エ 出願品種の種苗が日本国内において出願の日から1年遡った日前に業として譲渡されているときは，品種登録を受けることができない。

問9

Check! □□□

ア～エを比較して，ＩＰランドスケープに関して，最も適切と考えられるものはどれか。

ア ＩＰランドスケープとは，経営陣や事業責任者に提示して経営や事業が失敗しないようにするために，特許情報を活用して事業の知的財産リスクを示す業務のことである。

イ ＩＰランドスケープとは，経営陣や事業責任者に提示して経営戦略や事業戦略策定に用いるために，特許情報及びビジネス情報を活用して事業の見通しを示す業務のことである。

ウ ＩＰランドスケープとは，知的財産部門及び研究開発部門において特許権利化戦略策定に用いるために，特許情報を視覚化したものを用いる業務のことである。

エ ＩＰランドスケープとは，研究開発部門において研究開発戦略策定に用いるために，特許情報及びビジネス情報をわかりやすく視覚化して図や表などで示した情報を作成する業務のことである。

問8 解答・解説 正解：イ

ア ○

種苗法上、育成者権の効力に関して、問題文のとおりの内容が規定されています(種20条1項)。

イ ×

種苗法上、品種登録要件に関して、問題文のような内容は規定されていません(種3条及び同法4条参照)。

ウ ○

令和4年4月施行の改正種苗法において、登録品種の自家増殖は、育成者権者の許諾を得た場合に限り認められることになりました。すなわち、育成者権者の許諾を得ていない場合、育成者権の効力は、自家増殖にも及びます。

エ ○

種苗法上、日本国内における未譲渡性の品種登録要件に関して、問題文のとおりの内容が規定されています(種4条2項)。

問9 解答・解説 正解：イ

ア ×

イに記載のとおりです。

イ ○

IPランドスケープとは、経営戦略または事業戦略の立案に際し、①経営･事業情報に知財情報を組み込んだ分析を実施し、②その結果(現状の俯瞰･将来展望等)を経営者･事業責任者と共有すること、と定義されています(特許庁「経営戦略に資する知財情報分析･活用に関する調査研究の概要」)。この定義に最も合致しているのは選択肢のイです。

ウ ×

イに記載のとおりです。

エ ×

イに記載のとおりです。

問10

Check! □□□

ア～エを比較して，パリ条約に関して，最も<u>不適切</u>と考えられるものはどれか。

ア 同盟国の国民であれば，保護が請求される国に住所又は営業所を有していなくても，内国民待遇を受けることができる。

イ 同盟国に属しない国の国民は，同盟国の領域内に住所又は工業上若しくは商業上の営業所を有している場合には，内国民待遇を受けることができる。

ウ 同盟国は，他の同盟国の国民に対して，自国の国民に対して将来与えることがある保護及び救済措置を与える必要はない。

エ 司法上及び行政上の手続並びに裁判管轄権については，各同盟国の法令の定めるところによる。

問10 解答・解説　正解：ウ

ア ○

パリ条約上、内国民待遇の原則に関して、問題文のとおりの内容が規定されています(パリ2条(1)及び(2))。

イ ○

同盟国の国民は、内国民待遇を受けることができます(パリ2条(1))。また、同盟に属しない国の国民であって、いずれかの同盟国の領域内に住所または現実かつ真正の工業上もしくは商業上の営業所を有するものは、同盟国の国民とみなすことが規定されています(同法3条)。したがって、問題文のような場合には、内国民待遇を受けることができます。

ウ ×

パリ条約上、内国民待遇の原則に関して、各同盟国の国民は、工業所有権の保護に関し、この条約で特に定める権利を害されることなく、他のすべての同盟国において、当該他の同盟国の法令が内国民に対し現在与えておりまたは将来与えることがある利益を享受すること、すなわち、同盟国の国民は、内国民に課される条件及び手続に従う限り、内国民と同一の保護を受け、かつ、自己の権利の侵害に対し内国民と同一の法律上の救済を与えられることが規定されています(パリ2条(1))。

エ ○

司法上及び行政上の手続並びに裁判管轄権については、並びに工業所有権に関する法令上必要とされる住所の選定または代理人の選任については、各同盟国の法令の定めるところによることが規定されています(パリ2条(3))。すなわち、同項に規定されている事項については、例外的に、内国民待遇の原則が適用されないということです。

問11 Check! □□□

ア～エを比較して，著作権等に関して，最も適切と考えられるものはどれか。

ア 実演家の有する著作隣接権は，実演家の死亡した翌年から起算して70年間存続する。

イ 映画の著作物の著作者とは，映画の著作物の製作に発意と責任を有する者をいう。

ウ 外国人がわが国で著作者人格権の保護を受けるためには，わが国に住所又は居所を有する必要がある。

エ 故意又は過失により実演家人格権が侵害された場合，実演家は名誉又は声望を回復するための適当な措置を請求することができる。

問12 Check! □□□

ア～エを比較して，特許請求の範囲又は発明の詳細な説明の記載要件に関して，最も適切と考えられるものはどれか。

ア 特許請求の範囲の記載において，一の請求項に係る発明と他の請求項に係る発明とが同一でないこと

イ 特許請求の範囲は，請求項に区分して，各請求項毎に特許出願人が特許を受けようとする発明を特定するために必要と認める事項を記載したものであること

ウ 特許請求の範囲の記載において，特許を受けようとする発明が明確であること

エ 発明の詳細な説明の記載は，その発明の属する技術分野における通常の知識を有する者がその実施をすることができる程度に記載したものであること

問11 解答・解説 正解：エ

ア ×

実演家の有する著作隣接権は、その実演が行われた日の属する年の翌年から起算して70年間存続します（著101条2項1号）。

イ ×

映画の著作物の著作者は、その映画の著作物において翻案され、または複製された小説、脚本、音楽その他の著作物の著作者を除き、制作、監督、演出、撮影、美術等を担当してその映画の著作物の全体的形成に創作的に寄与した者です（著16条）。

ウ ×

著作者は、著作者人格権を享有します（著17条）。また、著作者が外国人である場合に、著作者人格権の保護を受けるために、わが国に住所等を有する必要があることを定めた例外規定もありません。すなわち、外国人がわが国で著作者人格権の保護を受けるために、わが国に住所または居所を有する必要はありません。

エ ○

著作者または実演家は、故意または過失によりその著作者人格権または実演家人格権を侵害した者に対し、損害の賠償に代えて、または損害の賠償とともに、著作者または実演家であることを確保し、または訂正その他著作者もしくは実演家の名誉もしくは声望を回復するために適当な措置を請求することができます（著115条）。これを、名誉回復措置請求権といいます。

問12 解答・解説 正解：ウ

ア ×

特許請求の範囲の記載において、一の請求項に係る発明と他の請求項に係る発明とが同一であってもよいことが規定されています（特36条5項第2文）。

イ ×

特許請求の範囲には、請求項に区分して、請求項ごとに特許出願人が特許を受けようとする発明を特定するために必要と認める事項のすべてを記載しなければなりません（特36条5項第1文）。

ウ ○

問題文のとおり、特許請求の範囲の記載において，特許を受けようとする発明が明確であることが必要です（特36条6項2号）。これを、明確性要件といいます。

エ ×

発明の詳細な説明の記載は、その発明の属する技術の分野における通常の知識を有する者がその実施をすることができる程度に明確かつ十分に記載したものであることが必要です（特36条4項1号）。これを、実施可能要件といいます。

問13

Check! □□□

ア～エを比較して，条約に関して，最も<u>不適切</u>と考えられるものはどれか。

ア 特許協力条約（PCT）に基づいて，商標登録出願をすることはできない。

イ マドリッド協定議定書に基づく国際商標登録出願は，基礎出願を受理し又は基礎登録した官庁を通じ，国際事務局に対して行う。

ウ マドリッド協定議定書に基づく国際登録の存続期間は，10年である。

エ パリ条約上の優先権を主張して商標登録出願をする場合に，優先期間は12カ月である。

問14

Check! □□□

ア～エを比較して，弁理士法に関して，最も適切と考えられるものはどれか。

ア 特許料の納付手続は，弁理士以外の者が業務として行うことができない。

イ 特許権の侵害訴訟において，弁理士は単独で代理することができない。

ウ 弁理士法人は，補佐人としての業務を行うことはできない。

エ 弁理士は，特許無効審判の請求に関して相談を受け，助言を与えた後であっても，当該特許無効審判について相手方である特許権者の代理人となることができる。

問13 解答・解説 正解：エ

ア ○

PCTにおいて「出願」とは、発明の保護のための出願をいい、特許、実用新案等の出願をいいます(PCT2条(i))。したがって、PCTに基づいて、商標登録出願をすることはできません。

イ ○

問題文のとおり、マドリッド協定議定書に基づく国際商標登録出願は、基礎出願を受理しまたは基礎登録をした官庁を通じ、国際事務局に対して行います(マドプロ2条(2))。

ウ ○

問題文のとおり、マドリッド協定議定書に基づく国際登録の存続期間は10年です(マドプロ6条(1))。

エ ×

パリ条約上の優先権を主張して出願する場合の優先期間は、商標については6カ月です(パリ4条C(1))。なお、意匠についても同様であり、特許、実用新案については12カ月です(同項)。

問14 解答・解説 正解：イ

ア ×

弁理士の独占業務については、弁理士法75条に規定されていますが、特許料の納付手続についての代理は、独占業務から除かれています(同条かっこ書)。したがって、弁理士以外の者が、特許料の納付手続を業務として行うことができます。

イ ○

問題文のとおり、特許権の侵害訴訟において、弁理士は単独で代理することができません(弁6条の2第1項)。

ウ ×

弁理士は、特許、実用新案、意匠もしくは商標、国際出願等に関する事項について、裁判所において、補佐人として、当事者または訴訟代理人とともに出頭し、陳述または尋問をすることができます(弁5条1項)。また、弁理士法人は、同法5条から6条の2までの規定により弁理士が処理することができる事務を当該弁理士法人の社員または使用人である弁理士に行わせる事務の委託を受けることができます(同法41条)。なお、補佐人とは、民事訴訟法上、裁判所の許可を得て、当事者・訴訟代理人などに付き添って期日に出頭し、その陳述を補助する者のことをいいます。

エ ×

弁理士法上、業務を行い得ない事件に関して、相手方の協議を受けて賛助し、またはその依頼を承諾した事件等が規定されています(弁31条1号等)。つまり、弁理士は、当事者同士の利益相反となるような代理業務を行うことはできないため、問題文のような場合に、代理人となることはできません。

問15

Check! □□□

ア〜エを比較して，商標権の侵害に関して，最も適切と考えられるものはどれか。

ア 商標権者は，自己の商標権を侵害するおそれがある者に対し，当該商標登録の内容を記載した書面を提示して警告した後でなければ，その侵害の停止又は予防を請求することができない。

イ 商標権者が，故意により自己の商標権を侵害した者に対し，その侵害により自己が受けた損害の賠償を請求する場合において，その者がその侵害の行為を組成した商品を譲渡したときは，譲渡数量に商標権者がその侵害の行為がなければ販売することができた商品の単位数量あたりの利益の額を乗じて得た額を，商標権者が受けた損害の額とすることができる。

ウ 商標権者は，他人の販売行為に係る侵害品が粗悪品であり，商標権者の信用が害された場合であっても，信用回復措置を請求することができない。

エ 商標権者が，故意により自己の商標権を侵害した者に対し，その侵害により自己が受けた損害の賠償を請求する場合において，その登録商標の使用に対し受けるべき金銭の額に相当する額を超える額を，商標権者は請求することができない。

問15 解答・解説 正解：イ

ア ×

商標権者等は、自己の商標権等を侵害する者または侵害するおそれがある者に対し、その侵害の停止または予防を請求することができます（商36条1項）。すなわち、警告が差止請求の要件であることは規定されていません。なお、実用新案法においては、実用新案技術評価書を提示して警告した後でなければ、権利行使をすることができません。

イ ○

厳密には、「譲渡数量のうち使用相応数量を超えない部分×単位数量当たりの利益の額」を損害の額とすることができます（商38条1項1号）。なお、他の産業財産権法、著作権法、不正競争防止法、及び種苗法でも同様です。

ウ ×

商標権者は、相手方の故意または過失により商標権を侵害されたことにより、自身の業務上の信用を害された場合、信用回復措置を請求することができます（商39条で準用する特106条）。なお、他の産業財産権法、不正競争防止法、及び種苗法でも同様です。

エ ×

商標権者等は、故意または過失により自己の商標権等を侵害した者に対し、その登録商標の使用に対し受けるべき金銭の額に相当する額の金銭を、自己が受けた損害の額としてその賠償を請求することができます（商38条3項）。また、この規定の金額を超える損害の賠償の請求は妨げられません（同条6項）。すなわち、商標権者は、損害賠償請求において、使用料相当額を超える額を請求することができます。なお、他の産業財産権法、著作権法、不正競争防止法、及び種苗法でも同様です。

問16

Check! □□□

ア～エを比較して，特許出願の願書に添付した明細書，特許請求の範囲又は図面の補正に関して，最も不適切と考えられるものはどれか。

ア 補正が認められると，補正をした内容は出願時に遡って効力を生じる。

イ 最後の拒絶理由通知を受けた場合には，当該拒絶理由通知を受けた時の明細書，特許請求の範囲又は図面に記載した事項の範囲内に限り明細書の補正をすることができる。

ウ 最後の拒絶理由通知を受けた場合には，特許請求の範囲に関して請求項の削除や誤記の訂正を目的とした補正をすることができる。

エ 最初の拒絶理由通知を受ける前においては，願書に最初に添付した明細書，特許請求の範囲又は図面に記載した事項の範囲内で明細書の補正をすることができる。

問17

Check! □□□

ア～エを比較して，著作者が有する同一性保持権に関する次の文章の空欄 1 ～ 3 に入る語句の組合せとして，最も適切と考えられるものはどれか。

同一性保持権とは，著作物及びその 1 の同一性を保持する権利であって，自分の著作物に 2 改変を受けない権利である。但し，著作物の性質並びに 3 により，やむを得ないと認められる場合などは権利が及ばない。

ア 1 ＝題号　2 ＝意に反する
　3 ＝利用の目的及び態様

イ 1 ＝二次的著作物　2 ＝名誉又は声望を害する
　3 ＝利用の目的及び態様

ウ 1 ＝題号　2 ＝名誉又は声望を害する
　3 ＝著作権の譲渡契約

エ 1 ＝二次的著作物　2 ＝意に反する
　3 ＝著作権の譲渡契約

問16 解答・解説 正解：イ

ア ◯

問題文のとおり、補正は出願時に遡って効力を有します(特許・実用新案審査基準第Ⅳ部 第2章 新規事項を追加する補正)。これを遡及効といいます。

イ ×

特許請求の範囲または図面について補正をするときは、原則として、願書に最初に添付した明細書、特許請求の範囲または図面に記載した事項の範囲内においてすることができます(特17条の2第3項)。この規定は、拒絶理由通知を受ける前であるか、後であるかにかかわらず適用され、また通知された拒絶理由が最初の拒絶理由通知であるか、最後の拒絶理由通知であるかにかかわらず適用されます。

ウ ◯

問題文のとおり、最後の拒絶理由通知を受けた場合には、特許請求の範囲に関して請求項の削除、及び誤記の訂正を目的とした補正をすることができます(特17条の2第5項1号及び3号)。なお、他に特許請求の範囲の限定的減縮、及び明瞭でない記載の釈明を目的とした補正をすることもできます(同項2号及び4号)。

エ ◯

イに記載のとおりです。

問17 解答・解説 正解：ア

ア ◯

著作権法上、同一性保持権に関して、著作者は、その著作物及びその題号の同一性を保持する権利を有し、その意に反してこれらの変更、切除その他の改変を受けないこと(著20条1項)、及び、著作物の性質並びにその利用の目的及び態様に照らしやむを得ないと認められる改変については、同項の規定は適用されないこと(同条2項4号)が規定されています。なお、実演家人格権の同一性保持権に関しては、自己の名誉または声望を害する実演の変更、切除その他の改変を受けないことが規定されています(同法90条の3第1項)。

イ ×

アに記載のとおりです。

ウ ×

アに記載のとおりです。

エ ×

アに記載のとおりです。

問18

Check! □□□

ア～エを比較して，特許権の設定登録を受けるための特許料の納付に関して，最も適切と考えられるものはどれか。

ア　特許料は，特許をすべき旨の査定の謄本の送達があった日から30日以内に納付しなければならないが，30日以内に限り延長することができる場合がある。

イ　特許料を納付する者は，納付期間の経過後であっても６カ月以内であれば，所定の割増特許料とともに特許料を納付することができる。

ウ　設定登録を受けるためには，第１年分の特許料の納付が必要である。

エ　特許料が所定の期間内に納付されない場合，その特許出願は拒絶される。

問18 解答・解説 正解：ア

ア ○

特許権の設定登録を受けるための特許料(いわゆる設定登録料)は、原則として、特許をすべき旨の査定または審決の謄本の送達があった日から30日以内に一時に納付しなければなりません(特108条1項)。ただし、特許庁長官は、特許料を納付すべき者の請求により、30日以内に限り、納付期間を延長することができます(同条3項)。

イ ×

設定登録料については、アに記載のとおり、納付期間を延長することはできますが、追納することができません。なお、4年以降の各年分の特許料、すなわち特許権を維持するための特許料(いわゆる年金)については、特許権者は、納付期間が経過した後であっても、その期間の経過後6カ月以内であれば、所定の割増特許料とともに、その特許料を追納することができます(特112条1項及び2項)。

ウ ×

設定登録料は、第1年から第3年までの各年分の特許料です(特108条1項)。

エ ×

設定登録料が納付されないと、出願却下処分となります(特18条1項、特許庁「権利化のための特許(登録)料の納付の流れについて」)。

問19

Check! □□□

ア～エを比較して，特許権の侵害に関して，最も適切と考えられるものはどれか。

ア 他人の特許発明を利用する製品であっても，自らがその製品に関する特許権を取得した上で生産する行為は，当該他人の特許権の侵害に該当しない。

イ 個人的に使用するためであっても，特許権を侵害する製品を製造する行為は，特許権の侵害に該当する。

ウ 特許権者から正当に販売された製品であっても，特許権者以外の転売者から購入した場合には，その製品を使用する行為は，特許権の侵害に該当する。

エ 試験又は研究のために特許製品を生産する行為は，特許権の侵害に該当しない。

問19 解答・解説 正解：エ

ア ×

特許権者は、業として特許発明の実施をする権利を専有します(特68条)。しかしながら、特許権者は、その特許発明がその特許出願の日前の出願に係る他人の特許発明を利用するものであるときは、業として自らの特許発明の実施をすることができません(同法72条1項)。ここで、特許権の侵害とは、権原なき第三者が、業として特許発明を実施すること等をいいます(同法68条等)。すなわち、他人の特許発明を利用する製品について、自らが特許権を有していたとしても、他人の特許発明を権原なく業として実施すると、その他人の特許権の侵害に該当します。

イ ×

個人的な使用であれば「業として」に該当しないため、特許権の侵害に該当しません。

ウ ×

特許権者または実施権者が我が国の国内において特許製品を譲渡した場合には、当該特許製品については、特許権はその目的を達成したものとして消尽し、もはや特許権の効力は、当該特許製品を実施する行為には及びません(BBS並行輸入事件)。本問では、特許製品が、特許権者から正当に販売されているため、その製品については、特許権は消尽しています。したがって、その後の転得者(転売者等)から購入したその製品を使用する行為は、特許権の侵害に該当しません。

エ ◯

特許権の効力は、試験または研究のためにする特許発明の実施には及びません(特69条1項)。したがって、問題文の行為は、特許権の侵害に該当しません。

問20

Check! □□□

ア～エを比較して，著作権法上の複製に関して，最も不適切と考えられるものはどれか。

ア 著作物の引用による複製は，公正な慣行に合致すること及び引用の目的上正当な範囲内において行うことにより，著作権者の許諾を得ずに行うことができる。

イ 複製とは，印刷，写真，複写，録音，録画その他の方法により有形的に再製することをいう。

ウ 著作権者の許諾を得ずにコピープロテクションを外して複製することは，個人的に使用する目的であってもできない。

エ 脚本の著作物について，当該著作物の上演，放送又は有線放送を録音し，又は録画することは，複製に含まれる。

問21

Check! □□□

ア～エを比較して，登録意匠の範囲に関して，最も不適切と考えられるものはどれか。

ア 登録意匠の範囲は，願書の記載及び願書に添付した図面に記載され又は願書に添付した写真，ひな形若しくは見本により現わされた意匠に基づいて判断される。

イ 出願当初の願書の記載や図面などの要旨を変更する補正があったものと意匠権の設定の登録があった後に認められたときは，その意匠登録出願は，その補正について手続補正書を提出した時にしたものとみなされる。

ウ 登録意匠と類似するか否かの判断は，創作者の視覚を通じて起こさせる美感に基づいて行う。

エ 登録意匠に類似する意匠について，意匠権者は独占排他的に実施することができる。

問20 解答・解説 正解：ア

ア ×

著作権法上、①引用の対象が、公表された著作物であること、②引用が、公正な慣行に合致するものであること、③引用が、報道、批評、研究その他の引用の目的上正当な範囲内で行われるものであること、及び④引用する著作物の出所を所定の方法等により明示すること、を満たせば、他人の著作物を引用して利用することができます（著32条）。本問では、上記①及び④を満たすかどうかが明らかではないため、必ずしも著作権者の許諾を得ずに、その著作物の引用による複製をすることができるとはいえません。

イ ○

著作権法上、複製の定義に関して、問題文のとおりの内容が規定されています（著2条1項15号）。

ウ ○

原則として、他人の著作物を複製することはできませんが（著21条）、私的使用のための複製であれば、他人の著作物を複製することができます（著30条1項柱書）。ただし、技術的保護手段、すなわちコピープロテクションを外して複製することは、個人的に使用する目的であってもできません（同項2号）。

エ ○

著作権法上、脚本の著作物についての複製の定義に関して、問題文のとおりの内容が規定されています（著2条1項15号イ）。

問21 解答・解説 正解：ウ

意匠

ア ○

意匠法上、登録意匠の範囲に関して、問題文のとおりの内容が規定されています（意24条1項）。

イ ○

意匠法上、願書の記載または図面等の補正と要旨変更に関して、問題文のとおりの内容が規定されています（意9条の2）。

ウ ×

登録意匠とそれ以外の意匠が類似であるか否かの判断は、需要者の視覚を通じて起こさせる美感に基づいて行います（意24条2項）。

エ ○

意匠権者は、業として登録意匠及びこれに類似する意匠の実施をする権利を専有します（意23条）。ここで「専有する」とは、独占排他的に実施することができることを意味します。

問22

Check! □□□

ア～エを比較して，著作物の利用に関して，最も不適切と考えられるものはどれか。

ア　編集著作物を利用する場合には，編集著作物の著作権者の許諾だけでなく，編集物の部分を構成する著作物の著作権者の許諾も必要である。

イ　データベースの著作物を利用する場合には，データベースの著作物の著作権者の許諾は必要であるが，データベースの部分を構成する著作物の著作権者の許諾は不要である。

ウ　共同著作物を利用する場合には，その共有に係るすべての著作権者の許諾が必要である。

エ　著作物を利用する権利の許諾を受けた者は，著作権者の承諾がなければ，許諾された利用方法と条件の範囲内であっても，当該著作物を利用する権利を第三者に譲渡することができない。

問23

Check! □□□

ア～エを比較して，特許権の行使に関して，最も不適切と考えられるものはどれか。

ア　警告相手の製品の実施行為が自社の特許権をたしかに侵害しているか，自社の特許権の権利範囲を過大に評価していないかを確認するために，社外の専門家にも意見を聞く。

イ　権利行使をしようとする特許に無効理由が含まれていないか，また，行使する相手側が自社にとって脅威となる特許権を有していないかを確認する。

ウ　警告をしなければ特許権を行使することができないので，警告書を内容証明郵便で送付する。

エ　警告相手が製品の販売を未だに開始していない場合であっても，侵害のおそれを客観的に立証することができれば，差止請求が可能である。

問22 解答・解説 正解：イ

ア ○

編集著作物と編集物の部分を構成する著作物とは、それぞれの著作物に係る著作権によって別々に保護されます(著12条1項及び同条2項)。したがって、問題文のとおり、編集著作物を利用する場合には、編集著作物の著作権者の許諾だけでなく、編集物の部分を構成する著作物の著作権者の許諾も必要です。

イ ×

編集著作物の場合と同様に、データベースの著作物の著作権者の許諾だけでなく、データベースの部分を構成する著作物の著作権者の許諾も必要です(著12条の2第1項及び同条2項)。

ウ ○

共同著作物の著作権は、その共有者全員の合意によらなければ、行使することができません(著65条2項)。すなわち、問題文のとおり、共同著作物を利用する場合には、その共有に係るすべての著作権者の許諾が必要です。

エ ○

利用権者、すなわち著作物を利用する権利の許諾を受けた者は、著作権者の承諾を得ない限り、利用権を譲渡することができません(著63条3項)。

問23 解答・解説 正解：ウ

ア ○

特許権の侵害の成否についての判断をするにあたっては、高度な専門知識を必要とするため、社外の専門家の意見を聞くことは適切です。

イ ○

特許権の行使にあたり、その特許に無効理由がある場合、特許無効審判により、その特許が無効にされ権利行使ができなくなること等が想定されます。また、相手方が自社にとって脅威となる特許権を有している場合に権利行使をすると、逆に相手方からも権利行使を受けたり、相手方の特許権についてのライセンス交渉が困難となったりすること等が想定されます。したがって、特許に無効理由がないこと、及び権利行使する相手側が自社にとって脅威となる特許権を有していないかを確認することは適切です。

ウ ×

警告は特許権の行使の要件ではありません。なお、警告は、補償金請求権の発生要件です(特65条1項)。

エ ○

特許権者等は、自己の特許権等を侵害する者または侵害するおそれがある者に対し、その侵害の停止または予防を請求することができます(特100条1項)。なお、他の産業財産権法、著作権法、不正競争防止法、及び種苗法においても同様です。

問24

Check! □□□

ア～エを比較して，関税法に関する次の文章の空欄［　1　］～［　3　］に入る語句の組合せとして，最も適切と考えられるものはどれか。

［　1　］は，特許権，実用新案権，意匠権，商標権，著作権，著作隣接権，回路配置利用権又は育成者権を侵害する物品で輸入されようとするものを没収して［　2　］し，又は当該物品を輸入しようとする者にその［　3　］を命ずることができる。

ア ［　1　］＝税関長　［　2　］＝廃棄　［　3　］＝積戻し

イ ［　1　］＝財務大臣　［　2　］＝積戻し　［　3　］＝差止め

ウ ［　1　］＝財務大臣　［　2　］＝差止め　［　3　］＝廃棄

エ ［　1　］＝税関長　［　2　］＝積戻し　［　3　］＝差止め

問25

Check! □□□

ア～エを比較して，特許協力条約（PCT）に基づく国際出願に関して，最も適切と考えられるものはどれか。

ア 国際出願をして国際調査が行われて国際調査見解書において特許性があるとされた場合には，指定国において特許性の審査が行われず特許権が発生する。

イ 国際出願をする場合には，日本語で出願することができる。

ウ 国際出願をした場合には，その後，権利取得を目的とする指定国において所定の国内移行手続を，優先日から3年以内にする必要がある。

エ 国際出願後に国際予備審査を請求した後には，請求の範囲についてのみ補正することができる。

問24 解答・解説 正解：ア

ア ○

関税法上、輸入してはならない貨物に関して、税関長は、特許権等を侵害する物品で輸入されようとするものを没収して廃棄し、または当該貨物を輸入しようとする者にその積戻しを命ずることができることが規定されています（関69条の11第2項）。

イ ×

アに記載のとおりです。

ウ ×

アに記載のとおりです。

エ ×

アに記載のとおりです。

問25 解答・解説 正解：イ

ア ×

国際出願の審査は、指定国ごとに行われます（特許庁HP「PCT国際出願制度の概要」）。

イ ○

問題文のとおり、受理官庁としての日本国特許庁に対して国際出願をする場合には、日本語で出願することができます（特許庁HP「PCT国際出願制度の概要」）。なお、日本国特許庁に対して英語で国際出願をすることもできます。

ウ ×

国内移行手続の期間は、優先日から30カ月です（PCT22条(1)、39条(1)(a)）。

エ ×

国際予備審査を請求した後にできる補正、すなわちいわゆる34条補正の対象は、請求の範囲に限られず、明細書及び図面も含まれます（PCT34条(2)(b)）。

問26

Check! □□□

ア～エを比較して，著作権の譲渡に関して，最も<u>不適切</u>と考えられるものはどれか。

ア 著作権の譲渡契約において，翻案権が譲渡の目的として特掲されていなければ，翻案権は譲渡した者に留保されたものと推定される。

イ 譲渡権は，映画の著作物には適用されない権利である。

ウ 著作権のうち，公衆送信権のみを譲渡することはできない。

エ 共同著作物の著作権について，各共有者は他の共有者の同意を得なければ，その持分を譲渡することができない。

問27

Check! □□□

ア～エを比較して，国内優先権の主張を伴う特許出願に関して，最も適切と考えられるものはどれか。

ア 国内優先権の主張を伴う特許出願は，先の出願の日から1年6カ月を経過したときに出願公開される。

イ 国内優先権の主張を伴う特許出願は，先の出願の日から1年4カ月以内にしなければならない。

ウ 国内優先権の主張を伴う特許出願についての出願審査請求は，先の出願の日から3年以内にする必要がある。

エ 国内優先権の主張を伴う特許出願に係る特許権の存続期間は，先の出願の日から20年をもって終了する。

問26 解答・解説 正解：ウ

ア ◯

著作権法上、翻案権についての著作権の譲渡に関して、問題文のとおりの内容が規定されています(著61条2項)。なお、二次的著作物の利用に関する原著作者の権利についても同様です(同項)。

イ ◯

著作権法上、譲渡権に関して、著作物(映画の著作物を除く)をその原作品または複製物の譲渡により公衆に提供する権利と規定されています(著26条の2第1項かっこ書)。すなわち、譲渡権は、映画の著作物には適用されません。

ウ ×

著作権は、その全部または一部を譲渡することができます(著61条1項)。すなわち、例えば著作権のうち公衆送信権のみを譲渡することができます。

エ ◯

共同著作物の著作権については、各共有者は、他の共有者の同意を得なければ、その持分を譲渡し、または質権の目的とすることができません(著65条1項)。

問27 解答・解説 正解：ア

ア ◯

特許庁長官は、特許出願の日から1年6カ月を経過したときは、原則として、その特許出願について出願公開をします(特64条1項)。ここで、国内優先権の主張を伴う特許出願については「特許出願の日」を先の出願の日とすることが規定されています(同法36条の2第2項かっこ書)。したがって、問題文のとおり、国内優先権の主張を伴う特許出願は、先の出願の日から1年6カ月を経過したときに出願公開されます。

イ ×

国内優先権の主張を伴う特許出願は、先の出願の日から1年以内にしなければなりません(特41条1項1号)。

ウ ×

何人も、特許出願の日から3年以内に、特許庁長官にその特許出願について出願審査の請求をすることができます(特48条の3第1項)。ここで、出願審査請求については、アに記載した出願公開のように、特許出願の日を先の出願の日とする例外規定はありません。したがって、国内優先権の主張を伴う特許出願についての出願審査請求は、その(後の)出願の日から3年以内にすることができます。

エ ×

特許権の存続期間は、特許出願の日から20年です(特67条1項)。ここで、特許権の存続期間については、アに記載した出願公開のように、特許出願の日を先の出願の日とする例外規定はありません。したがって、国内優先権の主張を伴う特許出願に係る特許権の存続期間は、その(後の)出願の日から20年です。

問28

Check! □□□

ア～エを比較して，特許発明を自社のみが独占実施して他社に一切ライセンスしない独占戦略に関して，最も不適切と考えられるものはどれか。

ア 独占戦略を継続すると，他社による代替技術の開発を加速させるおそれがある。

イ 独占戦略により，速やかに市場を拡大させることができる。

ウ 独占戦略をとると競合他社の参入防止による大きな利益が期待できる。

エ 独占戦略により，特許発明に係る特許に対して他社から無効審判が請求されるおそれがある。

問29

Check! □□□

ア～エを比較して，外国人の著作物に関して，最も適切と考えられるものはどれか。

ア 外国人の著作物を利用するためには，必ず著作権者の許諾を得る契約を締結しなければならない。

イ 外国人の著作物については，法定の保護期間に戦時期間を加算して保護される場合があるが，その加算される期間はいずれの国であっても同一である。

ウ 外国人の著作物が日本国内で保護を受けるためには，文化庁に著作権の登録をする必要がある。

エ 外国人の著作物が日本国内で保護を受けるために，Ⓒ表示等の著作権表記が表示されている必要はない。

問28 解答・解説 正解：イ

ア ○

独占戦略を継続すると、自社の特許発明の実施を回避すること等を目的として、他社が代替技術の開発を加速させるおそれがあります。

イ ×

独占戦略をとると、他社による特許製品の販売等がされないため、市場は拡大されづらいといえます。

ウ ○

独占戦略をとると、他社が自社の特許発明の実施を回避すること等の理由により、競合他社の参入を効果的に防止することができます。

エ ○

特許を無効にすべき旨の審決が確定したときは、特許権は、初めから存在しなかったものとみなされます(特125条)。そのため、独占戦略をとると、特許発明を実施したい等の事情を有する他社から無効審判を請求されるおそれがあります。

問29 解答・解説 正解：エ

ア ×

例えば、最初に国内において発行されなかった著作物に該当する場合等、著作権法上、外国人の著作物は、保護されない場合があります(著6条2号)。したがって、外国人の著作物を利用するために、必ず著作権者の許諾を得る契約をしなければならないわけではありません。

イ ×

外国人の著作物について、法定の保護期間に戦時期間を加算することを戦時加算といいますが、現在、この戦時加算が行われている国は、日本だけです(JASRAC HP https://www.jasrac.or.jp/senji_kasan/about.html)。

ウ ×

日本は無方式主義国であり、著作者人格権及び著作権の享有には、いかなる方式の履行をも要しません(著17条2項)。ここで、「いかなる方式の履行をも要しない」とは、登録や表示等の手続が不要であることを意味しています。したがって、著作物が日本人によるものでも外国人によるものでも、保護を受けるために、文化庁に著作権の登録を受ける必要はありません。

エ ○

無方式主義国である日本において、著作物が日本人によるものでも外国人によるものでも、保護を受けるために、©表示等の著作権表記が表示されている必要はありません。

問30

Check! □□□

ア～エを比較して，特許出願に関する次の文章の空欄[1]～[2]に入る語句の組合せとして，最も適切と考えられるものはどれか。

一定の条件を満たす場合には，複数の発明であっても，1つの出願とすることができる。このように1つの出願にまとめられる発明の範囲を発明の単一性という。具体的には，「2以上の発明が同一の又は対応する[1]を有していることにより，これらの発明が単一の一般的発明概念を形成するように[2]している技術的関係」を有する場合に1つの出願とすることができる。

ア [1]＝特有の構成　[2]＝連関
イ [1]＝特有の構成　[2]＝従属
ウ [1]＝特別な技術的特徴　[2]＝連関
エ [1]＝特別な技術的特徴　[2]＝従属

問31

Check! □□□

ア～エを比較して，意匠登録出願後の手続に関して，最も適切と考えられるものはどれか。

ア 図面の補正が要旨の変更に該当するとして審査官によってその補正が却下された場合の決定に対する不服申立ては，拒絶査定不服審判の請求とともにしなければならない。
イ 意匠登録出願後3年以内に出願審査請求をする必要がある。
ウ 意匠登録出願に係る意匠について補正できる期間は，拒絶理由の通知の発送日から所定の期間に限られる。
エ 意匠登録出願に対する審査官からの拒絶理由の通知に対しては，意見書若しくは手続補正書，又はその双方を提出することができる。

問30 解答・解説 正解：ウ

ア ×

ウに記載のとおりです。

イ ×

ウに記載のとおりです。

ウ ○

特許法上、発明の単一性に関して、2以上の発明については、経済産業省令で定める技術的関係を有することにより発明の単一性の要件を満たす一群の発明に該当するときは、1の願書で特許出願をすることができることが規定されています（特37条）。「経済産業省令で定める技術的関係」とは、2以上の発明が同一のまたは対応する特別な技術的特徴を有していることにより、これらの発明が単一の一般的発明概念を形成するように連関している技術的関係をいいます（特施規25条の8第1項）。

エ ×

ウに記載のとおりです。

問31 解答・解説 正解：エ

ア ×

意匠法においては、拒絶査定不服審判の請求とともにしなくても、補正却下決定に対する不服申立て（補正却下決定不服審判）を請求することができます（意47条1項）。なお、特許法においては、補正却下決定に対する不服申立ては、拒絶査定不服審判の請求とともにする必要があります（特53条3項）。

イ ×

意匠法においては、出願審査請求制度はありません。

ウ ×

意匠登録出願に係る意匠については、事件が審査、審判等に係属している場合に限り、その補正をすることができます。すなわち、意匠登録出願の審査中、審判中等であれば、意匠について補正をすることができます（意60条の24）。

エ ○

問題文のとおりです（意19条で準用する特50条、意68条2項で準用する特17条4項）。

問32

Check! □□□

ア～エを比較して，商標の自他商品又は役務の識別機能の説明に関して，最も適切と考えられるものはどれか。

ア 数ある同種の商品等の中から，自己の商品等を他人の商品等と区別して示す機能

イ 品質等の同一性を保証する機能

ウ 自己の商品等に関する情報を伝達する機能

エ 商標をきっかけに，商品等の購買意欲を起こさせる機能

問33

Check! □□□

ア～エを比較して，著作権等に関して，最も適切と考えられるものはどれか。

ア 著作物の公衆への提供の際に，その氏名として周知のものが著作者名として通常の方法により表示されている者は，その著作物の著作者と推定される。

イ 最初に国外において発行された日本国民の著作物は，当該発行の日から30日以内に国内で発行されなければ，日本国内で保護されない。

ウ 職務著作について，法人が著作者となるためには，著作物を創作した従業者に相当の利益を支払わなければならない。

エ 科学的又は学術的な性質を有する図面又は設計図は，著作物として保護されない。

問32 解答・解説 正解：ア

ア ○

問題文のとおりです。

イ ×

この機能は、品質保証機能です。

ウ ×

この機能は、商標の機能として適切ではありません。商標の機能としては、他に、一定の商標を付した商品等は、一定の出所から流出していることを示す機能として、出所表示機能があります。

エ ×

この機能は、宣伝広告機能です。

問33 解答・解説 正解：ア

ア ○

著作物の原作品に、または著作物の公衆への提供もしくは提示の際に、その氏名もしくは名称(実名)またはその雅号、筆名、略称その他実名に代えて用いられるもの(変名)として周知のものが著作者名として通常の方法により表示されている者は、その著作物の著作者と推定されます(著14条)。

イ ×

日本国民の著作物であれば、無条件に保護されます(著6条1号)。

ウ ×

職務著作の成立要件は、①法人等の発意に基づくこと、②その法人等の業務に従事する者が職務上作成する著作物であること、③その法人等が自己の著作の名義の下に公表するものであること、④その作成の時における契約、勤務規則その他に別段の定めがないこと、です(著15条1項)。本問の内容は、上記①～④に該当しません。したがって、職務著作の成立要件として不適切です。

エ ×

地図または学術的な性質を有する図面、図表、模型その他の図形の著作物は、著作物として保護されます(著10条1項6号)。

問34

Check! □□□

ア〜エを比較して，特許ライセンス契約に関して，独占禁止法における不公正な取引方法に該当する可能性が低い行為として，最も適切と考えられるものはどれか。

ア 特許ライセンス契約において，特許権の消滅後に当該技術を使用することを制限すること

イ 特許ライセンス契約終了後に，特許ライセンスを受けた者がライセンサーの競合品を取り扱うことを禁止すること

ウ 特許ライセンス契約において，許諾に係る製品の販売価格を制限すること

エ 特許ライセンス契約において，許諾に係る製品の販売地域を制限すること

問34 解答・解説 正解：エ

ア ×

ライセンサーがライセンシーに対して、技術に係る権利が消滅した後においても、当該技術を利用することを制限する行為、またはライセンス料の支払義務を課す行為は、一般に技術の自由な利用を阻害するものであり、公正競争阻害性を有する場合には、不公正な取引方法に該当します（知的財産の利用に関する独占禁止法上の指針 第3.私的独占及び不当な取引制限の観点からの考え方 5.その他の制限を課す行為 (3)権利消滅後の制限）。

イ ×

ライセンサーがライセンシーに対し、ライセンサーの競争品を製造･販売することまたはライセンサーの競争者から競争技術のライセンスを受けることを制限する行為は、ライセンシーによる技術の効率的な利用や円滑な技術取引を妨げ、競争者の取引の機会を排除する効果を持つため、これらの行為は、公正競争阻害性を有する場合には、不公正な取引方法に該当します（知的財産の利用に関する独占禁止法上の指針 第4.不公正な取引方法の観点からの考え方 4.技術の利用に関し制限を課す行為 (4)競争品の製造･販売または競争者との取引の制限）。

ウ ×

ライセンサーがライセンシーに対し、ライセンス技術を用いた製品に関し、販売価格または再販売価格を制限する行為は、ライセンシーまたは当該製品を買い受けた流通業者の事業活動の最も基本となる競争手段に制約を加えるものであり、競争を減殺することが明らかであるため、原則として不公正な取引方法に該当します（知的財産の利用に関する独占禁止法上の指針 第4.不公正な取引方法の観点からの考え方 4.技術の利用に関し制限を課す行為 (3)販売価格･再販売価格の制限）。

エ ◯

ライセンス技術を用いた製品を販売できる地域及び販売できる数量を制限する行為については、原則として不公正な取引方法に該当しません（知的財産の利用に関する独占禁止法上の指針 第4.不公正な取引方法の観点からの考え方 4.技術の利用に関し制限を課す行為 (2)販売に係る制限）。

問35

Check! □□□

ア～エを比較して，商標登録出願に関して，最も不適切と考えられるものはどれか。

ア 商標登録出願に係る商標が，商品の品質や役務の質の誤認を生ずるおそれがある場合には，当該商標登録出願は拒絶される。

イ 対比される商標から生ずる称呼が同一であっても，外観，観念，取引の実情を総合的に考慮した結果，互いに非類似の商標と判断される場合がある。

ウ 商標登録出願に係る商標が，商品の産地や品質，原料等，又は役務の提供の場所や効能，用途等を，普通に用いられる方法で表示する標章のみからなる商標であっても，商標登録を受けることができる場合がある。

エ 商標登録出願に係る指定商品が，他人の商標登録に係る指定商品と非類似の場合には，当該他人の商標の存在を理由に，当該商標登録出願が拒絶される場合はない。

問35 解答・解説 正解：エ

ア ○

商標登録出願に係る商標が、商標法4条1項等の規定により商標登録をすることができないものであるときは、商標登録出願は拒絶されます(同法15条1号)。ここで、商品の品質または役務の質の誤認を生ずるおそれがある商標は、同法4条1項16号に規定されています。したがって、問題文の内容は適切です。

イ ○

商標の類否は、対比される商標の外観、称呼または観念等によって需要者に与える印象、記憶、連想等を総合して全体的に観察し、一方の商標を指定商品または指定役務に使用した場合に他方の商標と出所混同のおそれがあるか否かにより判断し、この判断にあたっては指定商品または指定役務における取引の実情が考慮されます(商標審査基準 十 第4条第1項第11号(先願に係る他人の登録商標))。したがって、称呼以外の事情を総合的に考慮した結果、対比される商標が互いに非類似と判断される場合があります。

ウ ○

商標登録出願に係る商標が、商品の産地等を、普通に用いられる方法で表示する標章のみからなる商標に該当しても、使用をされた結果需要者が何人かの業務に係る商品または役務であることを認識することができるものについては、商標登録を受けることができます(商3条2項)。

エ ×

商標登録出願に係る商標が、他人の業務に係る商品または役務と混同を生ずるおそれがある商標であるときは、商標登録出願は拒絶されます(商4条1項15号、同法15条1号)。商標法4条1項15号の規定は、商標登録出願に係る指定商品が、他人の商標登録に係る指定商品との関係で混同を生じてさえいれば、両商品が非類似の場合であっても適用されます。

問36

Check! □□□

ア～エを比較して，著作権に関して，最も不適切と考えられるものはどれか。

ア まだ発行されていない写真の著作物の原作品を公に展示することは，展示権の対象となる。

イ 貸与権は，映画の著作物を除く著作物について認められる権利である。

ウ 著作権者の死亡後相続人が存在せず著作権が国庫に帰属すべきこととなる場合，存続期間の満了前であっても著作権は消滅する。

エ 著作権侵害は，有償無償問わず著作物等の提供若しくは提示により著作権者等の得ることが見込まれる利益を害する目的がある場合に非親告罪となる。

問37

Check! □□□

ア～エを比較して，意匠権に基づく差止請求権及び損害賠償請求権に関する次の文章の空欄［ 1 ］～［ 3 ］に入る語句の組合せとして，最も適切と考えられるものはどれか。

差止請求権は，［ 1 ］の侵害に対するものであって，侵害の［ 2 ］を請求できる最も有効かつ直接的な救済措置である。一方，損害賠償請求権は，故意又は［ 3 ］によって侵害により生じた損害の賠償を請求し得る権利である。

ア ［ 1 ］＝現在又は過去　［ 2 ］＝停止　［ 3 ］＝不作為

イ ［ 1 ］＝現在又は過去　［ 2 ］＝停止　［ 3 ］＝過失

ウ ［ 1 ］＝現在又は将来　［ 2 ］＝停止又は予防　［ 3 ］＝不作為

エ ［ 1 ］＝現在又は将来　［ 2 ］＝停止又は予防　［ 3 ］＝過失

問36 解答・解説 正解：エ

ア ◯

著作権法上、展示権に関して、美術の著作物またはまだ発行されていない写真の著作物をこれらの原作品により公に展示する権利と規定されています(著25条)。

イ ◯

著作権法上、貸与権に関して、著作物(映画の著作物を除く)をその複製物(映画の著作物において複製されている著作物にあっては、当該映画の著作物の複製物を除く)の貸与により公衆に提供する権利と規定されています(著26条の3)。したがって、貸与権は、映画の著作物を除く著作物について認められる権利です。なお、譲渡権についても同様です(著26条の2第1項)。

ウ ◯

著作権者が死亡した場合において、相続人の不存在により著作権が国庫に帰属すべきこととなるときに、著作権は消滅します(著62条1項1号)。

エ ×

著作権侵害は、有償著作物等の提供もしくは提示により著作権者等の得ることが見込まれる利益を害する目的がある場合に、非親告罪となります(著123条2項)。なお、有償著作物等とは、有償で公衆に提供され、または提示されている著作物または実演等をいいます。また、非親告罪とは、告訴がなくても控訴を提起することができる罪のことです。

問37 解答・解説 正解：エ

ア ×

エに記載のとおりです。

イ ×

エに記載のとおりです。

ウ ×

エに記載のとおりです。

エ ◯

意匠権者または専用実施権者は、自己の意匠権または専用実施権を侵害する者または侵害するおそれがある者に対し、その侵害の停止または予防を請求することができます(意37条1項)。「停止または予防」と規定されていることから、現在または将来の侵害に対して、差止請求権を行使することができます。損害賠償請求権は、故意または過失によって、権利の侵害により生じた損害の賠償を請求できる権利です(民709条)。なお、他の産業財産権法、著作権法、不正競争防止法、及び種苗法でも同様です。

問38

Check! □□□

ア～エを比較して，不正競争防止法に規定されている不正競争行為に関して，最も適切と考えられるものはどれか。

ア プログラムの実行が営業上の理由で用いられている技術的制限手段により制限されている場合に，その制限を無効にする機能を持つ装置を販売する行為は，不正競争行為に該当しない。

イ 不正の利益を得る目的で，他人の特定商品等表示と同一又は類似のドメイン名を使用する行為は，不正競争行為に該当する。

ウ 商品にその商品の用途について誤認させるような表示をする行為は，不正競争行為に該当しない。

エ 競争関係にある他人の営業上の信用を害する客観的真実を告知又は流布する行為は，不正競争行為に該当する。

問39

Check! □□□

ア～エを比較して，特許調査の目的に関して，最も<u>不適切</u>と考えられるものはどれか。

ア 新たな研究開発テーマを選定する上で，既に公開されている先行技術から手掛かりを得る。

イ 新規製品を市場に投入するにあたり，障害となり得る他社の特許権を発見する。

ウ 自社で準備中の特許出願の拒絶理由となるような，同様な内容の先の出願がないかどうかを調査する。

エ 最近の１年間における業界の技術トレンドや競合会社の最新動向を公開特許公報から把握する。

問38 解答・解説 正解：イ

ア ×

影像もしくは音の視聴、プログラムの実行もしくは情報の処理または影像、音、プログラムその他の情報の記録が、営業上用いられている技術的制限手段により制限されている場合に、当該技術的制限手段の効果を無効にする機能を有する装置等を譲渡等する行為は、技術的制限手段無効化装置等の提供行為として、不正競争に該当します(不2条1項17号)。

イ ○

不正の利益を得る目的で、または他人に損害を加える目的で、他人の特定商品等表示と同一もしくは類似のドメイン名を使用する権利を取得し、もしくは保有し、またはそのドメイン名を使用する行為は、ドメイン名の不正取得等の行為として、不正競争に該当します(不2条1項19号)。

ウ ×

商品に対し、原産地、品質、内容、製造方法、用途、又は数量について誤認させるような表示をする行為、その表示をした商品を譲渡、引渡し、譲渡・引渡しのための展示、輸出、輸入、電気通信回線を通じての提供をする行為等は、誤認惹起行為として、不正競争に該当します(不2条1項20号)。

エ ×

競争関係にある他人の営業上の信用を害する虚偽の事実を告知し、または流布する行為が、信用毀損行為として、不正競争に該当します(不2条1項21号)。

問39 解答・解説 正解：エ

ア ○

問題文のとおりです。

イ ○

問題文のとおりです。なお、このような特許調査のことを、特に侵害予防調査といいます。

ウ ○

問題文のとおりです。なお、このような特許調査のことを、特に出願前調査といいます。

エ ×

公開特許公報が公開されるまでには、特許出願から1年6カ月の未公開期間があるため(特64条1項)、最近の1年間における情報を公開特許公報から把握することはできません。

問40

Check! □□□

ア～エを比較して，法律行為と意思表示に関する次の文章の空欄［1］～［3］に入る語句の組合せとして，最も適切と考えられるものはどれか。

相手方と通じてした虚偽の意思表示は，［1］。錯誤による意思表示が，法律行為の目的及び取引上の社会通念に照らして重要なものであるときには，［2］。また，公序良俗に反する法律行為は，［3］。

ア ［1］＝取り消すことができる場合がある

［2］＝無効である

［3］＝無効である

イ ［1］＝無効である

［2］＝有効である

［3］＝取り消すことができる場合がある

ウ ［1］＝無効である

［2］＝取り消すことができる場合がある

［3］＝無効である

エ ［1］＝取り消すことができる場合がある

［2］＝無効である

［3］＝取り消すことができる場合がある

問40 解答・解説 正解：ウ

ア ×

ウに記載のとおりです。

イ ×

ウに記載のとおりです。

ウ ◯

相手方と通じてした虚偽の意思表示は無効です（民94条1項）。錯誤による意思表示が、法律行為の目的及び取引上の社会通念に照らして重要なものであるときには、取り消すことができる場合があります（民95条1項）。また、公序良俗に反する法律行為は無効です（民90条）。

エ ×

ウに記載のとおりです。

<過去問編>

第47回
知的財産管理技能検定®

2級 実技試験

[問題と解答]

（はじめに）

すべての問題文の条件設定において，特に断りのない限り，他に特殊な事情がないものとします。また，各問題の選択肢における条件設定は独立したものと考え，同一問題内における他の選択肢には影響しないものとします。

特に日時の指定のない限り，2023年9月1日現在で施行されている法律等に基づいて解答しなさい。

1

鞄メーカーX社の開発者甲は，持ちやすく滑りにくい形状の持ち手a及び開きやすい工夫をしたポケットbを備える婦人用鞄に係る発明Aを自ら完成した。X社は，2023年12月20日に発明Aに係る請求項1つを記載して，特許出願Pを行った。特許出願Pについて，出願審査の請求をすべきか否かを判断するために調査を行ったところ，事実1～事実3が判明した。

事実1　2022年6月1日に米国で出願された米国特許出願Bは，2023年12月1日に米国で出願公開されていた。米国特許出願Bに係る明細書，特許請求の範囲及び図面に発明Aと同じ内容の発明が記載されていた。

事実2　2023年11月1日に発行された雑誌の記事Cに，aと同じ形状の持ち手を有するY社の男性用鞄が掲載されていた。但し，その記事Cにはポケットに関して記載されていなかった。

事実3　2023年10月2日に発行された公開特許公報Dに，W社の乙が発明し，かつ，ポケットbと同じ工夫がされたポケットを有する子供用鞄が記載されていた。但し，その公報Dには持ち手に関して記載されていなかった。

以上を前提として，問1～問4に答えなさい。

問1

Check! □□□

特許出願Pについて，事実1に基づいて拒絶されないと考えられる場合は「○」を，拒絶されると考えられる場合は「×」を，選びなさい。

問2

Check! □□□

【理由群Ⅰ】の中から，問1において拒絶されない又は拒絶されると判断した理由として，最も適切と考えられるものを1つだけ選びなさい。

【理由群 Ⅰ】
ア　拒絶理由には該当しないため
イ　新規性（特許法第29条第1項各号）の拒絶理由に該当するため
ウ　進歩性（特許法第29条第2項）の拒絶理由に該当するため
エ　先願（特許法第39条）の拒絶理由に該当するため

問1 問2 解答・解説 問1正解：× 問2正解：イ

ア ×

イに記載のとおりです。

イ ○

特許出願前に日本国内または外国において、頒布された刊行物に記載された発明については、特許を受けることができません(特29条1項3号)。本問では、特許出願Pの出願前に、特許出願Pに係る発明Aと同じ内容の発明が記載された米国特許出願Bが、米国で出願公開されています。したがって、特許出願Pに係る発明Aは、新規性欠如の拒絶理由を有します(同法49条2号)。

ウ ×

特許法上、進歩性に関して、特許出願前にその発明の属する技術の分野における通常の知識を有する者(すなわちいわゆる当業者)が新規性を喪失した発明に基づいて容易に発明をすることができたときは、その発明については、特許を受けることができないことが規定されています(特29条2項)。米国特許出願Bには、発明Aと同じ内容の発明が記載されているため、特許出願Pに係る発明Aについての拒絶理由として妥当なのは、進歩性欠如ではなく、新規性欠如です。

エ ×

先願の規定は、出願前に、その出願に係る発明が公知等となっていない場合に適用される規定であるため、問題文の内容は不適切です。

問3

Check! □□□

特許出願Pについて，事実２及び３に基づいて拒絶されないと考えられる場合は「○」を，拒絶されると考えられる場合は「×」を，選びなさい。

問4

Check! □□□

【理由群Ⅱ】の中から，問３において拒絶されない又は拒絶されると判断した理由として，最も適切と考えられるものを１つだけ選びなさい。

【理由群 Ⅱ】
ア　拒絶理由には該当しないため
イ　新規性（特許法第29条第１項各号）の拒絶理由に該当するため
ウ　進歩性（特許法第29条第２項）の拒絶理由に該当するため
エ　先願（特許法第39条）の拒絶理由に該当するため

2

食品メーカーX社は，「プリンス」という商品名を用いる新商品のチョコレートの販売を検討している。X社の知的財産部の部員甲が先行商標調査を行ったところ，食品メーカーY社が，７年前に指定商品「洋菓子」について商標「ＰＲＩＮＣＥ」とする商標権Aの登録を受けていることがわかった。調査報告に関して，X社の知的財産部の部長乙に対して，甲が発言1をしている。なお，「チョコレート」は「洋菓子」に含まれる商品である。

発言1　「新商品のチョコレートを商品名『プリンス』として販売すると，商標権Aを禁止権の範囲で侵害するおそれがあります。」

甲が更に調査を行ったところ，X社は８年前に指定商品「洋菓子」について商標「プリンス」とする商標権Bの登録を受けていたことがわかった。調査報告に関して，乙に対して，甲が発言２をしている。

発言２　「商標権Bの存在を理由として商標登録無効審判を請求した場合，商標権Aに係る商標登録は無効になります。」

以上を前提として，問5～問8に答えなさい。

問3 問4 解答・解説 問3正解：× 問4正解：ウ

ア ×

ウに記載のとおりです。

イ ×

記事Cにはポケットに関して記載がなく、公開特許公報Dには持ち手に関して記載がないため、記事C及び公開特許公報Dに記載された発明は、いずれも「頒布された刊行物に記載された発明」に該当しません。したがって、発明Aは、記事C及び公開特許公報Dに記載された発明に対しては、新規性を有します。

ウ ○

記事Cにはaと同じ形状の持ち手を有する男性用鞄が、公開特許公報Dには、bと同じ工夫がされたポケットを有する子供用鞄がそれぞれ記載されています。ここで、当業者であれば、記事Cに記載され発明と公開特許公報Dに記載された発明とに基づいて、容易に、持ち手aとポケットbとを備える婦人用鞄に係る発明Aをすることができたと考えられます(特29条2項)。したがって、特許出願Pに係る発明Aは、進歩性欠如の拒絶理由を有します(同法49条2号)。

エ ×

先願の規定は、出願前に、その出願に係る発明が公知等となっていない場合に適用される規定であるため、問題文の内容は不適切です。

2

問5

Check! □□□

発言1について，適切と考えられる場合は「○」を，不適切と考えられる場合は「×」を，選びなさい。

問6

Check! □□□

【理由群Ⅲ】の中から，問5において適切又は不適切と判断した理由として，最も適切と考えられるものを1つだけ選びなさい。

【理由群 Ⅲ】

ア　X社の使用商標とY社の登録商標が非類似であり，かつX社の使用商品とY社の指定商品が非類似であり，X社の行為は，禁止権の範囲でY社の商標権の侵害とならないため

イ　X社の使用商標とY社の登録商標は同一であるが，X社の使用商品とY社の指定商品が非類似であり，X社の行為は，禁止権の範囲でY社の商標権の侵害とならないため

ウ　X社の使用商標とY社の登録商標が類似であり，かつX社の使用商品とY社の指定商品が同一又は類似であり，X社の行為は，禁止権の範囲でY社の商標権の侵害となるため

エ　X社の使用商標とY社の登録商標が類似であり，かつX社の使用商品とY社の指定商品が類似であり，X社の行為は，専用権の範囲でY社の商標権の侵害となるため

問5 問6 解答・解説 問5正解：○　問6正解：ウ

ア ×

ウに記載のとおりです。

イ ×

ウに記載のとおりです。

ウ ○

商標の類否は、商標の有する外観、称呼及び観念等に基づいて判断されます。本問では、X社の使用商標「プリンス」と、Y社の登録商標「PRINCE」は、少なくとも称呼、観念が共通するため、両商標は類似します。また「チョコレート」は「洋菓子」に含まれる商品であるため、X社の使用商品とY社の指定商品は同一または類似です。ここで、指定商品もしくは指定役務についての登録商標に類似する商標の使用または指定商品もしくは指定役務に類似する商品もしくは役務についての登録商標もしくはこれに類似する商標の使用は、商標権の侵害とみなされ（商37条1号）、これを禁止権といいます。

エ ×

ウに記載のとおりです。

問7

Check! □□□

発言2について，適切と考えられる場合は「○」を，不適切と考えられる場合は「×」を，選びなさい。

問8

Check! □□□

【理由群Ⅳ】の中から，問7において適切又は不適切と判断した理由として，最も適切と考えられるものを1つだけ選びなさい。

【理由群 Ⅳ】
ア　除斥期間を経過しており，無効にすることはできないため
イ　商標法第4条第1項第10号（他人の周知商標）を無効理由として，無効にすることができるため
ウ　商標法第4条第1項第11号（先願先登録）を無効理由として，無効にすることができるため
エ　商標法第4条第1項第16号（商品の品質又は役務の質の誤認）を無効理由として，無効にすることができるため

3

旅行が好きな甲は，乙が著者である，他のガイドブックには掲載されていないような全国の穴場スポット，あまり知られていない地元料理を紹介する文章及びこれらの写真が掲載されている旅行ガイドブックAを購入した。旅行ガイドブックAの利用について，甲は考え1～考え2を持っている。

考え1　旅行が好きな父親丙に，旅行ガイドブックAの数ページを自分のスマートフォンで撮影した写真をメールに添付して送りたい。この場合，著作権法上，問題はない。
考え2　家族が好きなときに見ることができるように，旅行ガイドブックAの内容を自宅のスキャナーを使ってデジタルデータにして自宅のパソコンに保存したい。この場合，著作権法上，問題はない。

以上を前提として，問9～問12に答えなさい。

問7 問8 解答・解説 問7正解：× 問8正解：ア

ア ○

本問において、Y社の登録商標「PRINCE」は、Y社の商標登録出願の日前の商標登録出願に係るX社の登録商標「プリンス」に類似する商標であって、その商標登録に係る指定商品「洋菓子」について使用をするものであるため、Y社の商標登録は、先願に係る他人の登録商標(商4条1項11号)の規定に違反してされたものです。商標登録が、商標法4条1項11号の規定に違反してされたときは、原則として、商標登録無効審判を請求することができます(同法46条1項1号)。ただし、商標登録が商標法4条1項11号の規定に違反してされたとき等は、商標権の設定の登録の日から5年を経過した後は、商標登録無効審判を請求することができません(同法47条1項)。これを除斥期間といいます。本問では、X社は8年前に商標権Bの設定の登録を受けている、すなわち除斥期間を経過しているため、X社は、商標権Bの存在を理由として、Y社の商標権Aに係る商標登録を無効にすることはできません。

イ ×

問題文からは、商標権Bに係る商標が周知であることは推認できないため、本問の内容は不適切です。なお、他人の周知商標(商4条1項10号)の規定に違反してされた商標登録の無効審判についても、原則として、除斥期間の規定の適用があります(同法47条1項)。

ウ ×

アに記載のとおりです。

エ ×

商品の品質または役務の質の誤認(商4条1項16号)は、他人の商標との関係を規定した無効理由ではないため、本問の内容は不適切です。なお、商標法4条1項16号の無効理由については、除斥期間の規定の適用がありません。

3

問9

Check! □□□

考え1について，適切と考えられる場合は「○」を，不適切と考えられる場合は「×」を，選びなさい。

問10

Check! □□□

【理由群Ⅴ】の中から，問9において適切又は不適切と判断した理由として，最も適切と考えられるものを1つだけ選びなさい。

【理由群 Ⅴ】
ア　甲の行為は公衆送信権の侵害と考えられるため
イ　甲の行為は著作権の侵害にあたらないと考えられるため
ウ　メールで送る内容は著作物にあたらないと考えられるため

問11

Check! □□□

考え2について，適切と考えられる場合は「○」を，不適切と考えられる場合は「×」を，選びなさい。

問12

Check! □□□

【理由群Ⅵ】の中から，問11において適切又は不適切と判断した理由として，最も適切と考えられるものを1つだけ選びなさい。

【理由群 Ⅵ】
ア　デジタルデータは著作物にあたらないと考えられるため
イ　甲の行為は複製権の侵害と考えられるため
ウ　甲の行為は著作権が制限される場合と考えられるため

問9 問10 解答・解説　問9正解：○　問10正解：イ

ア ×

イに記載のとおりです。

イ ○

著作者は、公衆送信権（著23条1項）を有するため、第三者は著作者に無断でその著作物を公衆送信することができません。「公衆送信」とは、公衆によって直接受信されることを目的として無線通信または有線電気通信の送信を行うことをいいます（同法2条1項7の2号）。ここで「公衆」には、特定かつ少数の者は含まれません。本問において、甲の父親は特定かつ少数の者に該当するため、甲の行為は著作権の侵害にあたりません。なお、公衆にメールを送信する行為は、公衆送信に該当します。

ウ ×

旅行ガイドブックAには、他のガイドブックには掲載されていないような全国の穴場スポット、あまり知られていない地元料理を紹介する文章及びこれらの写真が掲載されていることから、著作権法上の編集著作物（著12条1項）にあたります。

問11問12 解答・解説　問11正解：○　問12正解：ウ

ア ×

著作権法上の著作物の定義（思想または感情を創作的に表現したものであって、文芸、学術、美術または音楽の範囲に属するもの（著2条1項1号））を満たす限り、デジタルデータも著作物にあたります。

イ ×

ウに記載のとおりです。

ウ ○

原則として、他人の著作物を無断で複製することはできません（著21条）。ただし、著作権法上、著作権の制限のうちの私的使用のための複製に関して、著作権の目的となっている著作物は、私的使用を目的とするときは、原則として、複製することができることが規定されています（同法30条1項柱書）。ここで「私的使用」とは、個人的にまたは家庭内その他これに準ずる限られた範囲内において使用することをいいます（同項）。本問では、甲は、家族が好きなときに見ることができるように、旅行ガイドブックAの内容をデジタルデータ化、すなわち複製しようとしているため、甲の行為は私的使用に該当し、したがって、甲の行為に対しては著作権が制限されます。

4

問13〜問33に答えなさい。

問13

Check! □□□

文房具メーカーX社は，外部のリソースを活用したオープンイノベーションにより新たな筆記用具を開発し，関連する発明A〜Dを特許出願することを検討している。ア〜エを比較して，X社の知的財産部の部員の発言として，最も適切と考えられるものを1つだけ選びなさい。

ア「発明Aは，協力を依頼した高等学校の生徒甲の発案によるものです。甲は未成年ですので，発明者となることはできません。」

イ「発明Bは，協力を依頼した大学の教授乙の厚意により，その大学の施設を使用して実験を行って完成させましたので，教授乙を発明者に含めたいと思います。」

ウ「発明Cについては，素材メーカーY社と共同で発明を行いましたので，X社とY社が共同で出願しなければならない場合があります。」

エ「発明Dについては，インクメーカーW社と共同で発明を行いましたが，X社では実施しないことになりました。W社とは特に契約はありませんので，発明DのX社の持分については，W社の同意なく他社に譲渡することができます。」

問13 解答・解説 正解：ウ

ア ×

自然人であれば、成年であるか未成年であるかを問わず、発明者となることができます。したがって、本問において、未成年者である甲は、発明者となることができます。なお、法人は発明者となることができません。

イ ×

発明者とは、当該発明の創作行為に現実に加担した者だけを指し、単なる補助者、助言者、資金の提供者、または単に命令を下した者は、発明者とはなりません。したがって、本問において、施設を提供しただけの教授乙を発明者に含めることは適切ではありません。

ウ ○

特許を受ける権利が共有に係るときは、各共有者は、他の共有者と共同でなければ、特許出願をすることができません(特38条)。したがって、本問において、特許を受ける権利が、X社及びY社における各開発者からX社及びY社へと譲渡されている場合等には、X社とY社が共同で出願しなければなりません。

エ ×

特許を受ける権利が共有に係るときは、各共有者は、他の共有者の同意を得なければ、その持分を譲渡することができません(特33条3項)。また、共有者が発明を実施しない場合に関する例外規定もありません。したがって、本問において、X社は、W社の同意を得なければ、自身の発明Dに係る特許を受ける権利の持ち分を譲渡することができません(なお、上記解説にあたっては、特許を受ける権利が、X社及びW社における各開発者からX社及びW社へと譲渡されていることを前提としています)。

問14

Check! □□□

甲は，自分で撮影した写真や録音した録音物を自分のブログに掲載することを検討している。ア～エを比較して，甲の発言として，最も適切と考えられるものを1つだけ選びなさい。

ア「水族館へ行ったら，情報番組で取り上げられた人気者のペンギンがいたので，そのペンギンの写真を撮りました。この写真の画像を掲載すると，このペンギンのパブリシティ権を侵害することになりますよね。」

イ「友人の自宅の部屋に行ったら，この友人が自分で描いた絵画が飾ってあったので，その絵画の写真を撮りました。この写真の画像を掲載すると，この友人の公衆送信権を侵害することになりますよね。」

ウ「友人がベートーベン作曲の『エリーゼのために』を演奏した際に，録音することについてこの友人の許諾を得て演奏を録音しました。ブログを開いたときに，この録音したものが流れるようにすると，この友人の演奏権を侵害することになりますよね。」

エ「地元の公園で写真を撮ったところ，来月行われるフリーマーケットのポスターの一部がたまたま小さく写り込んでしまいました。この写真の画像を掲載すると，このポスターの著作権者の公衆送信権を侵害することになりますよね。」

問14 解答・解説 正解：イ

ア ×

パブリシティ権とは、著名人が、顧客吸引力を持つ氏名、肖像等を営利目的で独占的に使用できる権利です。ここで、動物は、法的には物とみなされるため、パブリシティ権の対象ではありません。

イ ○

公衆送信権(著23条1項)の対象となる「公衆送信」とは、公衆によって直接受信されることを目的として無線通信または有線電気通信の送信を行うことをいいます(同法2条1項7の2号)。ここで、著作物をブログに掲載することは公衆送信に該当します。したがって、本問において、著作物である友人の絵画の写真をブログに掲載する行為は、その友人の公衆送信権を侵害します。

ウ ×

演奏権とは、著作物を公に演奏する権利です(著22条)。本問のように、ブログを開いたときに、他人の演奏を録音したものが流れるようにすること、すなわちBGMとして利用することは「演奏」に該当しません。したがって、本問における甲の行為は、友人の演奏権を侵害しません。なお、無断で他人の演奏を録音することはその他人の複製権を侵害し、その録音したものをブログのBGMとして利用することは公衆送信権を侵害します。

エ ×

他人の著作物であるポスターをブログに掲載することは、原則として公衆送信権(著23条)を侵害します。ただし、その著作物が付随対象著作物であれば、利用することができます(同法30条の2第1項)。ここで、本問のように、自身が撮影した写真に小さく映り込んだ他人の著作物は「付随対象著作物」に該当し得ます。したがって、本問の写真の画像を掲載しても、ポスターの著作権者の公衆送信権を侵害することにならないことがあります。

問15

Check! □□□

自動車部品メーカーX社の知的財産部の部員が，ライバル会社であるY社が出願した特許出願Pに関する調査をすることが必要な理由について，説明している。ア～エを比較して，部員の発言として，最も不適切と考えられるものを1つだけ選びなさい。

ア「特許出願Pの技術をX社に導入する価値があるか見極め，場合によってはY社を提携先の候補とするためです。」

イ「X社の製品が，特許出願Pやその分割出願に基づいて成立する可能性のあるY社の特許権を侵害することを防ぎ，多額の実施料を要求されたり差止めや損害賠償を請求されたりするなどの紛争を招くことがないようにするためです。」

ウ「特許出願Pに記載された内容を詳細に検討することで，特許出願Pに係る発明を更に改良して，X社の製品をより優れたものにするためのヒントを得るためです。」

エ「Y社のどの製品にどの特許出願に係る発明が実施されているかを，発明の詳細な説明の実施例のところに具体的に記載することとなっていますので，それを確認するためです。」

問15 解答・解説 正解：エ

ア ○

本問の内容は、特許調査の目的として適切です。

イ ○

本問の内容は、侵害予防調査の目的として適切です。

ウ ○

本問の内容は、特許調査の目的として適切です。

エ ×

特許法上、本問のような内容は、記載要件として規定されていません(特36条参照)。

問16

Check! □□□

家電メーカーX社は，自社が開発した家庭用電子レンジに商標Aを用いることを検討している。X社の知的財産部の部員甲が，先行登録商標を調査したところ，家電メーカーY社が，商標Aに類似する登録商標Bについて，指定商品を「家庭用電子レンジ」及び「家庭用電気カーペット」とする商標権Cを8年前に取得し，現在も商標権Cが存続していることがわかった。甲が更に調査を行ったところ，Y社について，登録商標Bに類似する商標Dを付した家庭用電子レンジを4年前から販売しており現在も販売を継続中であること，登録商標Bを付した家庭用電気カーペットを6年前から販売していたが2年前から販売が中止されていることがわかった。この調査結果を踏まえ，甲は，商標権Cに係る商標登録について不使用取消審判を請求することを検討している。ア〜エを比較して，甲の考えとして，最も適切と考えられるものを1つだけ選びなさい。なお，「家庭用電子レンジ」と「家庭用電気カーペット」は互いに類似するものとする。

ア 不使用取消審判により商標権Cに係る商標登録のうち指定商品「家庭用電子レンジ」に係る部分を取り消すことができれば，X社が，商標Aを付した家庭用電子レンジを販売しても，商標権Cの侵害とならない。

イ 現状では，不使用取消審判によって，商標権Cに係る商標登録のうち指定商品「家庭用電子レンジ」に係る部分を取り消すことができる場合はない。

ウ 現状では，不使用取消審判によって，商標権Cに係る商標登録のうち指定商品「家庭用電気カーペット」に係る部分を取り消すことはできない。

エ 不使用取消審判の請求では，一部の指定商品・役務について不使用が認められた場合，すべての指定商品・役務について商標権Cに係る商標登録が取り消される。

問16 解答・解説　正解：ウ

ア ×

指定商品もしくは指定役務についての登録商標に類似する商標の使用または指定商品もしくは指定役務に類似する商品もしくは役務についての登録商標もしくはこれに類似する商標の使用は、商標権を侵害するものとみなされます（商37条1号）。問題文より「家庭用電子レンジ」と「家庭用電気カーペット」は互いに類似します。また、商標Aと、登録商標Bも互いに類似します。したがって、本問において、不使用取消審判により商標権Cに係る商標登録のうち指定商品「家庭用電子レンジ」に係る部分を取り消すことができたとしても、X社が、Y社の商標権Cに係る「家庭用電気カーペット」に類似する「家庭用電子レンジ」に、登録商標Bに類似する商標Aを付して販売すれば、Y社の商標権Cの侵害とみなされます。

イ ×

継続して3年以上日本国内において商標権者、専用使用権者または通常使用権者のいずれもが各指定商品または指定役務についての登録商標の使用をしていないときは、何人も、その指定商品または指定役務に係る商標登録を取り消すことについての審判、いわゆる不使用取消審判を請求することができます（商50条1項）。すなわち、商標権者等が、指定商品または指定役務について登録商標に類似する商標を使用していても、指定商品または指定役務について登録商標を使用していない限り、不使用取消審判を請求することができます。本問では、Y社は、指定商品「家庭用電子レンジ」について登録商標Bに類似する商標Dを使用していますが、登録商標Bを使用していません。したがって、X社は、不使用取消審判によって、商標権Cに係る商標登録のうち指定商品「家庭用電子レンジ」に係る部分を取り消すことができます。

ウ ○

イに記載のとおり、継続して3年以上使用していないことが、不使用取消審判の要件として規定されています。本問では、Y社が指定商品「家庭用電気カーペット」について登録商標Bを使用していない期間は2年であるため、上記の要件を満たしません。したがって、問題文のとおり、X社は、不使用取消審判によって、商標権Cに係る商標登録のうち指定商品「家庭用電気カーペット」に係る部分を取り消すことはできません。

エ ×

不使用取消審判において、一部の指定商品・役務について不使用が認められた場合、その一部の指定商品・役務について商標権に係る商標登録が取り消されます。

問17　　Check! □□□

ア〜エを比較して，意匠に関して，最も適切と考えられるものを1つだけ選びなさい。

ア　自動車Aに類似する自動車Bについて関連意匠出願をする場合，自動車Aに係る意匠権が存続している間であれば，いつでも出願することができる。

イ　意匠の類否判断は，その意匠の属する分野における通常の知識を有する者の視覚を通じて起こさせる美感に基づいて行われる。

ウ　鞄の取っ手部分について部分意匠の登録がされている場合，鞄全体の形態が異なっていれば，取っ手部分の意匠が同一又は類似であっても，当該鞄の意匠の実施に意匠権の効力は及ばない。

エ　スマートフォンについて，1つのデザインコンセプトから生まれた複数のデザインは，組物の意匠登録出願として意匠登録は認められない。

問17 解答・解説 正解：エ

ア ×

関連意匠の意匠登録出願の時期的要件は、本意匠の意匠登録出願の日以後、本意匠の意匠登録出願の日から10年を経過する日前です（意10条1項）。したがって、本意匠に係る意匠権が存続している間であれば、いつでも関連意匠の出願をすることができるわけではありません。

イ ×

登録意匠とそれ以外の意匠が類似であるか否かの判断は、需要者の視覚を通じて起こさせる美感に基づいて行われます（意24条2項）。

ウ ×

意匠権の効力は、登録意匠及びこれに類似する意匠の実施に及びます（意23条）。これは、部分意匠についても同様です。したがって、鞄全体の形態が異なっていたとしても、取っ手部分の意匠が同一又は類似であれば、意匠権の効力は及びます。部分意匠制度は、独創的で特徴ある部分を取り入れつつ意匠全体として侵害を避ける巧妙な模倣を防止する制度であり、まさに本問のような意匠の実施に対して、意匠権の効力を及ぼしめることをその趣旨としています。

エ ○

意匠法上、組物の意匠に関して、同時に使用される2以上の物品等（組物）を構成する物品等に係る意匠は、組物全体として統一があるときは、一意匠として出願をし、意匠登録を受けることができることが規定されています（意8条）。ここで、本問のような複数のデザインは、同時に使用されるものではないため、組物には該当せず、したがって組物の意匠として意匠登録を受けることはできません。なお、本問のような場合には、複数のデザインに係る意匠が互いに類似していれば、関連意匠として意匠登録を受けることができます。

問18 Check! □□□

ドローンメーカーX社は，ドローンAを製造販売していたところ，Y社から特許権Pを侵害するとの警告を受けた。特許権Pの特許請求の範囲の請求項1には，「プロペラaと，モーターbと，ライトcを備えるドローン。」と記載され，他には請求項はなかった。一方，X社のドローンAは，プロペラaと，モーターbと，ライトdを搭載している。ア～エを比較して，いわゆる均等論の適用を検討しているX社の知的財産部の部員の発言として，最も<u>不適切</u>と考えられるものを1つだけ選びなさい。

ア「ライトcをライトdに置き換えたドローンが，ドローンAの製造時点における公知技術と同一，又はドローンに関する発明の属する技術分野における通常の知識を有する者がドローンAの製造時点に容易に推考できたものではない場合は，ドローンAが特許権Pの侵害とされることがあります。」

イ「ライトcをライトdに置き換えても，特許権Pに係る特許発明の目的を達成でき，そして同一の効果を奏する場合は，ドローンAが特許権Pの侵害とされることがあります。」

ウ「ライトcをライトdに置き換えることが，ドローンに関する発明の属する技術分野における通常の知識を有する者が，ドローンAの製造時点において容易に想到できる場合は，ドローンAが特許権Pの侵害とされることがあります。」

エ「ライトcが特許権Pに係る特許発明の本質的部分ではない場合は，ドローンAが特許権Pの侵害とされることがあります。」

問18 解答・解説 正解：ア

ア ×

均等論の第4要件に関して、「対象製品等（ドローンA）の製造時点」ではなく「（特許権Pに係る出願の）出願時」です。

イ ○

本問の内容は、均等論の第2要件として適切です。

ウ ○

本問の内容は、均等論の第3要件として適切です。

エ ○

本問の内容は、均等論の第1要件として適切です。なお、均等論の要件は5つあり、第5要件は、「対象製品等（ドローンA）が特許発明の特許出願手続において特許請求の範囲から意識的に除外されたものに当たるなどの特段の事情もないこと」です。

問19

Check! □□□

日本の玩具メーカーX社は，国内外で自社製品の模倣品を排除するために，その方策を社内で検討している。ア～エを比較して，模倣品排除の手段に関して，最も<u>不適切</u>と考えられるものを1つだけ選びなさい。

ア 自社の商標と類似する商標が使用される場合を考慮して，自社の商標について商標権を取得する。

イ 日本で産業財産権のいずれかについて権利を取得していなくても，形態を模倣した製品については，不正競争防止法によりその製品の輸入を排除できる場合がある。

ウ 自社製品について日本で産業財産権を取得していても，模倣品の販売国においても産業財産権を取得することが望ましい。

エ 自社製品について意匠権を取得した場合，その意匠権に係る製品に「株式会社X®」の表記をする。

問19 解答・解説 正解：エ

ア ○

商標権によって、第三者による指定商品もしくは指定役務についての登録商標に類似する商標の使用または指定商品もしくは指定役務に類似する商品もしくは役務についての登録商標もしくはこれに類似する商標の使用を禁止することができます(商37条1号)。これを禁止権といいます。

イ ○

他人の商品の形態を模倣した商品を譲渡し、貸し渡し、譲渡もしくは貸渡しのために展示し、輸出し、輸入し、または電気通信回線を通じて提供する行為、すなわちいわゆる形態模倣商品の提供行為は、不正競争に該当します(不2条1項3号)。また、不正競争によって営業上の利益を侵害され、または侵害されるおそれがある者は、その営業上の利益を侵害する者または侵害するおそれがある者に対し、その侵害の停止または予防、すなわち差止を請求することができます(同法3条1項)。したがって、形態を模倣した製品については、不正競争防止法によりその製品の輸入を排除できる場合があります。

ウ ○

特許独立の原則(パリ4条の2(1))に基づき、ある国における産業財産権の効力は、別の国における行為に対しては及びません。したがって、模倣品の販売国においても産業財産権を取得することは適切です。

エ ×

「®」は、Rマーク、登録商標マーク等と呼ばれ、製品について商標登録を受けていることを示すものです。したがって、意匠権を取得した場合に、本問のような表記をすることは不適切です。

問20

Check! □□□

作業服メーカーX社は，新しい機能を備えた作業服Aを1年後に発売する旨を業界新聞に発表した。その後，Y社からX社に対して，作業服Aの製造販売に関して，Y社の特許権Pを侵害する旨の警告書が送られてきた。また，作業服Aの商品名Bについて，先行商標調査をしたところ，W社が，指定商品がコートで，商品名Bと類似する商標Cについて，商標登録出願Mを出願していることがわかった。ア～エを比較して，X社の知的財産部の部員の発言として，最も不適切と考えられるものを1つだけ選びなさい。

ア「特許権Pは日本国内でしか権利取得されていないことが判明しました。X社の作業服Aは日本国内で製造して全数を輸出する予定で，輸出の商談もすべて海外で行いますが，特許権Pの存在が問題になる可能性があります。」

イ「試験又は研究のために試作した作業服Aには特許権Pの効力は及ばないので，その試作した作業服Aを販売しても，特許権Pの侵害とはなりません。」

ウ「作業服Aの製造の開始が特許権Pの出願後であっても，特許権Pの出願前から作業服Aの製造販売の準備が行われていた場合には，対価を一切支払うことなく特許権Pに対抗できる場合があります。」

エ「商標Cを付したW社の製品はレインコートであることが判明しました。作業服とレインコートは異なる商品ですが，商品名Bの使用には商標権侵害のリスクがあります。」

問20 解答・解説 正解：イ

ア ○

特許権の侵害とは、権原なき第三者が、業として特許発明を実施すること等をいいます(特68条等)。ここで、物の発明についての「実施」とは、その物の生産、使用、譲渡等、輸出もしくは輸入または譲渡等の申出する行為をいいます(同法2条3項1号)。したがって、本問において、作業服Aが特許権Pに係る特許発明の技術的範囲に属する場合、X社による作業服Aの製造及び輸出は、特許権Pの侵害に該当するため、特許権Pの存在が問題になります。

イ ×

特許権の効力は、試験または研究のためにする特許発明の実施には及びません(特69条1項)。しかしながら、試験販売は「試験または研究のためにする特許発明の実施」に該当しません。したがって、本問において、X社が作業服Aを販売すると、特許権Pの侵害となり得ます。

ウ ○

①特許出願に係る発明の内容を知らないで自らその発明をし、または特許出願に係る発明の内容を知らないでその発明をした者から知得して、②特許出願の際現に③日本国内において④その発明の実施である事業をしている者またはその事業の準備をしている者は、その実施または準備をしている発明及び事業の目的の範囲内において、その特許出願に係る特許権についての通常実施権、すなわちいわゆる先使用権を有します(特79条)。本問では、上記①～④の要件をすべて満たし得るため、X社は特許権Pに係る通常実施権を有する場合があります。また、先使用権者が、特許権者に対して対価を支払うことは規定されていません(同条参照)。したがって、X社は、対価を一切支払うことなく特許権Pに対抗できる場合があります。

エ ○

指定商品もしくは指定役務についての登録商標に類似する商標の使用または指定商品もしくは指定役務に類似する商品もしくは役務についての登録商標もしくはこれに類似する商標の使用は、商標権の侵害とみなされます(商37条1号)。問題文より、商品名Bと商標Cは類似します。したがって、商標Cが商標権の設定の登録を受けた場合、作業服とレインコートが互いに類似する商品であれば、X社による作業服についての商品名Bの使用は、その商標権を侵害するリスクがあります。

問21

Check! □□□

家電メーカーX社は，新規な空気清浄機Aを創作し，空気清浄機Aのデザインについて意匠登録出願Dを検討している。ア〜エを比較して，X社の知的財産部の部員の考えとして，最も適切と考えられるものを1つだけ選びなさい。

ア 出願書類の内容から空気清浄機Aに係る意匠であることが明らかなので，願書において「意匠に係る物品」の欄の記載を省略することができる。

イ X社が意匠登録出願Dを出願する前に空気清浄機Aを展示会に出品した場合，新規性喪失の例外の規定の適用を受けることはできない。

ウ 意匠登録出願Dをするにあたり，意匠を現した写真を提出する場合であっても図面の提出を省略することはできない。

エ 新規性喪失の例外の規定の適用を受ける場合，当該適用を受けたい旨を記載した書面を，意匠登録出願Dの出願と同時に特許庁長官に提出しなければならない。

問21 解答・解説 正解：エ

ア ×

空気清浄機A、すなわち物品の形状について出願する場合、「意匠に係る物品」の欄の記載は必須です（意6条3項）。

イ ×

意匠登録を受ける権利を有する者の行為に起因して、意匠登録出願前に日本国内または外国において公然知られた意匠に該当することとなった場合、新規性喪失の例外の規定の適用を受けることができます（意4条2項）。したがって、本問ではX社は、展示会に出品された、すなわち公然知られた空気清浄機Aについて、新規性喪失の例外の規定の適用を受けることができます。

ウ ×

意匠登録出願をするにあたり、図面に代えて、意匠登録を受けようとする意匠を現わした写真、ひな形または見本を提出することができる場合があります（意6条2項）。

エ ○

問題文のとおりです。なお、この規定の適用を受けることができる意匠であることを証明する書面（証明書）を意匠登録出願の日から30日以内に特許庁長官に提出することも必要です。

問22

Check! □□□

無機材料メーカーX社の知的財産部の部員が，社内の各会議に出席して，発言している。ア～エを比較して，最も適切と考えられるものを1つだけ選びなさい。

ア　研究所の研究開発会議での発言

「研究テーマAについて，Y大学が基本技術を新たに開発したとのことですので，Y大学との共同研究開発を検討しましょう。X社とY大学との共同成果に係る共有の特許権が取得できた場合，Y大学に不実施補償としての実施対価を支払うとしても，少なくとも当初の期間はX社が独占して実施できる契約にできないか検討しましょう。」

イ　事業部の事業戦略会議での発言

「製品Bの市場参入について，X社の独自技術の開発を待っていたら出遅れてしまうので，採算を見積もった上で，W社からの技術ライセンスを受けて実施しましょう。この場合，W社からライセンスを受けるのですから，W社へのX社の特許のライセンスについては，特に検討する必要はありません。」

ウ　本社戦略室の特許戦略会議での発言

「検討している材料Cについて，IPランドスケープを実行して，X社及びライバルメーカーV社の事業戦略を分析したところ，X社はV社よりも材料Cの用途展開の幅がかなり狭いことがわかりました。材料Cに関するX社の特許権のうち活用できていないものは即座に放棄して，維持コストを削減すべきでしょう。」

エ　知的財産部の月例会議での発言

「X社の主力製品Dに影響するU社の特許権が登録されましたが，U社からの特許ライセンスは期待できません。IPランドスケープを実行して，どのような無効理由を主張できるか検討しましょう。」

問22 解答・解説　正解：ア

ア ○

企業と大学との共同研究開発においては、大学が共同研究開発の成果物を実施しないことがあり、その場合、企業は、自社が独占してその成果物を実施できる契約にするとともに、大学に不実施補償としての実施対価を支払うのが一般的です。

イ ×

問題文の前段は適切です。これに対して、W社へのX社のライセンス、すなわちいわゆるクロスライセンスをすることで、製品開発及び事業活動の自由度の向上が期待できるため、後段は不適切です。

ウ ×

材料Cに関するX社の特許権を、V社に譲渡、ライセンスして活用すること等を検討するのが適切です。

エ ×

無効理由に関する調査は、無効資料調査と呼ばれる調査によって行われるものであり、本問の内容は、IPランドスケープの目的として不適切です。

問23

Check! □□□

美容器具メーカーX社は，美容器具の温度調節を行う部品Aを備える美容器具に係る特許権Pを有している。一方，部品メーカーY社は，部品Aと同じ部品BをX社に無断で製造販売している。X社は，Y社に対して特許権侵害の警告を行うか否かを検討している。ア〜エを比較して，X社の知的財産部の部員の発言として，最も不適切と考えられるものを1つだけ選びなさい。

ア「部品Bは，特許権Pに係る美容器具にのみ用いることができる部品である場合，Y社の実施行為は，特許権Pの間接侵害に該当します。」

イ「競合他社のW社が，部品Aと同じような部品に関する発明について，特許権Pに係る特許出願をする前に展示会で発表していたとの情報があります。念のため，Y社に警告する前にW社の発表の詳細を確認しましょう。」

ウ「特許権Pは美容器具に関するものですが，Y社は部品Bを製造販売しているだけで，特許権Pに係る特許発明のすべてを実施しているわけではありません。したがって，Y社の実施行為は，特許権Pの侵害となることはありません。」

エ「部品Bが特許権Pに係る特許発明の課題の解決に不可欠なものであったとしても，部品Bが日本国内で広く一般に流通している場合，Y社の実施行為は特許権Pの間接侵害に該当しません。」

問23 解答・解説 正解：ウ

ア ◯

特許が物の発明についてされている場合において、業として、その物の生産にのみ用いる物の生産、譲渡等もしくは輸入または譲渡等の申出をする行為は、特許権を侵害するものとみなされます（特101条1号）。これを間接侵害といいます。したがって、問題文のとおり、Y社の実施行為は、特許権Pの間接侵害に該当します。

イ ◯

W社によって発表された部品が、X社の特許権Pの進歩性（特29条2項）を否定する根拠となる場合があり、その場合、特許権Pに係る特許が無効とされる可能性があります（同法123条1項2号）。したがって、Y社に警告する前にW社の発表の詳細を確認することは適切です。

ウ ×

Y社は部品Bを製造販売しているだけで、特許権Pに係る特許発明のすべてを実施しているわけではないため、Y社の実施行為は、特許権Pの直接侵害には該当しません。しかしながら、アに記載のとおり、特許権Pの間接侵害となることがあります。

エ ◯

特許が物の発明についてされている場合において、その物の生産に用いる物（日本国内において広く一般に流通しているものを除く）であってその発明による課題の解決に不可欠なものにつき、その発明が特許発明であること及びその物がその発明の実施に用いられることを知りながら、業として、その生産、譲渡等もしくは輸入または譲渡等の申出をする行為は、特許権を侵害するものとみなされます（特102条2号）。これも間接侵害といいます。本問では、部品Bが日本国内で広く一般に流通しているため、問題文のとおり、Y社の実施行為は特許権Pの間接侵害に該当しません。

問24 Check! □□□

ゲームの企画・開発・販売を行うX社は，映像制作会社Y社との間で，新商品のロールプレイングゲームのウェブ広告用映像の制作依頼契約を締結した。この契約において，Y社のウェブ広告用映像の引渡時期は2024年1月31日であり，X社の代金支払期日は2024年2月29日であったが，2024年3月1日現在において，Y社は完成したウェブ広告用映像をX社に引き渡していない。ア～エを比較して，X社のとり得る措置として，最も不適切と考えられるものを1つだけ選びなさい。

ア Y社がウェブ広告用映像を2024年2月1日以降にそのデータが消滅して引渡しができなくなった場合，データの消滅がX社，Y社いずれの責めに帰することができない事由によるものであっても，Y社は履行不能について債務不履行責任を負う。

イ X社は，Y社がウェブ広告用映像の引渡債務を履行しないことを理由として，いかなる場合でも一方的に直ちに契約を解除することができる。

ウ X社は，Y社の本社へ行ってウェブ広告用映像のデータが保存されたUSBメモリを勝手に持ち出すことはできない。

エ X社は，Y社がウェブ広告用映像を引き渡さずに代金の支払を請求してきた場合，当該請求を拒むことができる。

問24 解答・解説 正解：イ

ア ◯

債務者がその債務について遅滞の責任を負っている間に当事者双方の責めに帰することができない事由によってその債務の履行が不能となったときは、その履行の不能は、債務者の責めに帰すべき事由によるものとみなされます(民413条の2第1項)。すなわち、問題文のような場合においては、債務者であるY社が、データが消滅して引渡しができないこと、すなわち履行不能について債務不履行責任を負います。

イ ×

民法上、債権者が直ちに契約を解除することができる場合についての規定はありますが(民542条)、例えば催告をしなければ契約を解除することができないことがあります(同法541条)。したがって、本問において、債権者であるX社はいかなる場合でも一方的に直ちに契約を解除することができるわけではありません。

ウ ◯

本問のように、債権者であるX社が、債務者であるY社の本社へ行って契約の対象に関するデータ等を勝手に持ち出すことを自力救済といいますが、民法上、自力救済は認められていません。

エ ◯

契約の当事者の一方は、相手方がその債務の履行を提供するまでは、自己の債務の履行を拒むことができます(民533条)。これを同時履行の抗弁といいます。本問において、X社は、Y社がウェブ広告用映像を引き渡す、すなわちY社の債務の履行を提供するまでは、代金の支払、すなわちX社の債務の履行を拒むことができます。

問25

Check! □□□

玩具メーカーX社は，自社のキャラクターを創作することにした。そこで，このキャラクターの創作を自社内で行うか，外部のイラストレーターに依頼して創作してもらうかについて検討している。ア〜エを比較して，X社の法務部の甲の発言として，最も不適切と考えられるものを1つだけ選びなさい。

ア「外部のイラストレーターに依頼して創作した場合，翻案権を含むすべての著作権の譲渡を受ければ，キャラクターの絵柄の使用や改変は自由に行うことができます。」

イ「自社内で創作すると，キャラクターの絵柄は職務著作となる可能性が高いです。その場合，キャラクターの絵柄の使用や改変は自由に行うことができます。」

ウ「外部のイラストレーターに依頼して創作した場合，著作権の譲渡を受けるために，著作権の登録は必要ありません。」

エ「自社内で創作すると，キャラクターの絵柄は職務著作となる可能性が高いです。その場合，キャラクターの絵柄に係る著作権の存続期間は，著作物の創作の時に始まり，キャラクターの絵柄を公表した日の属する年の翌年から起算して70年を経過するまでです。」

問25 解答・解説 正解：ア

ア ×

著作物の改変に関する著作者の権利として、著作権としての翻案権（著27条）のほかに、著作者人格権としての同一性保持権（同法20条）があります。著作者人格権は譲渡することができないため（同法59条）、本問において、翻案権を含むすべての著作権の譲渡を受けたとしても、キャラクターの絵柄の使用や改変を自由に行うと同一性保持権の侵害となります。

イ ○

著作物が職務著作に該当する場合、法人等が著作者となります（著15条1項）。したがって、本問では、著作者であるX社が、著作者人格権としての同一性保持権、及び著作権としての翻案権を享有します（同法17条）。したがって、問題文のとおり、X社は、キャラクターの絵柄の使用や改変を自由に行うことができます。

ウ ○

著作権の譲渡については、登録しなければ第三者に対抗することができませんが（著77条1号）、著作権の譲渡を受けるために、著作権の登録が必要であるわけではありません。

エ ○

著作権の存続期間は、著作物の創作の時に始まります（著51条1項）。また、法人その他の団体が著作の名義を有する著作物の著作権は、その著作物の公表後70年を経過するまでの間、存続します（同法53条1項）。さらに、公表後70年の期間の終期を計算するときは、著作物が公表された日の属する年の翌年から起算されます（同法57条）。

問26

Check! □□□

加工紙メーカーX社の知的財産部の部員は，自社の出願戦略において発明を特許出願すべきか営業秘密として保護すべきかについて，発言している。ア〜エを比較して，部員の発言として，最も適切と考えられるものを1つだけ選びなさい。

ア「発明を特許出願すべきか営業秘密として保護すべきかは，その発明が物の製造方法の発明かどうかによって決定すべきです。物の形状に係る発明は侵害発見性が低いため，営業秘密とするのが望ましいです。」

イ「発明を特許出願すべきか営業秘密として保護すべきかは，その発明の新規性の有無によって決定すべきです。発明が新規性を有する場合には，営業秘密として保護すべきではありません。」

ウ「発明を特許出願すべきか営業秘密として保護すべきかは，先使用権の立証のしやすさによって決定すべきです。先使用権を確保できれば，営業秘密としての保護を受けることができます。」

エ「発明を特許出願すべきか営業秘密として保護すべきかは，その発明に基づいて事業化した場合に，販売された製品から発明を技術的に理解できるときには，特許出願をするのが望ましいです。」

問27

Check! □□□

新しい品種Aについて品種登録を受けたX社は，第三者による品種Aの無許諾利用行為について育成者権の効力が及ぶか否かを検討している。ア〜エを比較して，最も適切と考えられるものを1つだけ選びなさい。

ア　X社が販売している品種Aの種苗を卸売業者から購入したY社が，その購入した種苗を農家に販売する行為には，育成者権の効力が及ぶ。

イ　X社が販売している品種Aの種苗を小売店から購入したW社が，その購入した種苗を用いて種苗を増殖する行為には，育成者権の効力が及ばない。

ウ　X社が販売している品種Aの種苗を小売店から購入した農業者が，その購入した種苗を用いて品種Aを栽培し，その品種Aの収穫物の一部について次期作の種苗として用いる行為には，育成者権の効力が及ぶ。

エ　品種Aの種苗を入手したV社が，品種Aと異なる新品種の育成の研究に利用するため，品種Aの種苗を増殖する行為には，育成者権の効力が及ぶ。

問26 解答・解説 正解：エ

ア ×

物の発明と製造方法の発明とでは、通常、物の発明の方が侵害発見性が高く、特許出願すべきである場合が多いため、本問の内容は適切とはいえません。

イ ×

発明を特許出願すべきか営業秘密として保護すべきかを、その発明の新規性の有無によって決定することは適切とはいえません。

ウ ×

発明を特許出願すべきか営業秘密として保護すべきかを、先使用権の立証のしやすさによって決定することは適切といえます。しかしながら、先使用権を確保できるかどうかは、出願戦略の検討段階において明らかになるものではないため、問題文の後段は不適切です。

エ ◯

販売された製品から発明を技術的に理解できるときに、営業秘密として保護していても、他社にその発明に係る模倣品を開発されるリスクがあります。したがって、この場合、特許出願をして権利化し、他社に模倣されないようにすることが望ましいです。

問27 解答・解説 正解：ウ

ア ×

育成者権者の行為により登録品種等の種苗が譲渡されたときは、当該登録品種の育成者権の効力は、その譲渡された種苗の利用には及びません(種21条2項)。これを育成者権の消尽といいます。ここで、種苗法上「利用」とは、その品種の種苗を生産し、調整し、譲渡の申出をし、譲渡し、輸出し、輸入し、またはこれらの行為をする目的をもって保管する行為をいいます(同法2条5項1号)。したがって、本問において、育成者権者であるX社が販売している品種Aの種苗を卸売業者から購入したY社が、その購入した種苗を農家に販売する行為には、育成者権の効力が及びません。

イ ×

本問も育成者権の消尽に関しますが、アに記載のとおり、「利用」には、種苗を増殖する行為は含まれません(種2条5項1号参照)。したがって、本問の行為には、育成者権の効力が及びます。

ウ ◯

収穫物の一部について次期作の種苗として用いる行為を自家増殖といいますが、令和4年4月に施行された改正種苗法では、登録品種の自家増殖には育成者権の効力が及ぶこととなりました。

エ ×

育成者権の効力は、新品種の育成その他の試験または研究のためにする品種の利用には及びません(種21条1項1号)。

問28　　　　Check! □□□

ア〜エを比較して，職務発明に関して，最も不適切と考えられるものを1つだけ選びなさい。

ア　甲は，洗浄剤メーカーX社の社長であるが，理系出身で研究熱心であり，従来の洗浄剤に比べて少量でも殺菌力が高い洗浄剤を自ら独力で完成させた。甲が完成させた発明は，職務発明に該当することがある。

イ　乙は，成形装置メーカーY社の商品開発部に所属し，新たな機能を有する成形装置に関する発明を完成させた。Y社の勤務規則には，職務発明について特許を受ける権利をY社が取得する規定が存在した。この場合，職務発明について特許を受ける権利は発生時からY社に帰属する。

ウ　丙は，鋼材メーカーW社で表面処理鋼材を開発していたが，その後W社を退職し，転職先の鋼材メーカーV社において新たな表面処理鋼材の発明を完成させた。この場合，新たな表面処理鋼材の発明はW社における職務発明に該当する。

エ　丁は，繊維製品メーカーU社に在職中，繊維製品に関する職務発明を完成させたが，当該発明に関する特許を受ける権利は，U社に譲渡されなかった。この場合，丁が取得した特許権に対して，U社は，丁の許諾がなくとも，無償の通常実施権を取得することになる。

問28 解答・解説 正解：ウ

ア ○

職務発明の成立要件は、①従業者等がした発明であること、②その性質上使用者等の業務範囲に属する発明であること、③その発明をするに至った行為がその使用者等における従業者等の現在または過去の職務に属する発明であること、です(特35条1項)。①に関して「従業者等」には、従業者、法人の役員、国家公務員または地方公務員が含まれます(同項)。ここで、「法人の役員」には、社長が含まれます。したがって、本問において、甲が完成させた発明は、職務発明に該当することがあります。

イ ○

従業者等がした職務発明については、契約、勤務規則その他の定めにおいてあらかじめ使用者等に特許を受ける権利を取得させることを定めたときは、その特許を受ける権利は、その発生した時から使用者等に帰属します(特35条3項)。これを原始使用者等帰属といいます。

ウ ×

本問において、丙がW社を退職後に、V社で発明を完成させた場合、アに記載の上記③の、その発明をするに至った行為がその使用者等における従業者等の過去の職務に属するという要件を満たしません(工業所有権法(産業財産権法)逐条解説[第22版]特35条1項)。したがって、本問の発明は、W社における職務発明には該当しません。

エ ○

使用者等は、従業者等が職務発明について特許を受けたときは、その特許権について通常実施権を有します(特35条1項)。これに関して、従業者等の許諾が必要であること、及び有償であることは規定されていません。したがって、本問において、U社は、丁の許諾がなくとも、無償の通常実施権を取得することになります。

問29

Check! □□□

X社は，文字Aとその右側に分離して配置された図形Bからなる商標Cについて指定商品を「時計，宝石箱」とする商標登録出願Mを行ったところ拒絶理由を受けた。この拒絶理由では，商標Cに類似する他社の先行登録商標Dが指定商品「腕時計」について存在すること（商標法第4条第1項第11号）が拒絶の理由とされている。登録商標Dは，文字Aのみからなる商標である。X社の知的財産部の部員甲は，この拒絶理由に対する対応方針を検討している。ア～エを比較して，甲の考えとして，最も適切と考えられるものを1つだけ選びなさい。なお，「時計」と「宝石箱」は非類似であるものとする。

ア 出願に係る商標Cと登録商標Dは類似しているとの判断には承服できないが，「宝石箱」に ついて早期権利化を図るため，商標登録出願Mにおいて指定商品「時計」を削除し，「時計」について商標Cの分割出願を行う。

イ 出願に係る商標Cと登録商標Dは類似しているとの判断には承服できないが，図形Bの部分について確実な権利化を図るため，文字Aのみからなる商標について分割出願を行う。

ウ 出願に係る商標Cと登録商標Dは類似しているとの判断に承服するので，手続補正書により出願商標Cから文字Aを削除して図形Bのみを残す補正を行う。

エ 登録商標Dは文字のみで構成されるものであるため，出願に係る商標Cは登録商標Dと非類似である旨の反論を意見書で主張する。

問29 解答・解説　正解：ア

ア ○

商標登録出願人は、2以上の商品または役務を指定商品または指定役務とする商標登録出願の一部を1または2以上の新たな商標登録出願とすることができます(商10条1項)。問題文より、「時計」と「宝石箱」は非類似であるため、商標登録出願Mにおいて指定商品「時計」を削除すれば、「宝石箱」について早期権利化を図ることができます。また、「時計」について商標Cの分割出願を行うことで、じっくりと対応を検討することができます。

イ ×

商標の一部を分割して新たな商標登録出願とすることはできません。

ウ ×

商標の補正は、原則として要旨の変更に該当します(商標審査基準 第13 第16条の2及び第17条の2)。したがって、本問のような補正を行うことは不適切です。

エ ×

問題文のように、意見書で反論することも可能ですが、この反論が認められなければ拒絶査定となるため、より適切なのはアに記載の対応と解されます。

問30

Check! □□□

家電メーカーX社は，新規な美容機器に係る発明Aについて特許権Pを取得することを検討している。特許権Pを取得した後は，日本国内で製造販売するだけではなく，外国に輸出することも計画している。ア～エを比較して，X社の知的財産部の部員の発言として，最も不適切と考えられるものを1つだけ選びなさい。

ア「X社の美容機器は，Y社の特許権の技術的範囲に属することが判明しました。X社が特許権Pを取得できるかどうかにかかわらず，対策が必要です。」

イ「発明Aと同一の発明について，W社が既に特許権を取得していることが判明しました。X社は，W社の特許出願前に秘密状態で発明Aに係る試作品を作製していましたが，当該試作品の存在を理由として，W社の特許について特許無効審判を請求することはできません。」

ウ「発明Aと同一の発明について，V社が既に特許出願をしていることが判明しました。当該特許出願が登録された場合，特許掲載公報の発行日から5カ月経過した後は，特許異議の申立てをすることができる場合はありません。」

エ「発明Aと同一の発明について，U社が既に特許出願をしていることが判明しました。U社の特許出願は登録される可能性は高いと考えられます。特許出願が登録される前に契約交渉をして，U社が興味を持ちそうなX社の特許権とのクロスライセンスを成立させることを目指しましょう。」

問30 解答・解説 正解：ウ

ア ○

特許権者は、業として特許発明を実施する権利を専有します(特68条)。しかしながら、特許権者は、その特許発明がその特許出願の日前の出願に係る他人の特許発明を利用するものであるときは、業としてその特許発明の実施をすることができません(同法72条)。したがって、本問において、X社が特許権Pを取得できるかどうかにかかわらず、業としてY社の特許発明の技術的範囲に属する美容機器を製造販売等すれば、Y社の特許権の侵害に該当するため、本問の内容は適切です。

イ ○

特許が、新規性(特29条1項各号)の規定に違反してされたことは、無効理由に該当します(同法123条1項2号)。しかしながら、本問では、X社は、秘密状態で発明Aに係る試作品を作製しているため、W社の特許権に係る発明は新規性を有します。したがって、X社は当該試作品の存在を理由として、W社の特許について特許無効審判を請求することはできません。なお、本問の場合、X社は、先使用権を有する旨の主張をできる可能性があります。

ウ ×

特許異議の申立ての時期的要件は、特許掲載公報の発行の日から6カ月以内です(特113条書)。したがって、本問では、V社の出願に係る発明が異議理由を有している場合、X社は、特許異議の申立てをすることができます。

エ ○

クロスライセンス交渉が成立すれば、X社は発明Aを実施できるため、本問の内容は適切です。

問31

Check! □□□

ゴム製品メーカーX社は，タイヤの製造方法に関する技術を開発した。X社の知的財産部の部員は，この製造方法について特許法による保護を受けるのがよいか，不正競争防止法により営業秘密として保護を受けるのがよいか，検討している。ア～エを比較して，知的財産部の部員の考えとして，最も不適切と考えられるものを1つだけ選びなさい。

ア 他社がこの製造方法を開発することが明らかに困難であると考えられる場合であっても，この製造方法について特許出願をすべきである。

イ 特許出願すると発明の内容が出願公開され，出願公開後は営業秘密としての保護を受けることができなくなる。

ウ 不正競争防止法により営業秘密として保護を受けるために，経済産業省へ登録手続をする必要はない。

エ 営業秘密として保護された技術情報が流出した場合，国内での不正使用だけでなく，海外での不正使用も処罰の対象となり得る。

問32

Check! □□□

自動車メーカーX社は，新規な自動車の意匠Aを創作し，意匠Aのデザインについて意匠登録出願Dをした。その後，意匠登録出願Dに対して，意匠Aがドイツにおいて頒布された刊行物Bに記載された自動車の意匠Cと類似するという拒絶理由が通知された。ア～エを比較して，X社が意見書を提出した場合，反論として認められる可能性のある主張として，最も適切と考えられるものを1つだけ選びなさい。

ア 意匠Aが，意匠Cに基づいて容易に創作できたものではないこと

イ 刊行物Bが，日本では頒布されていないこと

ウ 意匠Cが，ドイツで意匠登録出願されていないこと

エ 刊行物Bが，意匠登録出願Dの出願後にドイツにおいて頒布されたこと

問31 解答・解説 正解：ア

ア ×

特許出願をすれば、出願公開され(特64条1項)、それによって出願に係る製造方法が他社に知られるというリスクがあります。したがって、他社が、ある物の製造方法を開発することが明らかに困難であると考えられる場合、不正競争防止法により営業秘密として保護を受けるのが適切です。

イ ○

営業秘密の要件の1つとして、非公知性があります(不2条6項)。したがって、問題文のとおり、出願公開された発明、すなわち公知となった発明については、営業秘密としての保護を受けることができなくなります。

ウ ○

問題文のとおり、不正競争防止法により営業秘密として保護を受けるために、経済産業省へ登録手続をする必要があることは規定されていません。

エ ○

問題文のとおりです(不21条4項3号)。

問32 解答・解説 正解：エ

ア ×

問題文より、意匠Ａは意匠Ｃと類似する、すなわち意匠Ａは新規性を有しないと判断されています。したがって、本問のような主張、すなわち創作非容易性に関しての主張は、反論として認められる可能性のある主張として不適切です。

イ ×

意匠登録出願前に日本国内または外国において、頒布された刊行物に記載された意匠に類似する意匠は、意匠登録を受けることができません(意3条1項3号)。したがって、本問のような主張は、反論として認められる可能性のある主張として不適切です。

ウ ×

新規性の要件として、頒布された刊行物に記載された意匠が意匠登録出願されたものであることは規定されていません。したがって、本問のような主張は、反論として認められる可能性のある主張として不適切です。

エ ○

新規性の時期的要件は「意匠登録出願前」です(意3条1項各号)。したがって、本問のような主張は、反論として認められる可能性のある主張として適切です。

問33

Check! □□□

大学生甲は，著作権侵害や著作者人格権侵害に関して発言をしている。ア～エを比較して，甲の発言として，最も不適切と考えられるものを1つだけ選びなさい。

ア「共同著作物に係る著作権侵害について，各著作権者は他の著作権者の同意を得ずに権利行使をすることができます。」

イ「著作権の享受に著作権の登録は必要ありませんが，著作権者が侵害者に権利行使をするためには，著作権の登録が必要です。」

ウ「故意又は過失により著作者人格権を侵害された場合，著作者は侵害者に対し，名誉を回復するための措置を請求することができます。」

エ「著作者が亡くなった後，著作者が生存していたとしたならば著作者人格権侵害となる行為をした者に対し，当該著作者の遺族は差止請求をすることができる場合があります。」

5

問34に答えなさい。

問34

Check! □□□

自動車メーカーX社は，自社のエンジニアがした発明Aについて，令和4年8月1日に特許請求の範囲に請求項1から請求項19を記載した特許出願Bを行ったところ，令和6年2月1日に出願公開がされた。その後，X社は，特許出願Bについて，請求項の数を10追加する補正をした上で，出願審査請求をすることとした。この場合，出願審査請求に必要な手数料は何円か，算用数字で記入しなさい。

> 特許法等関係手数料令（特許法第195条第2項関係）による
> 出願審査の請求をする者　1件につき138,000円に1請求項につき4,000円を加えた額

問33 解答・解説 正解：イ

著作権

ア ○

共同著作物の各著作者または各著作権者は、他の著作者または他の著作権者の同意を得ないで、差止請求またはその著作権の侵害に係る自己の持分に対する損害の賠償の請求もしくは自己の持分に応じた不当利得の返還の請求をすることができます(著117条1項)。

イ ×

著作権法上、このような規定はありません。

ウ ○

著作者または実演家は、故意または過失によりその著作者人格権または実演家人格権を侵害した者に対し、損害の賠償に代えて、または損害の賠償とともに、著作者または実演家であることを確保し、または訂正その他著作者もしくは実演家の名誉もしくは声望を回復するために適当な措置を請求することができます(著115条)。

エ ○

著作物を公衆に提供し、または提示する者は、その著作物の著作者が亡くなった後においても、著作者が生存しているとしたならばその著作者人格権の侵害となるべき行為をしてはなりません(著60条)。著作者の死後においては、その遺族は、当該著作者について上記規定に違反する行為をする者またはするおそれがある者に対し差止請求等をすることができます(同法116条1項)。

5

問34 解答・解説 正解：254,000円

特許・実用新案

問題文のとおり、出願審査の請求をする者は、1件につき138,000円に1請求項につき4,000円を加えた額を納付します。本問では、当初の特許請求の範囲に記載された請求項の数は19でしたが、請求項の数を10追加する補正がされたため、請求項の数は合計で29となっています。したがって、出願審査請求に必要な手数料は、138,000(円)＋4,000(円)×29＝254,000(円)です。

6

X社の知的財産部の部員甲と部員乙が，特許協力条約（ＰＣＴ）に基づく国際出願に関して会話をしている。問35～問37に答えなさい。

甲「日本国特許庁を受理官庁として国際出願する場合，注意すべき点はありますか。」

乙「日本国特許庁を受理官庁とする場合，出願書類は［ 1 ］で作成することが認められています。」

甲「国際出願の内容は公開されますか。」

乙「国際出願をすると，原則としてすべての出願について，［ 2 ］から18カ月経過後に，国際公開されます。」

甲「指定国で権利化のための手続をするにはどうしたらよいですか。」

乙「指定国に対する国内移行手続を行う必要があります。国内移行手続は，［ 2 ］から［ 3 ］の間にすればよいとされています。」

問35

Check! □□□

【語群Ⅶ】の中から，空欄［ 1 ］に入る語句として，最も適切と考えられるものを1つだけ選びなさい。

問36

Check! □□□

【語群Ⅶ】の中から，空欄［ 2 ］に入る語句として，最も適切と考えられるものを1つだけ選びなさい。

問37

Check! □□□

【語群Ⅶ】の中から，空欄［ 3 ］に入る語句として，最も適切と考えられるものを1つだけ選びなさい。

【語群Ⅶ】

ア　36カ月	イ　日本語のみ	ウ　優先日
エ　英語のみ	オ　30カ月	カ　国際公開請求日
キ　20カ月	ク　日本語又は英語	ケ　国際出願日

問35 解答・解説 正解：ク

国際出願をしようとする者は、日本語または経済産業省令で定める外国語で作成した出願書類を日本国特許庁長官に提出します(国願法3条1項)。ここで「経済産業省令で定める外国語」とは英語です(国願法施規12条)。

問36 解答・解説 正解：ウ

国際公開は、原則として、国際出願の優先日から18カ月経過後に行われます(PCT21条(2)(a))。

問37 解答・解説 正解：オ

優先日から30カ月を経過するときまでに、国内移行手続を行う必要があります(PCT22条(1)、及び同法39条(1)(a))。

7

出版社X社の事業部の部員甲と法務部の部員乙が，著作権法上の引用に関して会話をしている。問38～問40に答えなさい。

甲「映画雑誌に，来月公開される映画Aの記事を書くことになりました。映画Aは小説Bを映画化したものなので，小説Bの一部を引用して記事を書きたいと思います。その場合，著作権法上，注意しなければならないことはありますか。」

乙「引用は，公正な慣行に合致するものであり，かつ，報道，批評，研究その他の引用の目的上［ 1 ］ものでなければなりません。また，小説Bの［ 2 ］ことが必要です。また，雑誌の記事と小説Bの主従関係に注意が必要です。すなわち，雑誌の記事が［ 3 ］でなければなりません。」

問38

Check! □□□

【語群Ⅷ】の中から，空欄［ 1 ］に入る語句として，最も適切と考えられるものを1つだけ選びなさい。

問39

Check! □□□

【語群Ⅷ】の中から，空欄［ 2 ］に入る語句として，最も適切と考えられるものを1つだけ選びなさい。

問40

Check! □□□

【語群Ⅷ】の中から，空欄［ 3 ］に入る語句として，最も適切と考えられるものを1つだけ選びなさい。

【語群Ⅷ】

ア 文化の発展に寄与する	イ 正当な範囲で行われる
ウ 著作権者の利益を不当に害しない	エ 出所を明示する
オ 著作権者に通知をする	カ 著作権者に補償金を支払う
キ 主	ク 従

問38 解答・解説 正解：イ

引用が、公正な慣行に合致するものであり、かつ、報道、批評、研究その他の引用の目的上正当な範囲内で行われるものであれば、公表された著作物を引用することができます（著32条1項）。

問39 解答・解説 正解：エ

引用の規定により著作物を複製する場合、その著作物の出所を明示することが必要です（著48条1項1号）。

問40 解答・解説 正解：キ

他人の著作物を引用するためには、著作権法上の要件を満たすことに加えて、判例を根拠とした実務的な判断基準として、引用部分が明瞭に区分されること、引用部分とそれ以外の部分の主従関係が明確であることが必要です。「主従関係」に関しては、質的・量的に引用する側が主、引用される側が従の関係であることが必要です。

＜過去問編＞

第46回
知的財産管理技能検定®

2級 実技試験

［問題と解答］

（はじめに）

　すべての問題文の条件設定において，特に断りのない限り，他に特殊な事情がないものとします。また，各問題の選択肢における条件設定は独立したものと考え，同一問題内における他の選択肢には影響しないものとします。

　特に日時の指定のない限り，2023年５月1日現在で施行されている法律等に基づいて解答しなさい。

1

X社は，電気自動車用の蓄電池を研究開発するベンチャー企業である。X社の開発責任者である甲と，Y社の研究開発部の研究員乙は，新たな蓄電池に係る発明A，発明B，発明Cを共同で発明した。Y社の知的財産部の部員丙は，この共同研究開発の成果であるこれらの発明について特許出願をすることを検討している。丙は，発言1～3をしている。なお，X社とY社の間には，発明の取扱に関して何ら取決めはないものとする。

発言1　「X社の甲は，『部下である事務員丁は，発明Aに関する資料の収集に大変尽力してくれたので，発明Aの発明者として，追加したい。』と強く希望しています。X社とわが社との関係を考慮して，丁を発明者として追加します。丁を発明者とすることについて，問題はありません。」

発言2　「Y社では，職務発明の特許を受ける権利について従業者から取得する旨を，予め就業規則において定めています。この場合，発明Bに関する特許を受ける権利を乙からY社に移転するために，特許を受ける権利の承継手続は不要です。」

発言3　「X社は，発明Cの実施条件について，社内で意見がまとまらず，発明Cに係る特許出願について，難色を示しています。しかしながら，同業他社が，発明Cに関連する製品開発を進めているとの情報があるので，X社の社内の意見がまとまるのを待たずに，Y社が発明Cに係る特許出願を単独で出願しても問題はありません。」

以上を前提として，問1～問6に答えなさい。

問1

Check! □□□

発言1について，適切と考えられる場合は「○」を，不適切と考えられる場合は「×」を，選びなさい。

問2

Check! □□□

【理由群Ⅰ】の中から，問1において適切又は不適切と判断した理由として，最も適切と考えられるものを1つだけ選びなさい。

【理由群 Ⅰ】

ア　発言のとおりであるため

イ　丁は事務員であるので発明者として認められないため

ウ　丁は実質的に発明を完成させたといえないため

問1 問2 解答・解説 問1正解：×　問2正解：ウ

ア ×

ウに記載のとおりです。

イ ×

事務員であるからといって、発明者として認められないわけではありません。

ウ ○

出願に係る発明に関する資料の収集に尽力したとしても、それは実質的に発明を完成させるための行為とはいえないため、丁は発明者にはなれません。

問3

Check! □□□

発言2について，適切と考えられる場合は「○」を，不適切と考えられる場合は「×」を，選びなさい。

問4

Check! □□□

【理由群Ⅱ】の中から，問3において適切又は不適切と判断した理由として，最も適切と考えられるものを1つだけ選びなさい。

【理由群 Ⅱ】

ア　職務発明の帰属について就業規則で定められているので，特許を受ける権利の承継手続は不要であるため

イ　職務発明であっても，特許を受ける権利を取得する場合には承継手続が必要であるため

ウ　特許を受ける権利が共有に係る場合は，他の共有者の同意を得る必要があるので，予約承継は認められないため

問5

Check! □□□

発言3について，適切と考えられる場合は「○」を，不適切と考えられる場合は「×」を，選びなさい。

問6

Check! □□□

【理由群Ⅲ】の中から，問5において適切又は不適切と判断した理由として，最も適切と考えられるものを1つだけ選びなさい。

【理由群 Ⅲ】

ア　Y社は，発明者を乙のみと記載すれば，単独で特許出願をすることができるため

イ　Y社が単独で特許出願をし特許されても，異議理由を有することとなるため

ウ　Y社が単独で特許出願をし特許されても，特許無効の理由を有することとなるため

問3 問4 解答・解説 問3正解：○　問4正解：ア

ア ○

従業者等がした職務発明については、契約、勤務規則その他の定めにおいてあらかじめ使用者等に特許を受ける権利を取得させることを定めたときは、その特許を受ける権利は、その発生した時から当該使用者等に帰属します(特35条3項)。これを原始使用者等帰属といいます。本問では、原始使用者等帰属に関して予め就業規則で定められているため、発明Bに関する特許を受ける権利の承継手続をしなくとも、その権利は乙からY社に移転されます。

イ ×

アに記載のとおりです。

ウ ×

特許を受ける権利が共有に係る場合であっても、予約承継は認められます。なお、予約承継とは、従業者等がした発明について、予め使用者等に特許を受ける権利を取得させること、すなわち原始使用者等帰属に関すること等を契約、勤務規則等で定めることをいいます。

問5 問6 解答・解説 問5正解：×　問6正解：ウ

ア ×

ウに記載のとおりです。

イ ×

共同出願違反は、異議理由ではありません。

ウ ○

特許を受ける権利が共有に係るときは、各共有者は、他の共有者と共同でなければ、特許出願をすることができません(特38条)。また、特許がこの共同出願の規定に違反してされたことは、無効理由です(同法123条1項2号)。本問において、Y社が発明Cに係る特許出願を単独ですることは、共同出願違反であるため、発明Cについて特許されても、無効理由を有することになります。

2

プログラム開発会社X社は，商品A「電子計算機用プログラム」についてプログラム名「Challenge」として販売している。X社の知的財産部の部員甲が先行商標調査をしたところ，Y社が，商標「チャレンジ」，指定役務B「電子計算機用プログラムの提供」について，商標権Mを有していることがわかった。商標権Mに係る商標登録出願の出願日は2022年12月7日，登録日は2023年7月7日，公報発行日は2023年8月8日であり，商標権Mは現時点まで使用されていないこともわかった。甲は，X社の知的財産部の部長乙に対し，調査結果を受けて，発言1～2をしている。なお，商品及び役務の区分について，商品Aは第9類，指定役務Bは第42類に属する。

発言1　「指定役務Bとの類否の関係で，プログラム名『Challenge』を商品Aに使用することについて，全く問題ありません。」

発言2　「商標『チャレンジ』との類否の関係で，プログラム名『Challenge』を商品Aに使用することについては，全く問題ありません。」

また，甲が更に調査を行ったところ，X社のグループ企業であるW社が，商標「Challenge」，指定役務Bについて，商標権Nを有していることがわかった。この結果を受けて，甲は，乙に対して，2023年11月2日に発言3をしている。なお，商標権Nに係る商標登録出願の出願日は2022年11月4日，登録日は2023年6月2日，公報発行日は2023年7月3日である。

発言3　「商標権Mに対しては，不使用取消審判，商標権Nの存在を理由とした登録異議申立て，商標登録無効審判のどの措置もとれません。」

以上を前提として，問7~問12に答えなさい。

問7

Check! □□□

発言1について，適切と考えられる場合は「○」を，不適切と考えられる場合は「×」を，選びなさい。

問8

Check! □□□

【理由群Ⅳ】の中から，問7において適切又は不適切と判断した理由として，最も適切と考えられるものを1つだけ選びなさい。

問7 問8 解答・解説 問7正解：× 問8正解：ア

ア ○

商品及び役務の区分は、商品または役務の類似の範囲を定めるものではなく(商6条3項)、商品「電子計算機用プログラム」と役務「電子計算機用プログラムの提供」とは類似します(特許庁「備考類似商品・役務一覧表」)。また、指定商品もしくは指定役務についての登録商標に類似する商標の使用または指定商品もしくは指定役務に類似する商品もしくは役務についての登録商標もしくはこれに類似する商標の使用は、商標権の侵害とみなされます(同法37条1項)。したがって、指定役務Bとの類否の関係で、プログラム名『Challenge』を商品Aに使用することについて、問題がないとはいえません。

イ ×

アに記載のとおりです。

ウ ×

アに記載のとおりです。

【理由群 Ⅳ】
ア　商品と役務との間で類似する場合があるため
イ　商品，役務の区分が異なる場合には，商品と役務との間で類似する場合がないため
ウ　商品と役務とが異なり，商品と役務との間で類似する場合がないため

問9

Check! □□□

発言2について，適切と考えられる場合は「○」を，不適切と考えられる場合は「×」を，選びなさい。

問10

Check! □□□

【理由群Ⅴ】の中から，問9において適切又は不適切と判断した理由として，最も適切と考えられるものを1つだけ選びなさい。

【理由群 Ⅴ】
ア　観念が異なり，商標が類似せず，問題がないため
イ　外観が同一であり，商標が類似し，問題があるため
ウ　称呼が同一であり，商標が類似し，問題があるため

問11

Check! □□□

発言3について，適切と考えられる場合は「○」を，不適切と考えられる場合は「×」を，選びなさい。

問12

Check! □□□

【理由群Ⅵ】の中から，問11において適切又は不適切と判断した理由として，最も適切と考えられるものを1つだけ選びなさい。

【理由群 Ⅵ】
ア　期間の関係からどの措置もとることはできないため
イ　期間の関係から不使用取消審判を請求できるため
ウ　期間の関係から登録異議申立てをできるため
エ　期間の関係から商標登録無効審判を請求できるため

問9 問10 解答・解説 問9正解：× 問10正解：ウ

ア ×

ウに記載のとおりです。

イ ×

ウに記載のとおりです。

ウ ◯

商標の類否は、対比される商標の外観、称呼または観念等に基づいて判断されます(商標審査基準 十 第4条第1項第11号(先願に係る他人の登録商標))。本問において、「チャレンジ」と「Challenge」とは、少なくとも称呼が同一であるため、これらの商標は類似します。また、指定商品もしくは指定役務についての登録商標に類似する商標の使用または指定商品もしくは指定役務に類似する商品もしくは役務についての登録商標もしくはこれに類似する商標の使用は、商標権の侵害とみなされます(商37条1項)。したがって、商標『チャレンジ』との類否の関係で、プログラム名『Challenge』を商品Aに使用することについて問題がないとはいえません。

問11問12 解答・解説 問11正解：× 問12正解：エ

ア ×

エに記載のとおりです。

イ ×

不使用取消審判の要件として、継続して3年以上日本国内において商標権者等が指定役務についての登録商標の使用をしていないことが規定されていますが(商50条1項)、本問では、商標権Mに関して、登録日から3年を経過していないため、この措置をとることはできません。

ウ ×

本問において、商標権Mに係る商標登録は、商標権Nとの関係で、先願に係る他人の登録商標(商4条1項11号)の規定に違反してされたものです。商標登録がこの規定に違反してされたことは、異議理由ですが(同法43条の2第1号)、本問では、商標権Mに対して、商標登録の異議申立てができる期間、すなわち商標掲載公報の発行日から2カ月(同条柱書)を過ぎているため、この措置をとることはできません。

エ ◯

商標登録が先願に係る他人の登録商標(商4条1項11号)の規定に違反してされたことは、無効理由(同法46条1項1号)でもあります。この無効理由に基づく商標登録無効審判は、商標権の設定の登録の日から5年を経過した後は請求することができません(同法47条1項)。本問では、商標権Mの登録日から5年が経過していないため、商標権Mに対して、商標権Nの存在を理由とした商標登録無効審判を請求することができます。

3

広告制作会社X社は，飲料メーカーY社が新しく発売するジュースのCMの制作をすることになった。X社では，このCM制作に関するアイデアを出し合う会議を開いた。会議に参加したメンバーが発言1～3をしている。

発言1　「人気タレント甲の描いた動物の漫画AをCMに利用したいと思います。このアイデア についてY社の企画会議で承認を得るため，会議用に漫画Aを複製した資料を，会議出席者の人数分印刷したいと思います。この場合，著作権の制限規定が働きますので，甲の許諾を得る必要はありませんよね。」

発言2　「人気タレント甲の描いた動物の漫画Aの絵柄をCMに利用したいと考えたところ，Y社の承認が得られ，甲から複製の許諾も得られました。この場合，CMで使うため漫画Aの絵柄を自由に改変して新たな絵柄を作成することについては甲の同意を得なくても，問題はないですよね。」

発言3　「CMには，著名な作曲家乙の作曲したピアノ曲Bを，人気タレント甲が演奏している音源を複製して利用したいと思います。この場合，乙の他には，誰の許諾も得る必要はありませんよね。」

以上を前提として，問13～問18に答えなさい。

問13

Check! □□□

発言1について，適切と考えられる場合は「○」を，不適切と考えられる場合は「×」を，選びなさい。

問14

Check! □□□

【理由群Ⅶ】の中から，問13において適切又は不適切と判断した理由として，最も適切と考えられるものを1つだけ選びなさい。

【理由群 Ⅶ】

ア　引用による利用であるため
イ　私的使用のための複製にあたるため
ウ　検討の過程における利用であるため

問13問14 解答・解説 問13正解：○　問14正解：ウ

ア ×

引用は、公正な慣行に合致するものであり、かつ、報道、批評、研究その他の引用の目的上正当な範囲内で行われるものでなければなりません(著32条)。本問では、漫画Aをそのまま利用しようとしているため、引用にはあたりません。

イ ×

私的使用とは、個人的にまたは家庭内その他これに準ずる限られた範囲内において使用することであり、業務での使用はこれに該当しません(著30条1項柱書)。本問では、漫画Aを業務で利用しようとしているため、私的使用のための複製にはあたりません。

ウ ○

著作権者の許諾を得て著作物を利用しようとする者は、これらの利用についての検討の過程における利用に供することを目的とする場合には、その必要と認められる限度において、当該著作物を利用することができます(著30条の3)。すなわち、本問のように、業務上他人の著作物を利用したいと考えており、社内会議で承認を得るためにその著作物を利用するにあたっては、その著作物の著作者の許諾を得る必要はありません。

問15

Check! □□□

発言２について，適切と考えられる場合は「○」を，不適切と考えられる場合は「×」を，選びなさい。

問16

Check! □□□

【理由群Ⅷ】の中から，問15において適切又は不適切と判断した理由として，最も適切と考えられるものを１つだけ選びなさい。

【理由群 Ⅷ】
ア　甲の著作者人格権を侵害するため
イ　甲の著作権と著作者人格権を侵害するため
ウ　甲の描いた漫画Ａに著作権は発生しないため

問17

Check! □□□

発言３について，適切と考えられる場合は「○」を，不適切と考えられる場合は「×」を，選びなさい。

問18

Check! □□□

【理由群Ⅸ】の中から，問17において適切又は不適切と判断した理由として，最も適切と考えられるものを１つだけ選びなさい。

【理由群 Ⅸ】
ア　著作権が消滅しているため
イ　著作隣接権を侵害する可能性があるため
ウ　演奏と録音には権利が生じないため

問15問16 解答・解説　問15正解：×　問16正解：イ

ア ×

イに記載のとおりです。

イ ○

著作者は、その著作物及びその題号の同一性を保持する権利を有し、その意に反してこれらの変更、切除その他の改変を受けない権利、すなわち著作者人格権としての同一性保持権(著22条)、及びその著作物を無断で翻案等されない権利、すなわち著作権としての翻案権(同法27条)を有します。本問において、X社が甲の同意を得ずに、漫画Aの絵柄を改変して新たな絵柄を作成する場合、甲のこれらの権利を侵害します。

ウ ×

漫画は美術の著作物に該当し、著作者である甲には著作権が発生します(著17条1項)。

問17問18 解答・解説　問17正解：×　問18正解：イ

ア ×

甲は著作者ではないため、そもそも著作権を有しません。

イ ○

著作権法上、実演家とは、俳優、舞踊家、演奏家、歌手その他実演を行う者及び実演を指揮し、または演出する者をいいます(著2条1項4号)。したがって、本問では、甲は実演家に該当します。実演家は、著作隣接権としての録音権を専有します(同法91条1項)。ここで、録音は複製に該当します(同法2条1項15号)。したがって、本問において、実演家である甲が演奏した音源を複製することは、甲の録音権を侵害する可能性があります。

ウ ×

実演家は、演奏権を有しませんが、イに記載のとおり、録音権を有します。

4

問19〜問33に答えなさい。

問19

Check! □□□

電気機器メーカーX社は，製造販売をしている冷蔵庫Aについて，Y社から意匠権Dを侵害しているとの警告を受けている。ア〜エを比較して，X社の知的財産部の部員甲の考えとして，最も不適切と考えられるものを1つだけ選びなさい。

ア 意匠原簿を閲覧して，意匠権Dが存続しているか，Y社が真の権利者であるかを確認する。

イ 意匠権Dに係る意匠登録出願後，意匠登録前に，意匠権Dに係る意匠を知らないで，独自に，冷蔵庫Aを商品化していた場合には，意匠権の効力が及ばないので，X社が，冷蔵庫Aに関する資料の有無を確認する。

ウ 冷蔵庫Aが，意匠権Dに係る物品と同一又は類似するかを確認する。

エ 意匠権Dに係る意匠登録出願前に，意匠権Dに係る登録意匠と同一又は類似する意匠が掲載された刊行物が発行されているかを確認する。

問19 解答・解説 正解：イ

ア ○

警告を受けた場合の対応として、意匠原簿を閲覧して、意匠権の存在等を確認することは適切です。これは、他の産業財産権法でも同様です。

イ ×

意匠権の効力は、登録意匠及びこれに類似する意匠に及びます(意23条)。ここで、①意匠登録出願に係る意匠を知らないで自らその意匠もしくはこれに類似する意匠の創作をし、または意匠登録出願に係る意匠を知らないでその意匠もしくはこれに類似する意匠の創作をした者から知得して、②意匠登録出願の際現に③日本国内において④その意匠またはこれに類似する意匠の実施である事業をしている者またはその事業の準備をしている者は、その実施または準備をしている意匠及び事業の目的の範囲内において、その意匠登録出願に係る意匠権についての通常実施権、すなわちいわゆる先使用権を有します(意29条)。本問では、上記②の要件が満たされないため、X社は先使用権、すなわち権原を有しません。したがって、冷蔵庫Aが、意匠権Dに係る登録意匠と同一の意匠または類似する意匠である場合には、意匠権Dの効力は、冷蔵庫Aに及びます。なお、意匠法における先使用権の要件は、特許法と同様です。

ウ ○

意匠の類否は、意匠に係る物品及び形状等との関係で判断されます。したがって、冷蔵庫Aが、意匠権Dに係る物品と同一または類似するかを確認することは適切です。

エ ○

警告を受けた場合の対応として、登録意匠を無効にするために、登録意匠と同一または類似する意匠が掲載された刊行物、すなわち登録意匠の新規性を否定するための文献について調査することは適切です。

問20

Check! □□□

X社は，業務提携しているカフェ「ＡＢＣ」で提供されているコーヒーについて，パッケージに「ＡＢＣ」の文字を記載して発売した。すると，商標「ＡＢＣ」，指定商品「コーヒー」について商標権Mを有するＹ社から，X社に対して，商標権Mを侵害する旨の警告書が送られてきた。ア～エを比較して，X社の考えとして，最も適切と考えられるものを1つだけ選びなさい。

ア カフェ「ＡＢＣ」は，現時点では周知ではないが，商標権Mに係る商標登録出願前から使用しているので，先使用権を主張することができると考えた。

イ 商標権Mの存続期間は，来月に満了するので，当該販売を継続しても問題はないと考えた。

ウ パッケージの「ＡＢＣ」の文字を黄色に変更して，販売することとした。

エ Ｙ社の警告書に反論できないと考え，「コーヒー」への商標「ＡＢＣ」の使用を中止し，Ｙ社に商標権Mについての使用許諾を求めることとした。

問21

Check! □□□

化学品メーカーX社では，ある塗料の製造方法をマニュアルＡに記載し，営業秘密として管理することとした。ア～エを比較して，X社の法務担当者の発言として，最も<u>不適切</u>と考えられるものを1つだけ選びなさい。

ア「マニュアルＡについては，営業秘密の保持に関する就業規則や文書管理規程を整備し，これらの就業規則や文書管理規程に基づいて管理しましょう。」

イ「マニュアルＡについて，電子化して社外のクラウドで保管しても，営業秘密としての要件を満たす場合があります。」

ウ「マニュアルＡに記載されている塗料の失敗した製造方法については，営業秘密として保護されないので，管理しなくてよいでしょう。」

エ「派遣従業者に対しても，同程度の業務に従事している自社の従業者に課しているものと同等の内容で，秘密保持義務を遵守させるようにしましょう。」

問20 解答・解説　正解：エ

ア ×

①他人の商標登録出願前から②日本国内において③不正競争の目的でなく④その商標登録出願に係る指定商品もしくは指定役務またはこれらに類似する商品もしくは役務についてその商標またはこれに類似する商標の使用をしていた結果、その商標登録出願の際現にその商標が自己の業務に係る商品または役務を表示するものとして需要者の間に広く認識されているときは、その者は、継続してその商品または役務についてその商標の使用をする場合は、その商品または役務についてその商標の使用をする権利、すなわちいわゆる先使用権を有します(商32条1項)。本問では、現時点で周知ではない、すなわち需要者の間に広く認識されていないため、上記④の要件を満たしません。したがって、X社は、先使用権を主張することができません。

イ ×

商標権の存続期間は更新することができます(商19条2項)。この場合、X社が販売を継続すると、商標権Mを侵害します。

ウ ×

商標権の効力について、登録商標には、その登録商標に類似する商標であって、色彩を登録商標と同一にするものとすれば登録商標と同一の商標であると認められるもの、すなわちいわゆる色違い類似商標が含まれます(商70条1項)。したがって、商標権Mに係る登録商標の色を変えただけの色違い類似商標を使用すると、商標権Mを侵害します。

エ ◯

使用権者は、設定行為で定めた範囲内において、指定商品または指定役務について登録商標の使用をすることができます(商30条2項、及び同法31条2項)。したがって、商標権を侵害する旨の警告を受けた場合の対応として、指定商品について登録商標の使用を中止し、その商標権についての使用許諾を求めることは適切です。

問21 解答・解説　正解：ウ

ア ◯

営業秘密の要件の1つである秘密管理性を担保するために、問題文のような対応をとることは適切です。

イ ◯

外部クラウドを利用して営業秘密を保管しても、営業秘密に係る情報が秘密として管理されていれば、秘密管理性が失われるわけではありません。

ウ ×

失敗のデータであっても、営業秘密の要件の1つである有用性の要件を満たします。

エ ◯

営業秘密の要件の1つである秘密管理性を担保するために、問題文のような対応をとることは適切です。

問22 Check! □□□

電子部品メーカーX社が新製品のコンデンサーの販売を開始したところ，特許管理会社Y社からX社に，Y社の有する特許権Pを侵害するとして警告書が届いた。ア～エを比較して，X社の知的財産部の部員の発言として，最も適切と考えられるものを1つだけ選びなさい。

ア「他のメーカーにも同じような警告書が届いているようですので，他社と共同で特許権Pに対して特許無効審判を請求することができますね。」

イ「特許権Pに対して特許無効審判を請求しようと考えています。但し，既に特許侵害訴訟が提起された場合には，特許無効審判を請求することはできませんね。」

ウ「特許権Pに対する特許無効審判において，Y社が特許請求の範囲の訂正をして，訂正後の特許が維持された場合，後に特許権Pの侵害と判断されても，訂正請求以前の販売分については損害賠償の対象になりませんね。」

エ「特許権Pに対する特許異議の申立ては，利害関係人に限りすることができます。今回警告書が届いたことで利害関係が生じたため，X社が特許異議の申立てを行うことができますね。」

問23 Check! □□□

X社の開発担当者は，新品種の「トマト」について，種苗法に基づく品種登録を検討している。ア～エを比較して，品種登録手続に関して，最も<u>不適切</u>と考えられるものを1つだけ選びなさい。

ア 品種登録の出願は，当該品種の育成を完了してから1年以内に行う必要がある。

イ 農林水産大臣は，品種登録出願について拒絶しようとするときは，その出願者に対し，拒絶理由を通知し，相当の期間を指定して，意見書を提出する機会を与えなければならない。

ウ 農林水産大臣は，品種登録の出願を受理したときは，当該出願について出願公表をしなければならない。

エ 品種登録の出願者は，原則として，出願1件毎に所定の出願料を納付しなければならない。

問22 解答・解説 正解：ア

ア ○

利害関係人が、特許無効審判を請求することができます(特123条2項)。特許権について警告を受けた者は、利害関係人に該当します(審判便覧(第20版)31-02 利害関係人の具体例)。また、同一の特許権について特許無効審判を請求する者が2人以上あるときは、これらの者は、共同して審判を請求することができます(特許法132条1項)。したがって、本問において、X社は、他社と共同で特許権Pに対して特許無効審判を請求することができます。

イ ×

特許無効審判に関して、問題文のような時期的制限はありません。

ウ ×

過去の侵害行為についても損害賠償の対象となります。

エ ×

何人も、特許異議の申立てを行うことができます(特113条柱書)。

問23 解答・解説 正解：ア

ア ×

種苗法上、品種登録要件に関して、区別性、均一性、安定性、未譲渡性等が規定されていますが、問題文のような内容は規定されていません(種苗法3条、及び同法4条参照)。

イ ○

種苗法上、品種登録出願の審査に関して、問題文のとおりの内容が規定されています(種17条3項)。これは、特許法等と同様の規定です。

ウ ○

種苗法上、出願公表に関して、問題文のとおりの内容が規定されています(種13条1項柱書)。

エ ○

問題文のとおり、出願者は、1件につき農林水産省令で定める額の出願料を納付します(種6条1項)。

問24

Check! □□□

家電メーカーX社は，形状が特徴的である掃除機Aを開発して，国内のみにおいて意匠権Dを取得した。また，掃除機Aを販売したところ人気商品になった。X社は最近になって，外国で掃除機Aと色は異なるが形状が類似した掃除機Bが販売されており，日本のY社が掃除機Bを国内に輸入しようとしているという情報を入手した。X社の知的財産部では，掃除機Bを入手し検討したところ，Y社の掃除機Bを輸入する行為が意匠権Dを侵害するおそれがあるとの結論になった。ア〜エを比較して，X社の知的財産部の部員の考えとして，最も適切と考えられるものを1つだけ選びなさい。

ア　X社は，意匠権Dを侵害するおそれがある掃除機Bの輸入に対し，特許庁長官に証拠を提出し，輸入を差し止めるための認定手続をとるよう申し立てることができる。

イ　X社は，意匠権Dを有するが，掃除機Aと掃除機Bとは色が異なるので，掃除機Aについて 立体商標としての商標権を有していなければ，掃除機Bの輸入差止めをすることはできない。

ウ　X社が輸入を差し止めるための認定手続をとるよう申立てを行うと，掃除機Bを輸入する者には，当該手続がとられることは通知されるが意見を述べる機会は与えられない。

エ　意匠権Dの侵害が国内で発生していない段階でも，侵害のおそれがある掃除機Bが国内に輸入される見込みがあれば，輸入差止めの申立てができるので早急に対応するのが望ましい。

問24 解答・解説　正解：エ

ア ×

特許権者、実用新案権者、意匠権者、商標権者、著作権者、著作隣接権者もしくは育成者権者または不正競争差止請求権者は、自己の特許権、実用新案権、意匠権、商標権、著作権、著作隣接権もしくは育成者権または営業上の利益を侵害すると認める貨物に関し、いずれかの税関長に対し、必要な証拠を提出し、当該貨物が輸入されようとする場合は、認定手続を執るべきことを申し立てることができます(関69条の13第1項)。すなわち、認定手続の申立先は、特許庁長官ではなく、税関長です。

イ ×

意匠権の侵害とは、権原なき第三者が、業として登録意匠及びこれに類似する意匠の実施をすること等をいいます(意23条等)。本問において、掃除機Aに係る意匠と掃除機Bに係る意匠とは、物品が同一であり、形状等が類似であるため、両意匠は類似します。したがって、X社は、掃除機Aについての商標権を有していなくとも、意匠権Dに基づいて、税関長に対して、認定手続を執るよう申立てをし(関69条の13第1項)、それによって掃除機Bの輸入差止めをすることができます。

ウ ×

輸入されようとする貨物について認定手続を執るよう申立てられた税関長は、当該貨物に係る権利者及び当該貨物を輸入しようとする者に対し、当該貨物について認定手続を執る旨並びに当該貨物が輸入してはならない貨物に該当するか否かについてこれらの者が証拠を提出し、及び意見を述べることができる旨等を通知します(関69条の12第1項)。したがって、本問では、掃除機Bを輸入する者には、意見を述べる機会が与えられます。

エ ○

権利者は、自己の権利を侵害すると認める貨物に関し、当該貨物が輸入されようとする場合は、当該貨物について税関長が認定手続を執るべきことを申し立てることができます(関69条の13第1項)。したがって、本問において、X社が意匠権Dを侵害すると主観的に認める、すなわち侵害のおそれがある掃除機Bが輸入されようとする、すなわち輸入される見込みがあれば、税関長に対して認定手続を執るべきこと、すなわち輸入差止めの申立てができます。

問25

Check! □□□

素材メーカーＸ社では，新規事業を始めるにあたりＸ社に不足する技術を，M&Aにより Y社又はZ社を買収して補完することを考えている。X社の知的財産部の部員甲は，ＩＰランドスケープとして，経営企画部の部長に見せるための図を検討している。ア～エを比較して，甲の考えとして，最も適切と考えられるものを1つだけ選びなさい。

ア 縦軸にマーケットにおける技術評価の高い順に技術を並べ，横軸にそれぞれの技術の出願件数をとった図を，Y社，Z社のそれぞれについて個別に作成して，技術の補完度を検討する。

イ 縦軸にマーケットにおける技術評価の高い順に技術を並べ，横軸にそれぞれの技術の出願件数をとった図を，X社とY社，X社とZ社のそれぞれの組合せについての件数を比較できるように作成して，技術の補完度を検討する。

ウ 縦軸に新規事業において必要となる発明のＦＩをＸ社の保有件数順に並べ，横軸にそれぞれのＦＩが付与された出願件数をとった図を，Y社，Z社のそれぞれについて個別に作成して，技術の補完度を検討する。

エ 縦軸に新規事業において必要となる発明のＦＩをＸ社の保有件数順に並べ，横軸にそれぞれのＦＩが付与された出願件数をとった図を，X社とY社，X社とZ社のそれぞれの組合せについての件数を比較できるように作成して，技術の補完度を検討する。

問25 解答・解説　正解：イ

ア ×

イに記載のとおりです。

イ ○

知財部員以外の者の理解しやすさのために、マップの作成にあたっては、FI等の特許分類を用いないことが望ましいです。また、X社に不足する技術を補完することを検討しているため、M&Aの候補となる企業とX社との関係がわかるようにする必要があります。したがって、縦軸にFI等の特許分類を用いずに、マーケットにおける技術評価の高い順に技術を並べ、横軸にそれぞれの技術の出願件数をとった図を、X社とY社、X社とZ社のそれぞれの組合せについての件数を比較できるように作成して、技術の補完度を検討するのが適切といえます。

ウ ×

イに記載のとおりです。

エ ×

イに記載のとおりです。

Check! □□□

繊維雑貨メーカーX社は，タオルAについて名称をBとして販売を予定していたところ，Y社が「タオル」を含む多数の指定商品について，名称Bに係る商標権Mを有していることがわかった。ア〜エを比較して，X社における製品販売についての検討会議での発言として，最も不適切と考えられるものを1つだけ選びなさい。

ア「わが社がタオルAの包装のみに名称Bを付ける場合であっても，商標の使用に該当し，Y社の商標権Mを侵害するおそれがあります。」

イ「わが社がY社から商標権Mについて専用使用権又は通常使用権の許諾を受ける際に，Y社は，販売期間や販売地域を限定することができます。」

ウ「わが社が『タオル』についての商標権Mの使用を目的とした通常使用権の許諾を受けるために，Y社が特許庁へ登録する必要はありません。」

エ「わが社は，Y社が既に別の会社に『タオル』に係る全範囲について専用使用権を許諾している場合でも，Y社との間で『タオル』について通常使用権の許諾契約を締結することができます。」

問26 解答・解説 正解：エ

ア ○

商標権の侵害とは、権原なき第三者が、指定商品または指定役務について登録商標を使用すること等をいいます(商25条等)。商品または商品の包装に標章を付する行為は、使用に該当します(商2条3項1号)。したがって、本問において、タオルAの包装のみに名称Bを付けるX社の行為は、商標権Mの侵害に該当します。

イ ○

商標権者は、使用権の範囲を設定行為で定めることができます。また、ライセンス契約において、販売期間、販売地域を限定することは、原則として独占禁止法上の問題にもなりません(知的財産の利用に関する独占禁止法上の指針 第4.不公正な取引方法の観点からの考え方 4.技術の利用に関し制限を課す行為 (2)販売に係る制限等)。したがって、Y社は、商標権Mについての使用許諾にあたり、販売期間や販売地域を限定することができます。

ウ ○

通常使用権に関して、登録は効力発生要件ではありません。なお、専用使用権に関しては、登録が効力発生要件です(商30条4項で準用する特98条1項2号)。これは、他の産業財産権法でも同様です。なお、効力発生要件とは、ある法律行為が効果を発生するために必要な条件のことを意味します。

エ ×

専用使用権者は、設定行為で定めた範囲内において、指定商品または指定役務について登録商標の使用をする権利を専有します(商30条2項)。すなわち、専用使用権を設定した範囲においては、専用使用権者以外の者は、指定商品または指定役務について登録商標を使用することができません。したがって、Y社が既に別の会社に「タオル」に係る全範囲について専用使用権を許諾した場合には、Y社との間で「タオル」について通常使用権の許諾契約を締結することはできません。

Check! □□□

工作機械メーカーX社の技術者甲は，商品開発部において新規な製品Aの開発業務に従事していた。甲は，人事異動により営業部所属となったが，営業部において製品Aに関する発明Pを完成させた。その後甲はX社を退職したが，X社は製品Aの製造販売の開始を決定した。ア〜エを比較して，X社の知的財産部の部員乙の発言として，最も適切と考えられるものを1つだけ選びなさい。

ア「発明Pは製品Aに使用されましたが，実際に製品Aの売上でX社に利益が発生していないので，発明Pは職務発明とはいえません。」

イ「甲は発明Pを使用した製品Aの製造販売の開始が決定される前にX社を退職していたので，発明Pは職務発明とはいえません。」

ウ「甲は営業部において発明Pを完成させましたが，所属していた営業部では営業職であったので，製品Aの販売活動が甲の職務の範囲に含まれていたとしても，発明Pは職務発明とはいえません。」

エ「甲は営業部に異動となる前に商品開発部で発明Pに関連する製品Aの開発業務に従事していたので，発明Pは職務発明であるといえます。」

問27 解答・解説 正解：エ

ア ×

職務発明の成立要件は、①従業者等がした発明であること、②その性質上使用者等の業務範囲に属する発明であること、③その発明をするに至った行為がその使用者等における従業者等の現在または過去の職務に属する発明であること、です(特35条1項)。すなわち、本問の内容は、職務発明の成立の可否とは関係がありません。

イ ×

本問の内容は、職務発明の成立の可否とは関係がありません。なお、甲がX社を退職後に、別の会社で発明Pを完成させた場合、上記③の、その発明をするに至った行為がその使用者等における従業者等の過去の職務に属するという要件を満たさないため、発明Pは、X社における職務発明とはいえません(工業所有権法(産業財産権法)逐条解説[第22版]特35条1項)。この場合、発明Pは、上記別の会社における職務発明の可能性があります。

ウ ×

「職務」の要件については、必ずしも発明をすることを職務とする場合に限られません(工業所有権法(産業財産権法)逐条解説[第22版]特35条1項)。したがって、甲の職種が営業職であることを理由に、発明Pが職務発明とはいえないというのは不適切です。

エ ○

同一企業内において職務を変わった場合、転任前の職務に属する発明を転任後にした場合も、アに記載の上記③の、その発明をするに至った行為がその使用者等における従業者等の過去の職務に属するという要件を満たします(工業所有権法(産業財産権法)逐条解説[第22版]特35条1項)。したがって、本問において、発明Pが職務発明であるといえるというのは適切です。

Check! □□□

X市内の公園に，美術大学の学生甲が創作したモニュメントAが恒常的に設置されている。X市は，モニュメントAの写生大会を開催し，写生した絵を募集するコンテストをし，優秀作品をX市のウェブサイトに掲載することを予定している。また，写生大会の様子をビデオカメラで撮影した映像についても，X市のウェブサイトに掲載することを予定している。ア～エを比較して，写生した絵及び撮影した映像の掲載に関するX市の総務部の部員乙の発言として，最も適切と考えられるものを1つだけ選びなさい。

ア「モニュメントAは美術の著作物に該当します。写生した絵をコンテストに応募するためにモニュメントAを写生することは，モニュメントAの複製にあたるので，モニュメントAを創作した甲の許諾が必要です。」

イ「写生大会の様子をビデオカメラで撮影した際に参加者が口ずさんでいた楽曲が短時間録り込まれていた場合でも，撮影した映像をウェブサイトに掲載することについて，楽曲の著作権者の許諾が必要ではありません。」

ウ「コンテストで募集した絵を撮影してX市のウェブサイトに掲載することについては，募集要項にかかわらず，応募者の許諾は必要ありません。」

エ「写生大会の参加者の様子を本人が特定できないような形で撮影することや撮影した映像をX市のウェブサイトに掲載することについては，被写体になった参加者の承諾が必ず必要です。」

問28 解答・解説　正解：イ

ア ×

著作者は、複製権を有するため（著21条）、他人の著作物を複製する場合には、原則として、その著作者の許諾が必要です。これに対して、美術の著作物でその原作品が屋外の場所に恒常的に設置されているものまたは建築の著作物は、原則として、いずれの方法によるかを問わず、利用することができます（同法46条1項柱書）。したがって、本問において、甲の許諾を得る必要はありません。

イ ○

著作者は、公衆送信権を専有します（著23条1項）。「公衆送信」には、ウェブサイトに掲載する行為が含まれます。したがって、他人の著作物をウェブサイトに掲載する場合には、原則として、その著作者の許諾が必要です。これに対して、付随対象著作物は、所定の要件を満たす場合には、原則として、いずれの方法によるかを問わず、利用することができます（同法30条の2第1項）。ここで、本問における楽曲は、付随対象著作物に該当し得ます。この場合、撮影した映像をウェブサイトに掲載することについて、楽曲の著作権者の許諾を得る必要はありません。

ウ ×

著作者は、複製権及び公衆送信権を専有します（著21条及び同法23条1項）。ここで、「複製」とは、印刷、写真、複写、録音、録画その他の方法により有形的に再製することをいいます（同法2条1項15号）。本問において、コンテストで募集した絵を撮影して、撮影された写真または映像をウェブサイトに掲載する行為は、応募者である絵の著作者の複製権及び公衆送信権を侵害するため、応募者の許諾が必要です。なお、応募者の著作権の侵害を避けるためには、募集要項において、撮影された写真または映像をウェブサイトに掲載することについて規定しておく必要があります。

エ ×

本人が特定できないような形で撮影すること、及び撮影した映像をウェブサイトに掲載することは、著作権、肖像権等の問題となる可能性が低いため、被写体になった参加者の承諾が必要とまではいえません。

問29 Check! □□□

ア～エを比較して，特許に関するリスクマネジメントを行う観点として，最も適切と考えられるものを1つだけ選びなさい。

ア 自社製品と他社の特許発明とを比較した場合，構成要素が異なり，その異なる構成要素が特許発明の本質的な部分でない場合には，他社の特許権の侵害とされることはない。

イ 特許権者から購入した部品を使って製品を製造販売する場合，当該部品について当該特許権者から許諾を受ける必要はない。

ウ 新規事業に関して，特許調査により障害となり得る他社の特許権が発見されても，当該新規事業を開始していない段階では，利害関係人とはいえないので，特許無効審判を請求することはできない。

エ 特許権の存続期間終了後に製造販売することを目的として，特許権の存続期間中に特許発明の技術的範囲に属する医薬品，いわゆる後発医薬品を生産し，これを使用して薬事法に規定する製造承認のために必要な試験を行うことは，試験又は研究のためにする特許発明の実施に該当することはない。

問29 解答・解説　正解：イ

ア ×

特許発明とは構成要素が異なる、すなわち特許発明の技術的範囲に属しないため、特許権の直接侵害に該当しない場合であっても、均等侵害に該当することがあります。均等侵害が成立するための要件は5つあり、本問の内容はそのうちの第1要件とよばれるものです。したがって、他の4つの要件について検討しない限り、均等侵害が成立しない、すなわち他社の特許権を侵害しないとはいえません。

イ ○

特許権者または実施権者が我が国の国内において特許製品を譲渡した場合には、当該特許製品については、特許権はその目的を達成したものとして消尽し、もはや特許権の効力は、当該特許製品を実施する行為には及びません（BBS並行輸入事件）。本問では、特許製品であると考えられる部品を、特許権者から購入しているため、その部品についての特許権は消尽しており、その部品を使用する行為は、特許権の侵害に該当しません。したがって、その部品について特許権者から許諾を受ける必要はありません。

ウ ×

利害関係人は、特許無効審判を請求することができます（特123条2項）。特許発明を将来実施する可能性を有する者は、利害関係人に該当します（審判便覧（第20版）31-02 利害関係人の具体例）。

エ ×

特許権の効力は、試験または研究のためにする特許発明の実施には及びません（特69条1項）。後発医薬品について、薬機法（旧薬事法）に規定する製造承認のために必要な試験を行うことは、試験または研究のためにする特許発明の実施に該当することがあります。

問30

Check! □□□

衛生用品メーカーX社は，Y社と新製品Aの共同開発を検討している。ア～エを比較して，X社の考えとして，最も不適切と考えられるものを1つだけ選びなさい。なお，共同開発をする場合における共同出願の契約においては，特許法の規定に関する特段の定めをしないものとする。

ア X社とY社とが共同開発をして得られた発明において，X社の発明者が2名，Y社の発明者が1名であった場合であっても，共同出願に係るX社とY社の持分の比率は1対1となる場合がある。

イ Y社が主担当，X社が副担当として共同開発をして得られた発明について共同出願をした場合，Y社は，X社の同意を得なくてもその共同出願に係る発明に関して他社に仮通常実施権を許諾することができる。

ウ 共同開発の内容が単にX社が必要とする部品をY社に作らせる委託開発である場合でも，相手に情報を出す前に秘密保持契約を検討しておくべきである。

エ 共同開発をする場合，その開発を開始する前に自社の関連する発明については，予め特許出願をしておくべきである。

問31

Check! □□□

ア～エを比較して，「特許情報プラットフォーム（J-PlatPat）」に関して，最も不適切と考えられるものを1つだけ選びなさい。

ア 指定した2つのキーワードが特定の文字数以内に近接して記載されている特許文献について，検索することができる。

イ キーワードを用いた特許文献の調査はできるが，国際特許分類（ＩＰＣ）やＦＩを用いた特許文献の調査はできない。

ウ 日本，米国，欧州，中国，韓国のいわゆる五大特許庁及び世界知的所有権機関（ＷＩＰＯ）に出願された特許出願（パテントファミリー出願）の手続や，審査に関連する情報を参照することができる。

エ 意匠登録出願に関して，意匠に係る物品について，キーワード検索をすることができる。

問30 解答・解説 正解：イ

ア ◯

民法上、共有に係る特許を受ける権利、特許権等の共有財産の各共有者の持分は、相等しいと推定されます(民250条)。したがって、特許を受ける権利を発明者ではなくX社及びY社が共有している場合、上記民法の規定により、両社の持ち分の比率は1対1となります。また、契約により両社の持分の比率を1対1と定めることもできます。

イ ×

特許を受ける権利が共有に係るときは、各共有者は、他の共有者の同意を得なければ、その特許を受ける権利に基づいて取得すべき特許権について、仮専用実施権を設定し、または他人に仮通常実施権を許諾することができません(特33条4項)。また、発明に対する寄与の程度に応じた例外規定もありません。

ウ ◯

共同開発をする場合にはその開発の内容を問わず、情報漏洩を防ぐために、相手に情報を出す前に秘密保持契約を検討することは適切です。

エ ◯

共同開発をする場合、自社の関連する発明が共同開発の成果として取り扱われることを防ぐこと、共同開発に係る技術についての有意性を確保しておくこと等を目的として、その発明について予め特許出願をしておくことは適切です。

問31 解答・解説 正解：イ

ア ◯

問題文のとおりです。なお、このような検索のことを近接演算、近傍検索等といいます。

イ ×

J-PlatPatでは、キーワードを用いた検索だけでなく、国際特許分類(IPC)やFIを用いたインデックス検索も可能です。

ウ ◯

問題文のとおりです。OPD(ワン・ポータル・ドシエ)照会により、世界各国の特許庁が保有する出願・審査関連情報(ドシエ情報)を照会できます。

エ ◯

問題文のとおりです。

問32

Check! □□□

繊維メーカーX社は，新規な繊維Aに係る特許出願Pをし，その後，繊維Aを改良した繊維Bについて，特許出願Pに基づいて国内優先権主張をして特許出願Qをした。特許出願Qの特許請求の範囲には，繊維Aに係る発明と，繊維Bに係る発明と，繊維A及び繊維Bの両方の上位概念である繊維Cに係る発明が記載され，実施例として繊維A及び繊維Bが記載されていた。特許出願Qが登録された後，Y社が繊維Bと同一の繊維Dの製造販売を開始したので，X社は，Y社に対する権利行使を検討している。ア〜エを比較して，最も適切と考えられるものを1つだけ選びなさい。

ア 特許出願Pは，その出願日から1年4カ月経過後に取り下げられたものとみなされるため，取り下げられたものとみなされた後は，繊維Aに係る特許権の効力は，繊維Dに及ばない。

イ 繊維Bに係る実施例は特許出願Qにおいて追加されたものであるから，繊維Bに係る特許権の効力は，繊維Dに及ばない。

ウ 繊維Dの製造販売に対する差止請求をするにあたっては，繊維Bに係る特許権と，繊維Cに係る特許権のいずれの特許権に基づいて権利行使をしてもよい。

エ 繊維Bに係る特許権に基づいてY社に権利行使をする場合には，特許出願Pに係る優先権証明書を予めY社に提示して警告する必要がある。

問32 解答・解説　正解：ウ

ア ×

特許権の効力は、特許発明に及びます(特68条)。本問において、繊維Aに係る発明については、登録された特許出願Qの特許請求の範囲に記載されている発明、すなわち特許発明です。したがって、繊維Dが、繊維Aに係る発明の技術的範囲に属する場合には、特許出願Pが取り下げられたとみなされた後であっても、繊維Aに係る特許権の効力は、繊維Dに及びます。

イ ×

繊維Bに係る発明については、登録された特許出願Qの特許請求の範囲に記載されている発明、すなわち特許発明です。したがって、繊維Bに係る実施例が特許出願Qにおいて追加されたものであっても、繊維Bに係る特許権の効力は、繊維Dに及びます。

ウ ○

特許発明の技術的範囲は、特許請求の範囲の記載に基づいて定められます(特70条1項)。本問では、繊維Bと繊維Dとは同一であるため、X社は、繊維Bに係る特許権に基づいて、Y社に権利行使をすることができます。また、繊維Cは繊維B、すなわち繊維Dの上位概念であることから、繊維Dは繊維Cに係る特許発明の技術的範囲に含まれるため、X社は、繊維Cに係る特許権に基づいて、Y社に権利行使をすることができます。

エ ×

権利行使に際して、警告は必要ありません。また、国内優先権を伴う出願に係る特許権に基づいて権利行使をする場合における例外規定もありません。

Check! □□□

ア～エを比較して，意匠法の保護対象となる意匠として，最も適切と考えられるものを1つだけ選びなさい。

ア 単身者向け家電シリーズのデザインコンセプト

イ 有名な画家が描いた絵画

ウ 自然の石の形状

エ 粉末を固めた固形のうまみ調味料

問33 解答・解説　正解：エ

ア ×

意匠法上、意匠とは、物品の形状等であるため(意2条1項)、意匠法の保護対象であるためには、物品と認められること等が要求されます(意匠審査基準 第III部 意匠登録の要件 第1章 工業上利用することができる意匠)。本問におけるデザインコンセプトは、物品と認められないため、意匠法の保護対象となる意匠として不適切です。

イ ×

意匠法の保護対象であるためには、工業上利用することができるものであること等が要求されますが、純粋美術の分野に属する著作物は、工業上利用することができるものと認められません(意匠審査基準 第III部 意匠登録の要件 第1章 工業上利用することができる意匠)。本問における有名な画家が描いた絵画は、これに該当するため、意匠法の保護対象となる意匠として不適切です。

ウ ×

自然物を意匠の主たる要素として使用したもので量産できないものは、工業上利用することができるものと認められません(意匠審査基準 第III部 意匠登録の要件 第1章 工業上利用することができる意匠)。本問における自然の石の形状は、これに該当するため、意匠法の保護対象となる意匠として不適切です。

エ ○

意匠法の保護対象であるためには、物品と認められること等が要求されます(意匠審査基準 第III部 意匠登録の要件 第1章 工業上利用することができる意匠)。粉状物及び粒状物の集合しているものは物品と認められるため、本問における粉末を固めた固形のうまみ調味料は、意匠法の保護対象となる意匠として適切です。なお、意匠法の保護対象であるためには、視覚に訴えるものであることが要求されますが、粉状物または粒状物の一単位、すなわち集合していないものは視覚に訴えるものと認められないため、意匠法の保護対象とはなりません。

5

問34に答えなさい。

問34

Check! □□□

大企業である事務用機器メーカーX社は，プロジェクタに関する発明について，特許請求の範囲に請求項1から請求項16（うち請求項1，請求項6，請求項11は独立項，その他は従属項）を記載した特許出願Pを2023年3月31日に出願し，出願と同時に出願審査請求することを検討している。この場合，出願及び出願審査請求のためにX社が必要な費用は何円か，算用数字で記入しなさい。

特許法第195条関係別表及び特許法等関係手数料令より抜粋

納付しなければならない者	金額
特許出願をする者	1件につき14000円
出願審査の請求をする者	1件につき138000円に1請求項につき4000円を加えた額

問34 解答・解説 正解：216,000(円)

特許出願をする者は、1件につき14,000円を納付し、出願審査の請求をする者は、1件につき138,000円に1請求項につき4,000円を加えた額を納付します。したがって、本問において、出願及び出願審査請求のためにX社が納付すべき費用は14,000+138,000+(16×4,000)=216,000円です。

6

次の会話は，X社における特許協力条約（ＰＣＴ）による国際出願Aの発明者甲と知的財産部の部員乙のものである。問35〜問37に答えなさい。

甲「国際調査報告という書類が送付されてきました。この国際調査の目的について，特許協力条約では，どのように規定されていますか。」

乙「『国際調査は，関連のある［ 1 ］を発見することを目的とする。』と規定されています。」

甲「国際出願Aの内容を補正したいので，手続について教えてください。」

乙「国際調査報告を受け取った後，出願人は［ 2 ］について1回に限り補正できます。」

甲「国際調査報告の内容を出願人以外の第三者が知ることはできますか。」

乙「［ 3 ］により知ることができます。」

問35

Check! □□□

【語群X】の中から，空欄［ 1 ］に入る語句として，最も適切と考えられるものを1つだけ選びなさい。

問36

Check! □□□

【語群X】の中から，空欄［ 2 ］に入る語句として，最も適切と考えられるものを1つだけ選びなさい。

問37

Check! □□□

【語群X】の中から，空欄［ 3 ］に入る語句として，最も適切と考えられるものを1つだけ選びなさい。

語群X

ア 請求の範囲	イ 先願特許	ウ 国際事務局への請求
エ 明細書及び図面	オ 国際公開	カ 先行技術

問35 解答・解説 正解：カ

国際調査は、関連のある先行技術を発見することを目的としています(PCT15条(2))。

問36 解答・解説 正解：ア

国際調査報告を受け取った後、出願人は請求の範囲について1回に限り補正できます(PCT19条(1))。なお、これを19条補正といいます。

問37 解答・解説 正解：オ

国際調査報告は、国際公開されます(PCT21条(3))。なお、国際調査見解書も同時に国際公開されます。

7

次の会話は，新聞社X社の記者甲と法務部の部員乙との著作権法上の引用に関する会話である。問38～問40に答えなさい。

甲「来週の記事に，先月発売された漫画Aの評論を書くことになりました。漫画Aは，小説Bをコミカライズ（漫画化）したものなので，小説Bの一部を引用して評論を書きたいと思います。その場合，著作権法上，注意しなければならないことはありますか。」

乙「引用は，公正な慣行に合致するものであり，かつ，報道，[1]，研究その他の引用の目的上[2]ものでなければなりませんね。」

甲「引用の要件として，他に必要なことはありませんか。」

乙「小説Bの[3]ことが必要ですね。」

問38

Check! □□□

【語群XI】の中から，空欄[1]に入る語句として，最も適切と考えられるものを1つだけ選びなさい。

問39

Check! □□□

【語群XI】の中から，空欄[2]に入る語句として，最も適切と考えられるものを1つだけ選びなさい。

問40

Check! □□□

【語群XI】の中から，空欄[3]に入る語句として，最も適切と考えられるものを1つだけ選びなさい。

語群XI

ア 出版	イ 批評	ウ 文化の発展に資する
エ 正当な範囲内で行われる	オ 著作権者に補償金を支払う	
カ 出所を明示する	キ 著作権者の利益を不当に害しない	

問38 解答・解説 正解：イ

引用は、公正な慣行に合致するものであり、かつ、報道、批評、研究その他の引用の目的上正当な範囲内で行われるものでなければなりません(著32条1項)。

問39 解答・解説 正解：エ

問38に記載の通りです。

問40 解答・解説 正解：カ

引用の規定により著作物を複製する場合には、引用する著作物の出所を明示することが必要です(著48条1項1号)。

●著者
宇田川 貴央（うだがわ　たかお）

弁理士、一級知的財産管理技能士（特許専門業務）、AIPE認定知的財産アナリスト（特許）。特許検索競技大会入賞歴あり（化学・医薬分野）。
大学院修了後、化学製品の研究開発業務に従事。その後、特許調査会社にて主に医薬・化学分野の調査を担当。さらに、化学メーカーの知的財産部を経て、青和特許法律事務所に在籍。
著書に『知的財産管理技能検定®3級テキスト＆過去問題集』（秀和システム）がある。
X（旧Twitter） https://twitter.com/UTko_PA

●校正　聚珍社

本書専用サポートWebページ
https://www.shuwasystem.co.jp/support/7980html/7226.html

CBT模擬試験付き
2024〜2025年版
知的財産管理技能検定®2級
テキスト＆過去問題集

発行日　2024年　6月17日　　第1版第1刷

著　者　宇田川　貴央

発行者　斉藤　和邦
発行所　株式会社　秀和システム
〒135-0016
東京都江東区東陽2-4-2　新宮ビル2F
Tel 03-6264-3105（販売）Fax 03-6264-3094
印刷所　三松堂印刷株式会社　　Printed in Japan

ISBN978-4-7980-7226-5 C3032

定価はカバーに表示してあります。
乱丁本・落丁本はお取りかえいたします。
本書に関するご質問については、ご質問の内容と住所、氏名、電話番号を明記のうえ、当社編集部宛FAXまたは書面にてお送りください。お電話によるご質問は受け付けておりませんのであらかじめご了承ください。